¿Habla Español?

Essentials Edition

Edward David Allen

The Ohio State
University

Lynn A. Sandstedt

University of
Northern Colorado

Brenda Wegmann

Mary McVey Gill

Holt, Rinehart and Winston

New York San Francisco Toronto London

ILLUSTRATION CREDITS

Drawings by Ric Estrada.

United Nations: 278.   Helena Kolda: 26, 28, 35, 38, 47, 64, 80, 81, 142, 146, 147, 149, 163, 166, 179, 181, 231, 239, 250, 282, 295, 321.   Courtesy Ministerio de Información y Turismo: 17, 28, 29, 127, 150, 151, 189, 190, 254, 263.   William Harris: 42, 47, 78, 80, 81, 224, 276, 312.   Rapho: 237 (Gerster).   OAS: 47 (Bermudez), 61, 220, 226, 305. Vanna Prince: 48-51.   Courtesy Mexican National Tourist Council: 63, 66, 131, 200, 203, 225.   Sally Thompson: 56.   HRW: 53, 164, 172, 195, 218, 295, 326.   Courtesy Braniff Airlines: 75.   UNICEF: 72 (Weinbaum), 125 (Miller), 248, 307 (Ling). UNESCO: 81 (Roger).   FAO: 80, 81, 314 (Sanchez).   Iris Kleinman: 91, 93, 114, 115, 210, 298.   Courtesy Puerto Rico Economic Development Administration: 93. Morgan Lew: 111, 251.   BBM: 111 (Bond), 265, 299 (Blankfort).   Monkmeyer: 108 (Batsdorff), 217, 291 (Pease), 223 (Fusihira), 241 (Silberstein), 275 (Linares).   Julia Sommer: 120.   Courtesy Chamber of Commerce, Santa Barbara: 114.   Black Starr: 109 (Shames), 222 (Cooper), 257 (Oliveros), 287 (Furlong).   Courtesy Miami-Metro Department of Publicity and Tourism: 114, 115.   Courtesy Embassy of Spain: 14, 130. Magnum: 12 (Burri), 264, 293 (Dain).   Ballet Folklorico of Mexico: 317.   Jerry Frank: 128, 299.   Courtesy Italian Cultural Institute: 141.   Peter Buckley: 150, 310. Europa Press: 283.   François Vikar: 134.   José Ortiz Echagüe: 184.   Foto Mas, Barcelona: 182, 188, 211, 212.   Courtesy American Airlines: 201.   Courtesy Mexican Government Tourist Office: 203.   Cartoon by Solstad: 205.   AAA Photo: 204, 309. Museo del Prado: 21, 177, 178, 186, 216.   Courtesy Puerto Rican Information Service: 306.   The Museum of Modern Art: 202.   Lewis Company Ltd.: 243.   Jim Mitchell: 262.   Dan Budnik: 264.   Bernard Chelet: 281.   Margarita G. Clark: 161

Library of Congress Cataloging in Publication Data

Main entry under title:

¿Habla Español? essentials edition.
     earlier ed. (© 1976) by E. D. Allen, L. A. Sanstedt,
and B. Wegmann, entered under Allen,
Edward David, 1923-.
     Includes index.
     1. Spanish-language—grammar—1950-
1. Allen, Edward David 1923-.
P. C. 4112A37   1978   468'.2'421   77-27018
ISBN: 0-03-023116-7

CONTENTS

Capítulo Cinco

Capítulo Seis

Capítulo Siete

Capítulo Ocho

Capítulo Nueve

Capítulo Diez

Capítulo Once

Capítulo Doce

Capítulo Trece

Capítulo Catorce

Capítulo Quince

Capítulo Dieciséis

Capítulo Diecisiete

Capítulo Dieciocho

PREFACE

¿Habla español? Essentials Edition is a shorter version of the successful *¿Habla español? An Introductory Course*, which was based on a nation-wide survey of Spanish teachers and has enjoyed great popularity. The essentials edition is designed to cover basic Spanish grammar and vocabulary. It is ideal for intensive one-semester courses or for courses that meet three times a week. While it is concise and brief, it provides a sound foundation in Spanish grammar and emphasizes useful, practical vocabulary.

ORGANIZATION

This book consists of a preliminary chapter, eighteen regular chapters, three self-tests, and eight illustrated readings. The preliminary chapter emphasizes pronunciation and presents classroom expressions, as well as simple vocabulary and structures that will let the students introduce themselves. Each of the following eighteen chapters is divided into three parts as follows:

I. Three to six grammar topics, each introduced by a mini-dialogue with English translation or by a series of illustrations. The grammar topics are accompanied by exercises ranging from simple oral drills to more challenging work, including personalized questions.
II. A main dialogue, cultural notes in English, questions.
III. A series of **Actividades**; oral and written activities that combine and reinforce the grammar topics, vocabulary, and culture of the chapter. A list of active vocabulary follows the lesson.

If the individual teacher does not want to cover all the exercises in the text, he or she is free to disregard some of them or substitute exercises from the *Manual de ejercicios*. The questions (**Preguntas**) at the end of each grammar lesson are optional, as are the activities (**Actividades**) at the end of each unit. Conversely, the **Preguntas** and **Actividades** can be expanded upon in a wide variety of ways, as explained in the instructor's manual. There are many types of exercises in the text and the *Manual de ejercicios*, so the instructor is afforded a flexibility of approach.

Optional illustrated readings on Hispanic culture appear after every even-numbered chapter (except Chapter 18, the final unit). The student is not responsible for the passive vocabulary glossed in these readings.

There are three self-tests, one after every six chapters. The answers appear in Appendix II.

Also included in the appendixes to this book are a unit on Spanish word stress, a short unit on the present perfect and past perfect subjunctive, verb charts, and a Spanish-English vocabulary.

SUPPLEMENTS

The *Manual de ejercicios* provides a variety of additional oral and written exercises. It is accompanied by a tape program.

The *Manual del instructor* includes sample lesson plans, sample tests, translations of the main dialogues, and the key to the tape program.

Acknowledgments

Special thanks is due to Clifford Browder and Theresa Willcock Barasch for their careful review of the manuscript and valuable suggestions, and to Marilyn C. Hofer and Rita Pérez of Holt, Rinehart and Winston for their competent handling of the manuscript and supervision of the editorial process.

We would also like to thank the reviewers of the text for their comments and suggestions.

Lección Preliminar

I. THE SOUNDS OF SPANISH: VOWELS

la profesora

Buenos días. Me llamo señora García. ¿Cómo se llama usted, señorita?

Me llamo Elena Ramírez.

Mucho gusto.

Y usted, señor, ¿cómo se llama?

Me llamo Miguel Guzmán.

Buenos días, señor Guzmán.

1. ¿Cómo se llama la profesora?* (Se llama . . .)
2. ¿Cómo se llama la señorita?
3. ¿Cómo se llama el señor?
4. ¿Cómo se llama usted? (Me llamo . . .)

A. There are five simple vowel sounds in Spanish, represented by the letters *a, e, i* (or *y*), *o,* and *u*. In the following examples, the stressed syllables—the syllables that are accented more heavily—appear in bold type.

a   This vowel is similar in sound to the first vowel of *father*, but it is more open, tense, and short than that of English.

     Adela, **A**na, Cata**li**na, Marga**ri**ta

e   This vowel has a sound similar to the first vowel in the English word *ate*, but shorter and tenser.

     E**le**na, Fede**ri**co, Te**re**sa, Fe**li**pe

i, y   These letters are pronounced like the second vowel of *police*.

     Mi**guel**, Isa**bel**, Cris**ti**na, Fe**li**sa, muy

o   The *o* is similar to the English *o* of *so* or *no*, except shorter.

     Paco, Al**fon**so, Ro**dol**fo, Ra**món**, An**to**nio, Teo**do**ro

u   The *u* is pronounced like the English *oo* in *cool* or *fool* (never the sound of *book* or of the *u* in *universal*).

     Su**sa**na, Ra**úl**, Je**sús**, **Úr**sula

B. Diphthongs

There are two weak vowels in Spanish, *i* and *u*, and three strong vowels, *a, e,* and *o*. Two strong vowels constitute two syllables, or sounds: **Le-al**. However, a combination of two weak vowels or of a weak and a strong vowel is a diphthong, a multiple vowel sound pronounced in the same syllable.

ia   A**li**cia, Pa**tri**cia, San**tia**go
ua   Juan, Jua**ni**ta, Eduar**do**
ie   Gabri**el**, **Die**go, Javi**er**
ue   Con**sue**lo, Ma**nuel**
io   **Ma**rio, An**to**nio, **ra**dio, a**diós**

---

* Note that an inverted question mark precedes Spanish questions. This is to let the reader know that a question will follow. Similarly, an inverted exclamation mark precedes Spanish exclamations: **¡Bravo!**

uo	anti**guo**, **cuo**ta
iu	tr**iu**nfo, c**iu**dad *(city)*
ui	L**ui**s, m**uy** *(very)*
(uy)	
ai	**Jai**me, R**ai**mundo, h**ay**
(ay)	
au	P**au**la, **Au**relio, **Au**rora
ei	r**ey** *(king)*, s**ei**s *(six)*
(ey)	
eu	**Eu**genio, **Eu**ropa, f**eu**dal
oi	h**oy** *(today)*, es**toi**co *(stoic)*
(oy)	

II. THE SOUNDS OF SPANISH: CONSONANTS; WORD STRESS

Señor Gómez,
¿qué estudia usted?

Estudio geografía
y español.

Y usted, señorita Vega,
¿qué estudia?

Estudio matemáticas
y español.

1. ¿Qué estudia el señor Gómez? (Estudia . . .)
2. ¿Qué estudia la señorita Vega?
3. ¿Qué estudia usted? (Estudio . . .)

Estudio . . .

agricultura
antropología
arquitectura
arte
ciencias (*sciences*): astronomía,
   biología, física, geografía,
   geología, nutrición, química
   (*chemistry*)
ciencias sociales: historia, política,
   psicología, sociología

economía
filosofía
ingeniería (*engineering*)
lenguas (*languages*): español
   (*Spanish*), inglés (*English*),
   francés (*French*), alemán (*German*),
   ruso (*Russian*), japonés (*Japanese*),
   chino (*Chinese*)*
matemáticas
música

A. By now you have probably noticed that some consonants have different sounds in Spanish than in English:

b, v The letters *b* and *v* are pronounced in the same way. At the beginning of a word, they sound much like an English *b*, whereas in the middle of a word they have a sound somewhere between *b* and *v* in English.

Bogotá, Valencia, Verónica, burro

c, z In Spanish America the letters *c* (before *e* and *i*) and *z* are pronounced like an English *s*.**

Alicia, Galicia, Cecilia, Zaragoza

A *c* before *a, o, u*, or any consonant other than *h*, is pronounced like a *k*.

inca, coca, costa, Cuzco, secreto, clase
But: chocolate, Chile, cha-cha-chá

d The letter *d* has two sounds. At the beginning of a word or after an *n* or *l*, it is somewhat like a *d* in English, but "softer."

día, don, Diego, Miranda, Matilde

In all other positions, it is similar to the *th* in the English word *then*.

Felicidad, Eduardo, Ricardo

* Notice that names of languages are not capitalized in Spanish.

** In most parts of Spain a *c* before *e* or *i*, a *z* before *a, e, i, o*, or *u*, and a final *z* are pronounced like a *th* in the English word *thin*. This is a characteristic feature of the Castilian accent.

g, j   The *g* before *i* or *e*, and the *j*, are both pronounced approximately like an English *h*.

Jorge, Josefina, geología, Jalisco, ingeniería, región

The *g* before *a*, *o*, or *u* is pronounced approximately like the English *g* of *gate*. In the combinations *gue* and *gui* the *u* is not pronounced, and the *g* has the same English *g* sound.

amigo, amiga, gusto, Miguel, guitarra

In the combinations *gua* and *guo*, the *u* is pronounced like a *w* in English.

antiguo, Guatemala

h   The Spanish *h* is silent.

Habana, Honduras, Hernández, hotel, Hugo

ll   In most of the Spanish-speaking world, a double *l* (*ll*) is much like the English *y* of *yes*.

llama, Vallejo, Sevilla, Murillo

ñ   The sound of *ñ* is roughly equivalent to the English *ny* of *canyon*.

señor, mañana, español

q   A *q* is always combined with a *u* in Spanish, and represents the sound *k*.

Quito, Enrique

r   There are two ways of pronouncing the single *r*. At the beginning of a word or after *l*, *n*, or *s*, it has the same sound as the *rr* (see below). Otherwise, it is close to a *tt* in some American English dialects (*kitty*, *Betty*).

Patricia, Elvira, tortilla, Pilar

rr   The *rr* sound is trilled, like a Scottish burr or a child imitating the sound of a motor. The *rr* sound is represented in two ways in writing: by a single *r* at the beginning of a word or after *l*, *n*, or *s*, and by the *rr*.

Rosa, Rita, Roberto, rico, radio
Enrique, alrededor (*around*), Israel
perro (*dog*), as contrasted with pero (*but*)

x   The *x* has several different sounds in Spanish. Before a consonant, it is pronounced like an English *s*.

externo, texto

Before a vowel it is like a *gs*.

examen (*exam*), exis**ten**cia

In many words *x* used to have the sound of the Spanish *j*. In most of these words the spelling has been changed, but a few words retain the old spelling: **Mé**xico, **Qui**xote.

Note that *ch*, *ll*, and *rr* are considered letters of the alphabet in Spanish. Words beginning with these letters are alphabetized separately after *c*, *l*, and *r*, respectively.

B. Have you noticed a pattern in Spanish word stress? There are three simple rules which all Spanish words follow.

    1. Words ending in a vowel, *n*, or *s* are pronounced with the emphasis on the next-to-the-last syllable.

cla-ses	**co**-mo	es-**tu**-dian
A-na	**bue**-nos	his-**to**-ria

    2. Words ending in a consonant other than *n* or *s* have the emphasis on the final syllable.

es-pa-**ñol**	fa-**vor**	Ga-**briel**
se-**ñor**	us-**ted**	es-tu-**diar**

    3. Words whose pronunciation does not follow the above two patterns have written accents. The emphasis falls on the syllable with the accent.

ca-**fé**	a-**quí**	**Gó**-mez
in-**glés**	Her-**nán**-dez	a-**diós**

For information on how to divide words into syllables, see Appendix I of this text.

Ejercicio

Underline the stressed syllable in each word.

1. To-le-do
2. Hon-du-ras
3. us-ted
4. Bra-sil
5. es-tu-dia
6. Ra-mí-rez
7. u-ni-ver-sal
8. E-cua-dor
9. es-ta-mos
10. Tri-ni-dad

III. *ESTAR* AND SUBJECT PRONOUNS

Buenas tardes, María.
¿Cómo estás?

Estoy bien, señor
Hernández, gracias.

Y la familia, ¿cómo está?

Papá y Mamá están bien.
Y ustedes, ¿cómo están?

Nosotros estamos bien.

Bueno. Adiós,
señor Gómez.

Adiós.

A. **Estar** (*to be*) is an infinitive verb form. It is conjugated by removing the -ar ending and adding other endings to the **est-** stem.

estar

Person	Singular			Plural		
1st	yo*	estoy	*I am*	nosotros nosotras }	estamos	*we are*
2nd	tú	estás	*you are*	vosotros vosotros }	estáis	*you are*
3rd	él ella } está usted		*he is* *she is* *you are*	ellos ellas } están ustedes		*they are* *you are*

B. Subject pronouns are used far less frequently in Spanish than in English, since in Spanish the verb endings indicate the subject of the sentence. However, subject pronouns *are* used in Spanish, mainly to avoid confusion or for the sake of emphasis.

Estoy bien.	*I'm fine.* (statement of fact)
Yo estoy bien.	*I'm fine.* (emphatic)
Él está aquí. (Ella está aquí.)	**He** *is here.* (**She** *is here.*) (clarification)

C. There are several ways of saying *you* in Spanish. In general, **tú**, the familiar singular form, is used in speaking to friends, young children, and family members. It corresponds roughly to "first-name basis" in English. The **usted** form is used in more formal situations, such as with older people or people in authority.

D. In most parts of Spain the plural of **tú** is **vosotros** (masculine), **vosotras** (feminine). However, in Latin America, where the **vosotros** form is not generally used, **ustedes** is the plural of both **tú** and **usted**.**

E. **Usted** and **ustedes** are frequently abbreviated in written Spanish, as **Ud.** and **Uds.**, or **Vd.** and **Vds.**

Ud. está en el aeropuerto.	*You are in the airport.*
Vds. están en la farmacia.	*You are in the drugstore.*

* Notice that **yo**, the first person singular subject pronoun, is not capitalized.

** Since the **vosotros** form is not widely used, except in Spain, it is not practiced extensively in this book.

F. The Spanish subject pronouns **él, ella, nosotros, nosotras, ellos,** and **ellas** show gender, either masculine or feminine. In speaking about two or more males, or about a mixture of males and females, the masculine forms **nosotros** and **ellos** are used. The feminine forms **nosotras** and **ellas** are used only to refer to two or more females.

Ellos (Juan y José) están en Madrid.

They (Juan and José) are in Madrid.

Ellos (Juan y María) están aquí.

They (Juan and María) are here.

Ellas (Rita y Teresa) están en México.

They (Rita and Teresa) are in Mexico.

Nosotros (Elena, Ricardo y yo) estamos en casa.

We (Elena, Ricardo, and I) are at home.

Nosotras (María y Teresa) estamos en casa.

We (María and Teresa) are at home.

Ejercicios

1. Create new sentences, substituting the words in the list for those in italics. Change the verb if necessary.

a. Aquí está *Roberto*.
   1. María   2. Teresa y José   3. yo   4. nosotros   5. Luis

b. ¿Cómo está *el señor López?*
   1. Manuel y Alicia   2. la señorita Pérez   3. tú   4. ustedes   5. Juan

2. Señora Ramos is a busybody who always wants to know where everyone is and how they are. Answer her questions with a subject pronoun, using **sí** (*yes*) as in the example.

¿María está en México? → **Sí, ella está en México.**

   1. ¿Rita y Teresa están en Madrid?
   2. ¿Juan está en Los Ángeles?
   3. ¿Alberto y Elena están aquí?
   4. ¿Pedro y Roberto están en la farmacia?
   5. ¿Tú y Manuel están bien?
   6. ¿La señora López está en San Francisco?
   7. ¿Usted y Ricardo están bien?
   8. ¿Paco está en casa?

IV. NEGATION

Paco está bien.

Paco no está bien.

Me llamo Roberto.

No me llamo Roberto.
Me llamo Manuel.

Susana estudia música.

Cristina no estudia música.
Estudia inglés.

To make a sentence negative, place **no** before the verb.

Ejercicio

Answer the following questions, which your instructor will ask you orally.

1. ¿Usted estudia geología?
2. ¿Usted estudia inglés?
3. ¿Usted se llama Miguel de Cervantes?
4. ¿Usted se llama Albert Einstein?
5. ¿Yo (el profesor/la profesora) me llamo Pablo Picasso?
6. ¿Yo estoy en la farmacia?
7. ¿Nosotros estamos en el aeropuerto?
8. ¿Tú estás en casa?
9. ¿Barcelona está en México?
10. ¿Madrid está en México?

V. YES-NO QUESTIONS AND SPANISH WORD ORDER

Juan está en casa.
Está Juan en casa.
Está en casa Juan.

¿Juan está en casa?
¿Está Juan en casa?
¿Está en casa Juan?

Spanish word order in both statements and questions is very flexible. To distinguish yes-no questions from statements of fact, the voice must rise at the end of the sentence. In negative interrogatives the **no** precedes the verb immediately: **¿Juan no está en casa? ¿No está Juan en casa?**

Ejercicio

Ask questions in two ways, following the example.

Usted estudia español. → **¿Usted estudia español? ¿Estudia usted español?**

1. Usted está bien.
2. Él está en Madrid.
3. Nosotros estamos en el aeropuerto.
4. Felipe está en casa.
5. Ella no está en la farmacia.
6. Ellas estudian música.
7. La Paz está en Bolivia.
8. Santiago no está en Colombia.

VI. THE CARDINAL NUMBERS 1–15

1	uno	6	seis	11	once
2	dos	7	siete	12	doce
3	tres	8	ocho	13	trece
4	cuatro	9	nueve	14	catorce
5	cinco	10	diez	15	quince

Ejercicio

1. Repeat the number that is larger.

tres, cuatro → **cuatro**

1. dos, uno
2. cinco, ocho
3. nueve, siete
4. diez, catorce

5. doce, quince
6. cuatro, seis
7. cinco, tres
8. once, doce

2. Write out the following numbers: 2, 5, 10, 1, 13, 5, 6, 11.

3. Count to fourteen by twos. Count to fifteen by threes. Count to fifteen by fives.

ACTIVIDADES

Entrevista (Interview)

Ask a classmate the following questions. Then report the information to the class.

1. ¿Cómo se llama usted?
2. ¿Cómo está usted?
3. ¿Qué estudia usted?

Classroom Expressions

Here are some expressions that may be used in class.

Muy bien.	*Very good.*
Repita(n), por favor.	*Repeat, please.*
Otra vez.	*Again.*
En voz alta.	*Out loud.*
Abran ustedes los libros.	*Open your books.*
Cierren ustedes los libros.	*Close your books.*
Conteste usted en español.	*Answer in Spanish.*
No comprendo.	*I don't understand.*
No sé.	*I don't know.*
¿Cómo se dice . . . ?	*How do you say . . . ?*
¿Qué quiere decir . . . ?	*What does . . . mean?*
¿Cómo se escribe . . . ?	*How do you spell . . . ?*

Cover the English translations, then see if you remember what each Spanish expression means.

Vocabulario activo

estar *to be*

la **actividad** *activity*
el **aeropuerto** *airport*
el **ejercicio** *exercise*
el **español** *Spanish*
la **familia** *family*
la **farmacia** *pharmacy*
el **inglés** *English*

el **profesor** (la **profesora**) *teacher*
el **señor** *man; sir; Mr.*
la **señora** *lady; ma'am; Mrs.*
la **señorita** *young lady; miss; Miss*

Adiós. *Good-by.*
aquí *here*

Buenas tardes. *Good afternoon.*
Bueno. *Good.*
Buenos días. *Good day. Good
morning. Hello.*
¿Cómo está usted? *How are you?*
¿Cómo se llama usted? *What is
your name?*
el (la) *the*
en *in*
en casa *at home*
Estoy bien. *I'm fine.*
Estudio . . . *I am studying . . .*
Gracias. *Thank you.*

Me llamo . . . *My name is . . .*
Mucho gusto. *Glad to meet you.*
Por favor. *Please.*
¿Qué estudia usted? *What are you
studying?*
sí *yes*
y *and*

Números:

uno, dos, tres, cuatro, cinco, seis,
siete, ocho, nueve, diez, once,
doce, trece, catorce, quince

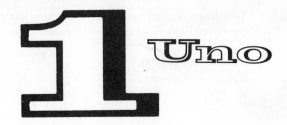

I. THE PRESENT TENSE OF REGULAR -AR VERBS

Juanita y Pedro
estudian mucho.

Nosotros hablamos español.

El avión llega.

Teresa busca
el pasaporte.

Marta lleva el regalo.

El profesor Ordóñez
enseña geografía.

A. You have already seen an irregular -ar verb, **estar** (*to be*), and a regular -ar verb, **estudiar** (*to study*). Some other regular **ar** verbs are:

buscar   *to look for*
desear   *to want*   llevar   *to carry, to take*
enseñar   *to teach*   necesitar   *to need*
hablar   *to talk, to speak*   viajar   *to travel*

B. To conjugate a regular -ar verb in the present tense, remove the infinitive ending (-ar) and replace it with the endings **-o, -as, -a, -amos, -áis, -an:**

hablar
(*to speak*)

yo	hablo	nosotros(-as)	hablamos
tú	hablas	vosotros(-as)	habláis
él		ellos	
ella }	habla	ellas }	hablan
usted		ustedes	

¿Llevas los libros?   *Are you carrying the books?*
Él no desea viajar.   *He doesn't want to travel.*
Necesito un pasaporte.   *I need a passport.*
Nosotros buscamos un hotel.   *We are looking for a hotel.*

C. Notice that the present tense in Spanish can be rendered in several ways in English.

Hablo español.
{ *I speak Spanish.*
{ *I do speak Spanish.*
{ *I am speaking Spanish.*

¿Estudias francés?
{ *Do you study French?*
{ *Are you studying French?*

The present tense is also often used in place of the future tense, to imply that the action will take place in the immediate future.

Juan lleva el regalo.   *Juan will take (is taking) the*
                                     present.

D. Verbs of motion, such as **viajar** and **llegar,** require the preposition **a** before a noun that indicates a destination.

Ellos no viajan a Los Ángeles; viajan a Nueva York.	*They aren't traveling to Los Angeles; they're traveling to New York.*
Ellos viajan en avión. El avión llega a Madrid. El avión llega hoy.	*They are traveling by plane. The plane arrives in Madrid. The plane arrives today.*

LAS CASTAÑUELAS

Ejercicios

1. Answer each question in the affirmative.

Hablo español. ¿Y Roberto? → **Roberto habla español.**

1. Necesito un pasaporte. ¿Y Roberto?
2. Llevo el regalo. ¿Y Catalina?
3. Enseño geografía. ¿Y el profesor Vega?
4. Busco un libro. ¿Y Jaime?
5. Hablo mucho. ¿Y Carmen?

2. Change each sentence, substituting the words in the list for those in italics.

a. *Roberto* estudia español.
   1. María y yo   2. Juan y Silvia   3. tú   4. usted   5. yo

b. *Nosotros* viajamos a Los Ángeles.
   1. él   2. yo   3. ustedes   4. Juan y María   5. Teresa

3. Change the verbs and subjects to the plural.

Necesito estudiar. → **Necesitamos estudiar.**

1. Llego hoy.
2. Él no habla mucho.
3. Él estudia francés.
4. Ella está en el aeropuerto.
5. Usted busca el pasaporte.

4. Complete the sentences with the appropriate form of the verb in parentheses.

1. (buscar)   Nosotros _____ el aeropuerto.
2. (necesitar)   Yo _____ el libro.
3. (llevar)   María y Felipe _____ los regalos.
4. (estudiar)   Ella _____ geografía.
5. (enseñar)   ¿_____ usted español?
6. (hablar)   Ellos _____ mucho.
7. (viajar)   Nosotros _____ a Madrid.
8. (llevar)   Nosotros _____ los pasaportes.
9. (desear)   ¿Tú _____ hablar?
10. (llegar)   La señora Vega _____ a Barcelona.

5. Give the Spanish equivalent.

1. She teaches geography; she doesn't teach English.   2. I study Spanish.   3. We are looking for the passport.   4. They are looking for a hotel. 5. I don't travel much.   6. He does talk a lot.   7. You (**tú**) are carrying the present.   8. Do you (**usted**) need the book?   9. Are you (**ustedes**) studying English?   10. Carmen and Teresa are traveling to Los Angeles.

Preguntas

1. ¿Estudia usted español?   2. ¿Desea usted hablar español?   3. ¿Hablamos español ahora?   4. ¿Lleva un libro a la clase de español?   5. ¿Desea usted viajar a México?   6. ¿Necesita usted un pasaporte para viajar a México?   7. ¿Lleva usted un pasaporte a la clase de español?

II. ARTICLES AND NOUNS: GENDER AND NUMBER

En el aeropuerto.

(1)   AGENTE: Buenos días. *Los pasaportes,* por favor.
(2)   RAMÓN: *Un momento* . . . aquí están.
(3)   ISABEL: Ramón, ¿dónde está *la cámara?* ¿Y *los regalos* para *las niñas?*
(4)   RAMÓN: ¡Dios mío! ¡Están en *el avión!*

1. ¿Necesita el agente los pasaportes?   2. ¿Lleva Ramón los pasaportes? 3. ¿Dónde están la cámara y los regalos para las niñas?   4. ¿Dónde están Isabel y Ramón?

At the airport.
(1) Good morning. Passports, please. (2) Just a moment . . . here they are. (3) Ramón, where is the camera? And the presents for the girls? (4) Good grief! They're on the plane!

A. In Spanish all nouns are either masculine or feminine. Articles in Spanish are also either masculine or feminine. The definite article has four forms:

	Singular	Plural
Masculine	**el** regalo *the gift*	**los** regalos *the gifts*
Feminine	**la** mesa *the table*	**las** mesas *the tables*

B. The indefinite article in Spanish also has four forms:

	Singular	Plural
Masculine	**un** libro *a book*	**unos** libros *some (several) books*
Feminine	**una** semana *a week*	**unas** semanas *some (several) weeks*

Note that **unos** and **unas** can mean either *some* or *several*.

C. Most Spanish nouns ending in **-o** in the singular are masculine. Most nouns ending in **-a** in the singular are feminine.

el libro *the book*	la familia *the family*
el regalo *the present*	la mesa *the table*

Exception: **el día** *the day*

D. With nouns that do not end in the singular in **-o** or **-a,** it can be helpful to learn the definite article when you learn the noun itself. Notice that most nouns ending in **-dad** and **-ión** are feminine.

el hotel *the hotel*	la verdad *the truth*
el viaje *the trip*	la ciudad *the city*
el lápiz *the pencil*	la religión *the religion*

E. The gender of many nouns that refer to people can be changed by changing the noun ending.

el primo *the (male) cousin*	la prima *the (female) cousin*
el señor *the man*	la señora *the lady*
un niño *a boy*	una niña *a girl*
un amigo *a (male) friend*	una amiga *a (female) friend*

However, for some nouns the ending does not change, and so the gender of the person the noun refers to is shown by the gender of the article.

un turista *a (male) tourist*	una turista *a (female) tourist*

F. The plural of most nouns ending in a vowel is formed by adding **-s: libro, libros; mesa, mesas; viaje, viajes.** The plural of most nouns ending in a consonant is formed by adding **-es: hotel, hoteles; ciudad, ciudades; región, regiones.*** A final *z* must be changed to *c* before adding **-es: lápiz, lápices.** The masculine plural of nouns referring to people may include both genders.

el niño *the boy*   los niños *the boys* or *the boys and girls*

el señor González *Mr. González* los señores González *Mr. and Mrs. González*

G. The definite article is used with titles such as **señor, señora,** or **señorita** when you are talking or asking *about*, rather than speaking *to*, an individual.

Pepe habla con el señor Martínez.   *Pepe is talking with Mr. Martínez.*
El doctor García está en la   *Doctor García is in the drugstore.*
   farmacia.

But the definite article is not used with titles when you are speaking to the person directly.

Buenos días, señor Martínez.   *Good day, Mr. Martínez.*
¿Cómo está usted, doctor García?   *How are you, Dr. García?*

Ejercicios

1. Create new sentences by replacing the words in italics with those in the list.

   a. ¿Dónde está *el pasaporte*?
      1. familia 2. mesa 3. ciudad 4. farmacia 5. señor

   b. Necesito *una mesa.*
      1. libro 2. pasaporte 3. lápiz 4. amigo 5. cámara

2. Change each definite article in the following sentences to the appropriate indefinite article.

   Busco el libro. → **Busco un libro.**

*Note that there is no accent mark on **regiones,** since the accent falls naturally on the next-to-the-last syllable.

1. Tú llevas el regalo.
2. Hablo con el niño.
3. Consuelo busca la farmacia.
4. Bárbara necesita la mesa.
5. El avión llega.

3. Change the nouns and articles to the plural.

1. ¿Lleva usted la cámara?
2. ¿Buscan el lápiz?
3. Necesito el pasaporte.
4. Habla con un profesor.
5. Está con una señorita.
6. Viajamos con un amigo.

LAS MENINAS, DE VELÁZQUEZ

4. Change the nouns and articles to the singular.

1. Está aquí con unas amigas.
2. ¿No necesitan los pasaportes?
3. Las señoras llegan a Madrid.
4. Necesitamos las cámaras.
5. Habla con unos señores.
6. Lleva unos regalos.
7. Estudia con unos amigos.
8. Busca los lápices.

5. Give the Spanish equivalent.

1. Good morning, Miss Vargas. 2. Mr. Gómez teaches geography.
3. Dr. García, how is the boy? 4. Dr. Álvarez is in Mexico with a friend.
5. How are you, Professor Vega?

III. INTERROGATIVE WORDS AND WORD ORDER IN QUESTIONS

En el teléfono.

(1)	SEÑORA RIBERA:	Hola.
(2)	MIGUEL:	*¿Está Teresa en casa?* Habla Miguel.
(3)	SEÑORA RIBERA:	Un momento, por favor.
(4)	TERESA:	Hola, Miguel. *¿Cómo estás?*
(5)	MIGUEL:	Bien, gracias. *¿Estudias con Adela ahora?*
(6)	TERESA:	Sí. *Deseas estudiar con nosotras, ¿verdad?*
(7)	MIGUEL:	Sí. *Paso por la casa en unos minutos, ¿de acuerdo?*
(8)	TERESA:	Bueno. Hasta luego.
(9)	MIGUEL:	Adiós.

1. ¿Quién desea hablar con Teresa? 2. ¿Está Teresa en casa? 3. ¿Cómo está Miguel? 4. ¿Con quién estudia Teresa? 5. Miguel desea estudiar con ellas, ¿verdad? 6. ¿Cuándo pasa Miguel por la casa?

A. A statement can be made into a question by adding a "confirmation tag" at the end to elicit verification or denial of the information contained in

On the telephone.
(1) Hello. (2) Is Teresa home? This is Miguel speaking. (3) Just a minute, please. (4) Hello, Miguel. How are you? (5) Fine, thanks. Are you studying with Adela now? (6) Yes. You want to study with us, right? (7) Yes. I'll come by the house in a few minutes. Okay? (8) Fine. See you later. (9) Good-by.

the statement. Three common tags in Spanish are **¿de acuerdo?**, **¿verdad?**, and **¿no?** The latter is never used after a negative sentence.

Estudiamos ahora, ¿de acuerdo?	*We'll study now. Okay?*
Ustedes viajan a España, ¿verdad?	*You are traveling to Spain, aren't you?*
Los niños llegan hoy, ¿no?	*The boys are arriving today, right?*

Notice that **¿de acuerdo?** (*okay? agreed?*) is used when some kind of action is proposed.

B. The word order for Spanish questions that elicit information is: interrogative word + verb + subject (if any) + remainder (if any). At the end of such questions the voice normally falls.

¿Cómo viajan los señores a México?	*How are the gentlemen traveling to Mexico?*
¿Cuándo viajan los señores a México?	*When are the gentlemen traveling to Mexico?*
¿Qué buscan los niños?	*What are the children looking for?*
¿Por qué estudian ustedes francés?	*Why are you studying French?*
¿Quién estudia español?	*Who (singular) is studying Spanish?*
¿Quiénes estudian español?	*Who (plural) is studying Spanish?*
¿Dónde están las niñas?	*Where are the girls?*
¿Adónde viajan los turistas?	*Where are the tourists traveling?*

Note that **¿adónde?** expresses *where?* in the sense of *to what place?*

Ejercicios

1. Use the following interrogatives to form the questions that correspond to the answers given. Follow the example.

¿Qué?
Pablo busca el pasaporte. → **¿Qué busca Pablo?**

a. **¿Qué?**
1. Miguel busca los libros.
2. Carmen lleva los libros.
3. José estudia francés.
4. María necesita un pasaporte.
5. Teresa y Consuelo estudian español.

b. **¿Quién? ¿Quiénes?**
(1–5 above.)

c. **¿Con quién? ¿Con quiénes?**
1. Los señores Gómez hablan con el doctor.
2. La señora Rodríguez está con los niños.
3. Juan estudia con Manuel.
4. Hablamos con los señores Ramírez.
5. Viajan con el profesor.

d. **¿Dónde? ¿Adónde?**
1. Estela está en la farmacia.
2. Felipe está aquí.
3. Viajan a Madrid.
4. Fernando estudia en casa.
5. Viajamos a la capital.

e. **¿Cuándo? ¿Cómo?**
1. El avión llega ahora.
2. Se llama Rafael.
3. Llegamos en ocho minutos.
4. Viajan en avión.
5. Miguel no está bien.

2. Make questions of the following sentences by combining them with **¿Por qué?**

Desean viajar. → **¿Por qué desean viajar?**

1. Están aquí.
2. Estudian en casa.
3. Está en el aeropuerto.
4. No lleva el regalo.
5. Necesita hablar con el profesor.

3. Ask for confirmation of the following statements by adding **¿no?**

1. Hablan muy bien el español.
2. Ustedes viajan a Venezuela.
3. Llevas el regalo.
4. Necesitas el pasaporte.

4. Ask for confirmation of the following statements by adding **¿verdad?**

1. Los señores no hablan español.
2. Ustedes no estudian mucho.
3. Josefina está en la farmacia.
4. Juan desea estudiar en casa.

MADRID: LA CAPITAL DE ESPAÑA

En un avión. Los señores° García, de Venezuela, viajan a Madrid.

CATALINA: ¡Ay, Luis! En quince minutos llegamos a Madrid. ¡Jesús,[1] los pasaportes! ¡Oh!, aquí están. Tú llevas el regalo para doña[2] Isabel, ¿verdad?

LUIS: Sí, aquí está. Calma,° por favor. Estás nerviosa por el viaje.

PEPITO: Mamá, ¿dónde están los ángeles?° 5

CATALINA: ¿Cómo?[3]

PEPITO: Estamos en el cielo, ¿no?

LUIS: ¡Qué horror! El niño busca ángeles. En las escuelas de hoy enseñan mucha religión, pero los niños necesitan geografía. Pepito. . . 10

PEPITO: ¿Sí, papá?

LUIS: La ciudad de Madrid está en el centro de España, en una meseta.°

PEPITO: ¿Una qué?

LUIS: Una meseta . . . pues[4] . . . una mesa de tierra. 15

PEPITO: Ah, los ángeles cenan en la meseta, ¿verdad?

LUIS: Uno . . . dos . . . tres . . . cuatro . . .

PEPITO: ¿Y ahora matemáticas, papá?

LUIS: ¡Señorita! (*a la azafata*).° Señorita, por favor, ¿cuándo llegamos a los ángeles? 20

AZAFATA: Llegamos en ocho minutos. Pero, señor, el avión no llega a Los Ángeles. Llega a Madrid. ¿Está usted bien?

En el aeropuerto.

DOÑA ISABEL
(UNA PRIMA): Hola, Catalina. Y Pepito, ¿cómo estás? 25

PEPITO: Estoy bien, doña Isabel. Pero, ¿dónde está papá?

CATALINA: Está en la farmacia. No está bien. Busca un tranquilizante.

DOÑA ISABEL: ¡Qué lástima! Está nervioso por el viaje, ¿no?

Notas culturales

1. Expressions such as **¡Jesús!** and **¡Dios mío!** are commonly used in Spanish and are not regarded as blasphemous or coarse.

2. Spanish has two titles, **don** and **doña,** which are used only with first names. Originally titles of nobility, they are now used to show respect

Los señores *Mr. and Mrs.*   Calma *Calm yourself*   ángeles *angels*
meseta *mesa*   azafata *stewardess*

or deference to someone of higher professional or social position, or to an older person. **Don** and **doña** are used when you are too intimate with someone to use **señor** or **señora,** but not intimate enough to be on a first-name basis.

3. When a Spanish speaker does not hear or understand something, he or she usually indicates this by saying **¿Cómo?** where in English it is common to say *Huh?*, *What?*, or *Pardon me?*

4. **Pues** and **bueno** are often used in Spanish when a person is momentarily at a loss for words. English speakers most often say *well, uh,* or *um* in these circumstances.

Preguntas

1. ¿Adónde viajan los señores García?   2. ¿Qué lleva Luis? ¿Para quién? 3. ¿Qué busca Pepito en el cielo?   4. ¿Qué necesitan los niños, según (*according to*) Luis?   5. ¿Dónde está la ciudad de Madrid?   6. ¿Qué es una «meseta»?   7. Según la azafata, ¿cuándo llegan?   8. ¿Por qué está en la farmacia Luis? ¿Qué busca?   9. ¿Quién está nervioso por el viaje?

MADRID

ACTIVIDADES

Entrevista

Ask a classmate the following questions. Then report the information to the class.

1. ¿Hablas español?
2. ¿Hablas francés?
3. ¿Viajas a veces (*at times*) en avión? ¿Estás nervioso(-a) por los viajes? ¿Necesitas tranquilizantes?
4. ¿Necesitas tranquilizantes en la clase de español? ¿Por qué o (*or*) por qué no?
5. ¿Necesitan los niños de hoy religión, geografía o matemáticas?
6. ¿Viajas mucho? ¿Adónde?

Situación

You are calling a friend on the phone. A lady answers and says hello. You ask if your friend is at home. She says yes. You identify yourself. She says, "Just a minute, please." Your friend comes on the phone and asks you how you are. You say fine. You ask if he/she wants to study today. He/she says yes, so you say you'll go by the house in a few minutes. Your friend says, "See you later," and you say good-by.

Diálogo

Complete the following dialogue with the correct form of the verb in parentheses. Then answer the questions based on it.

TERESA: Tú _____ (estudiar) geografía, Juan, ¿verdad?
JUAN: Sí, Teresa, ahora nosotros _____ (estudiar) la formación de la tierra.
TERESA: ¿_____ (hablar) ustedes mucho de ecología?
JUAN: Sí. Y el profesor Vega _____ (enseñar) cómo conservar energía.
TERESA: ¡Qué interesante! (*How interesting!*) Pues, yo _____ (desear) conservar energía ahora. ¡Tú _____ (llevar) los libros, ¿de acuerdo?

1. ¿Quién estudia geografía? 2. ¿Qué estudian ahora? 3. ¿Hablan ellos mucho de ecología? 4. ¿Qué enseña el profesor Vega? 5. ¿Quién desea conservar energía? 6. ¿Desea usted conservar energía?

ESPAÑA

MUSEO DEL PRADO, MADRID

Vocabulario activo

buscar *to look for, to search*
cenar *to have supper, to have dinner*
desear *to want*
enseñar *to teach*
estudiar *to study*
hablar *to talk, to speak*
llegar *to arrive*
llevar *to carry, to take*
necesitar *to need*
viajar *to travel*

el **amigo** (la **amiga**) *friend*
el **avión** *airplane*
el **centro** *center*
el **cielo** *sky, heaven*
la **ciudad** *city*
la **escuela** *school*
el **francés** *French*
la **geografía** *geography*
el **hotel** *hotel*
el **lápiz** *pencil*
el **libro** *book*
la **mesa** *table*
el **minuto** *minute*
la **niña** *girl, child*
el **niño** *boy, child*
el **pasaporte** *passport*
la **pregunta** *question*
el **primo** (la **prima**) *cousin*
el **regalo** *gift*
la **semana** *week*
la **tierra** *earth, land*
el **tranquilizante** *tranquilizer*
el **viaje** *trip, journey*

interesante *interesting*
nervioso(-a) **por** *nervous about*

¿adónde? *where? to where?*
ahora *now*
¿cómo? *how?*
¿cuándo? *when?*
¿dónde? *where?*
hoy *today*
mucho *much, a lot*
muy *very*
¿qué? *what?*
¿quién? ¿quiénes? *who?*

a *at, to*
con *with*
de *of, from*
en *in, on*
para *for*
por *by*
según *according to*

pero *but*

¡Ay! *Oh!*
¿Cómo? *What? What is it? What did you say?*
¿de acuerdo0 *okay? agreed?*
¡Dios mío! *Good Lord! Good grief!*
Hasta luego. *See you later.*
¡Hola! *Hello! Hi!*
¿por qué? *why? what for?*
pues *well . . .*
¡Qué horror! *How terrible!*
¡Qué lástima! *What a shame!*
¿verdad? *really? right?*

I. ADJECTIVES

Los colores:

amarillo(-a) *yellow*	azul *blue*	blanco(-a) *white*
	gris *gray*	negro(-a) *black*
pardo(-a) *brown*	rojo(-a) *red*	verde *green*

el sombrero

la blusa

la falda

la camisa

los pantalones

los zapatos

La señora Alegría lleva una blusa verde, una falda amarilla, y un sombrero azul. (¡!)

¿Y el señor Alegría? Lleva una camisa blanca, unos pantalones negros, y zapatos pardos.

Amarilla *Azul*

¿Lleva la señora Alegría una falda roja? ¿un sombrero rojo? ¿Qué lleva?

¿Quién lleva pantalones negros? ¿Lleva el señor Alegría una camisa gris? ¿verde?

¿Qué lleva usted? Y el profesor (la profesora), ¿qué lleva?

A. Agreement of Adjectives

1. In Spanish, adjectives must agree both in number and in gender with the nouns they modify. The most common singular endings for adjectives are **-o** (masculine) and **-a** (feminine).

   un sombrero rojo *a red hat*   una falda roja *a red skirt*
   un regalo bonito *a pretty present* una ciudad bonita *a pretty city*

2. Adjectives of nationality that end in consonants, and adjectives that end in **-dor,** are made feminine by adding **-a.**

   el profesor inglés *the English professor*
   la profesora inglesa* *the English professor*

   el chico trabajador *the hard-working boy*
   la chica trabajadora *the hard-working girl*

3. Adjectives that don't end in **-o, -a,** or **-dor** are the same in the feminine as in the masculine.

   el sombrero gris *the gray hat*
   la camisa gris *the gray shirt*

   un examen difícil *a difficult exam*
   una lección difícil *a difficult lesson*

   el museo grande *the big museum*
   la casa grande *the big house*

4. To form the plural of an adjective that ends in a vowel, add **-s.** To form the plural of an adjective that ends in a consonant, add **-es.**

   las ciudades grandes   *the big cities*
   los chicos franceses   *the French boys (or boys and*
                                girls)
   los zapatos pardos   *the brown shoes*
   los exámenes difíciles   *the difficult exams*

* Remember that the written accent on the last syllable of the masculine form will not be necessary after you change the adjective to the feminine. Note also that adjectives of nationality are not capitalized.

B. Position of Adjectives

1. Most adjectives are descriptive—that is, they specify size, shape, color, type, nationality, and so forth. Descriptive adjectives usually follow the nouns they modify.

la comida española	*Spanish food*
una casa blanca	*a white house*
unos señores amables	*several nice gentlemen*

2. However, adjectives that specify quantity usually precede the nouns they modify.

dos semanas	*two weeks*
muchos regalos bonitos	*many pretty presents*

3. **Bueno** (*good*) may be placed before or after a noun: **una buena amiga, una amiga buena** (*a good friend*). Before a masculine singular noun, it is shortened to **buen: Busco un buen restaurante mexicano.** *I'm looking for a good Mexican restaurant.*

Ejercicios

1. Change the nouns from the masculine to the feminine.

1. un amigo inglés
2. un turista mexicano
3. el niño español
4. el señor inteligente
5. un chico argentino

2. Change the nouns from the singular to the plural.

1. el señor amable
2. el viaje interesante
3. la turista inglesa
4. un buen restaurante
5. un hotel internacional

3. Create new sentences, substituting the words in the list for those in italics.

¿Dónde está *el señor* mexicano?

1. profesores   2. profesoras   3. restaurante   4. estudiantes   5. falda
6. camisas   7. niña   8. sombrero

II. THE VERB *SER*

(1) Señora Donoso: ¿De dónde es usted, señor Gómez?
(2)   Señor Gómez: Soy de los Estados Unidos, de Texas.
(3) Señora Donoso: ¡Pero habla muy bien el español!
(4)   Señor Gómez: Soy mexicano-americano.

1. ¿De dónde es el señor Gómez? 2. ¿Es inglés el señor Gómez? 3. ¿Habla español? 4. Y usted, ¿de dónde es? 5. ¿Es norteamericano(-a)?* 6.. Usted es profesor, ¿verdad? 7. ¿Es usted estudiante? 8. ¿Es un buen estudiante? ¿Sí? ¿Estudia mucho?

ser
(to be)

yo	soy	nosotros(-as)	somos
tú	eres	vosotros(-as)	sois
él		ellos	
ella	es	ellas	son
usted		ustedes	

Ejercicios

1. Professor Ramos is a specialist in foreign accents. Every time he meets someone, he wants to guess where he or she is from. Make questions he would ask, following the model.

   José; España → **¿De dónde es? ¿Es de España?**

   1. Marta; México
   2. los señores Jones; los Estados Unidos
   3. tú; Italia
   4. los dos amigos; Colombia
   5. usted; Puerto Rico
   6. Felipe; Madrid

2. Answer in the affirmative, using the verb **ser.**

   1. ¿Son de Bolivia los doctores?
   2. ¿Es mexicano el profesor?

(1) Where are you from, Mr. Gómez? (2) I'm from the United States, from Texas. (3) But you speak Spanish very well! (4) I'm Mexican-American.

* In Spanish-speaking countries, the noun and adjective **norteamericano(-a)** —literally, *North American*—is used to designate people and things of the United States. Latin Americans feel that **americano(-a)** applies to themselves just as much as to the inhabitants of the United States.

3. ¿Somos nosotros inteligentes?
4. ¿Eres la prima de Felipe?
5. ¿Son azules las camisas?
6. ¿Es verde el sombrero?
7. ¿Son pardos los zapatos?

3. Answer the questions in the affirmative, according to the model.

El chico es trabajador. ¿Y la chica? → **Es trabajadora también.**

1. El profesor es inglés. ¿Y la profesora?
2. La señora es norteamericana. ¿Y el señor?
3. La casa es grande. ¿Y el museo?
4. La ciudad es bonita. ¿Y el regalo?
5. Los exámenes son difíciles. ¿Y las lecciones?
6. Los chicos son franceses. ¿Y las chicas?
7. Las profesoras son amables. ¿Y los profesores?
8. Las turistas son mexicanas. ¿Y los turistas?

III. *SER* VS. *ESTAR*

El señor Ribera es mexicano.
Es doctor.

Ahora está en Buenos Aires.
Está de vacaciones.

A. **Ser** is used:

1. To link the subject to a noun.

Silvia es italiana.   *Silvia is an Italian.*
Jorge es un amigo.   *Jorge is a friend.*

Alicia es estudiante.   *Alicia is a student.*
El señor García es profesor.   *Mr. García is a teacher.*

Note that after **ser** the indefinite article is not used with a profession or nationality (unless it is modified by an adjective, as you shall see later on in the book).

2. With **de** to indicate origin (where someone or something is from).

Soy de los Estados Unidos.   *I'm from the United States.*
¿De dónde es el regalo? Es de   *Where is the present from? It's*
   México.   *from Mexico.*

3. To indicate where an event takes place.

La ópera es en el Teatro Colón.   *The opera is in Colon Theater.*
La exhibición es en el museo.   *The exhibit is in the museum.*

4. With **de** to describe what something is made of.

¿Es de oro el reloj?   *Is the watch (made of) gold?*
La mesa es de madera.   *The table is wooden (made of*
    wood).

5. With **de** to indicate possession.

El reloj es de Ricardo.   *The watch is Ricardo's.*
El libro es de María.*   *The book is Marías's.*

* **De** is also used to indicate possession without **ser: el libro de María** (*María's book*); **el examen de Ricardo** (*Ricardo's exam*).

6. With an adjective that is considered normal or characteristic of the subject.

Marta es trabajadora.	*Marta is hard-working.*
El señor Torres es amable.	*Mr. Torres is nice.*
¿De qué color son los zapatos?	*What color are the shoes?*
Son verdes.	*They're green.*

B. **Estar** is used:

1. To indicate location or position.

El hotel está en la avenida Colón.	*The hotel is on Colon Avenue.*
Nosotros estamos enfrente de la biblioteca.	*We are in front of the library.*
Están de vacaciones en Bogotá.	*They are on vacation in Bogotá.*

2. To indicate the condition of a person or thing at a particular time, or with adjectives that are thought of as true of the subject at a particular time, but not always.

¿Cómo estás? Estoy bien, gracias.	*How are you? I'm fine, thanks.*
A veces el aire está contaminado.	*At times the air is polluted.*
Marta está bonita hoy.	*Marta looks pretty today (though not always).*

Ejercicios

1. Restate, changing the verbs and subjects from the singular to the plural.

Él es de Chile. → **Ellos son de Chile.**

1. El sombrero no es de la chica.
2. El señor es profesor de inglés.
3. Estoy de vacaciones.
4. ¿De dónde es usted?
5. Soy doctor.
6. La exhibición es en el museo.
7. ¿Está usted bien?
8. ¿Está usted nervioso?
9. ¿Es azul la camisa?

2. Complete the sentences, using **es** or **está**, as appropriate.

1. Ricardo _ESTÁ_ en Bogotá.
2. _ES_ interesante.
3. _ESTÁN_ de vacaciones.
4. _ES_ amable.
5. _ES_ de Texas.
6. Marta no _ESTÁ_ aquí.
7. _ES_ norteamericano.
8. No _ESTÁ_ bien.
9. _ESTÁN_ enfrente de la casa.
10. _ES_ inteligente.

3. Complete the sentences, using the appropriate form of **ser** or **estar**.

1. Los profesores ingleses _son_ amables.
2. Nosotros _somos_ estudiantes.
3. Tú _estás_ nervioso hoy.
4. Él _está_ allí.
5. ¿_es_ el libro para la clase de geografía?
6. Ahora el cielo _está_ azul.

Preguntas

PREPARE FOR CLASE

1. ¿Es usted norteamericano(-a)? ¿Es de Nueva York? ¿de California? ¿de Texas? ¿De dónde es?   2. ¿Es usted trabajador(-a) o (*or*) perezoso(-a)? 3. ¿Son brillantes los estudiantes aquí? ¿Y los profesores?   4. ¿Es de usted el libro? ¿De qué color es? ¿Es interesante o aburrido (*boring*)?   5. ¿Es de usted el reloj? ¿Es de oro? ¿Es un buen reloj?   6. ¿Es usted doctor? ¿Es usted biólogo (*biologist*)? ¿matemático? ¿sociólogo? ¿filósofo? ¿revolucionario?   7. ¿Dónde estamos ahora?   8. ¿Está el aire contaminado o puro aquí?   9. ¿Está la universidad en el centro de la ciudad?   10. ¿Estamos de vacaciones ahora?

IV. CONTRACTIONS *AL* AND *DEL*

(1) SEÑOR GARCÍA: Por favor, señor, ¿dónde está el restaurante «La Estancia»? ¿Está cerca o lejos?
(2)   UN SEÑOR: Está allí a la izquierda, *al* lado *del* Hotel Continental.

1. ¿Está el restaurante a la izquierda o a la derecha?   2. ¿Está el restaurante cerca?   3. ¿Está al lado del teatro o al lado del hotel?   4. El señor busca el restaurante «Rancho del Norte», ¿verdad?

(1) Excuse me, sir. Where is the restaurant «La Estancia»? Is it near or far? (2) It's there on the left, beside the Continental Hotel.

$$a + el = al \qquad de + el = del$$

Las chicas llegan al teatro.   *The girls arrive at the theater.*
Los señores Castillo están lejos   *Mr. and Mrs. Castillo are far from*
   del museo.   *the museum.*

But the feminine singular forms, and the masculine and feminine plural forms, do not contract.

Los turistas llegan a la ciudad.   *The tourists arrive at the city.*
El museo está muy lejos de los   *The museum is very far from the*
   hoteles (de las escuelas).   *hotels (from the schools).*

Ejercicios

1. Create new sentences, substituting the words in the list for those in italics.

   a. Las chicas llegan *al hotel*.
      1. centro   2. restaurante   3. farmacia   4. escuela   5. aeropuerto

   b. El hotel está cerca *del centro*.
      1. museo   2. farmacia   3. aeropuerto   4. universidad   5. teatro

2. Form sentences for each group of three words, using them in the order given.

   hotel/izquierda/aeropuerto → **El hotel está a la izquierda del aeropuerto.**

      1. restaurante/lado/farmacia
      2. hospital/lejos/ciudad
      3. biblioteca/enfrente/hotel
      4. escuela/cerca/teatro
      5. museo/derecha/aeropuerto

NIÑOS EN LA FUENTE

Preguntas

1. ¿Desea usted viajar a la ciudad de México? ¿al Perú?   2. En la clase de español, ¿está usted cerca de la ventana (*window*)? ¿del profesor?   3. ¿Está la casa de usted lejos de la universidad? ¿del centro?

V. THE PERSONAL A

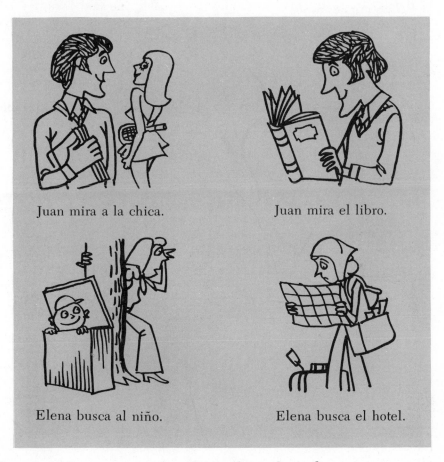

Juan mira a la chica.

Juan mira el libro.

Elena busca al niño.

Elena busca el hotel.

The personal **a** must precede a direct object that refers to a person or persons. It does not precede other direct objects.

Juan mira a la muchacha.	*Juan is looking at the girl.*
Teresa visita a los señores Navarro.	*Teresa is visiting Mr. and Mrs. Navarro.*

But:

Juan mira el libro.	*Juan is looking at the book.*
Visitamos el museo de arte.	*We're visiting the art museum.*

Ejercicio

Create new sentences, substituting the words in the list for those in italics.

  a. Buscamos *a las niñas.*
    1. profesora   2. chicas   3. hotel   4. doctor   5. farmacia

  b. Felipe mira *al niño.*
    1. los estudiantes   2. los pasaportes   3. el profesor   4. el reloj
    5. la señora

Preguntas

1. ¿Visita usted a unos amigos hoy?   2. ¿Mira usted a veces al presidente en la televisión?   3. ¿Llama usted a un amigo por teléfono hoy?   4. ¿Visita usted mucho al doctor?

VI. THE CARDINAL NUMBERS 16–100

16 dieciséis (diez y seis)	31 treinta y uno(-a)
17 diecisiete (diez y siete)	32 treinta y dos
18 dieciocho (diez y ocho)	33 treinta y tres
19 diecinueve (diez y nueve)	34 treinta y cuatro
	35 treinta y cinco
20 veinte	36 treinta y seis
21 veintiuno (veinte y uno)	37 treinta y siete
22 veintidós (veinte y dos)	38 treinta y ocho
23 veintitrés (veinte y tres)	39 treinta y nueve
24 veinticuatro (veinte y cuatro)	40 cuarenta
25 veinticinco (veinte y cinco)	50 cincuenta
26 veintiséis (veinte y seis)	60 sesenta
27 veintisiete (veinte y siete)	70 setenta
28 veintiocho (veinte y ocho)	80 ochenta
29 veintinueve (veinte y nueve)	90 noventa
30 treinta	100 ciento (cien)

A. The numbers 16 to 19 and 21 to 29 can be written in two ways, but they are usually written as one word. Notice the spelling changes and the use of the accent on numbers ending in **-s.**

  ¿Cuántos libros están aquí?   *How many books are here?*
    Veintiséis.   *Twenty-six.*

B. Numbers above thirty are always written in the long form: **treinta y uno.**

treinta y dos muchachos	*thirty-two boys*
cuarenta y una ciudades	*forty-one cities*
noventa y nueve hoteles	*ninety-nine hotels*

C. With the exception of **uno** (**un, una**) and numbers ending in -**uno,** numbers do not show gender agreement with the nouns they modify. **Uno** and numbers that end in -**uno** are changed to **un** (-**ún**) before a masculine noun, and to **una** before a feminine noun. Notice the accent on numbers ending in -**ún.**

ocho niñas	*eight girls*
dos libros	*two books*
treinta regalos	*thirty presents*
un libro	*one book (a book)*
veintiún niños	*twenty-one children*
veintiuna muchachas	*twenty-one girls*

D. **Ciento** is shortened to **cien** before a noun.

cien muchachos	*one hundred boys*
cien muchachas	*one hundred girls*

Ejercicios

1. Read in Spanish.

1. 17	6. 92	11. 70
2. 58	7. 100	12. 57
3. 93	8. 22	13. 21
4. 19	9. 44	14. 36
5. 67	10. 84	15. 19

2. Write out each of the following numbers.

1. 70 pesos	6. 16 ciudades
2. 81 libros	7. 55 argentinos
3. 42 restaurantes	8. 90 mesas
4. 56 aviones	9. 21 inglesas
5. 65 minutos	10. 100 amigos

3. Imagine that you are in a bookstore and a clerk is quoting prices of various books to you, in pesos. Read aloud the lowest price in each group of three.

1. treinta pesos · 3·
   cincuenta pesos · 5·
   cuarenta pesos · 4·

2. setenta pesos · 7·
   ochenta pesos · 8·
   sesenta pesos · 6·

3. veintisiete pesos · 27·
   treinta y seis pesos · 36·
   diecinueve pesos · 19·

4. cuarenta y ocho pesos · 48·
   treinta y nueve pesos · 39·
   cincuenta y dos pesos · 50·

5. treinta y cuatro pesos
   setenta y cuatro pesos
   treinta y dos pesos

6. noventa y dos pesos
   cien pesos
   noventa y cinco pesos

BUENOS AIRES: ¡BIENVENIDOS AL PARÍS DE SUDAMÉRICA!

En un ómnibus. Los señores Smith están de vacaciones en Buenos Aires. Buscan el famoso museo de historia natural.

EL SEÑOR SMITH:	¡Dios mío! El tráfico está horrible y el aire está contaminado.
LA SEÑORA SMITH:	El precio del progreso,° ¿no? Pero la ciudad es bonita.
EL SEÑOR SMITH:	Y muy grande. ¿Cómo llegamos al museo?
LA SEÑORA SMITH:	¿Por qué no preguntas a un pasajero?°
EL SEÑOR SMITH:	Buena idea. *Llama a un pasajero.* Por favor, señor, ¿dónde está el Museo de la Plata?
EL PASAJERO:	Está lejos. Ustedes no son de aquí, ¿verdad?
EL SEÑOR SMITH:	Somos de Inglaterra.
EL PASAJERO:	¡Ah, ingleses! Bienvenidos al París de Sudamérica. ¿Para qué desean visitar el museo?
LA SEÑORA SMITH:	Para mirar las exhibiciones sobre el gaucho¹ . . .
EL SEÑOR SMITH:	. . . y sobre los animales de la región.²
EL PASAJERO:	Un momento, por favor. Me llamo Emiliano Tamborini,³ y soy agente de viajes. Por casualidad,° estamos enfrente de la agencia *Tours Tamborini.* Es posible pasar un día en una estancia,° mirar los animales, visitar a los gauchos . . .
LA SEÑORA SMITH:	Pero, señor, el museo . . .
EL PASAJERO:	¡Naturalmente,° precios especiales para los turistas ingleses! *El señor Tamborini y los señores Smith bajan y entran en° la agencia.*

Notas culturales

1. The **gaucho,** or Argentine cowboy, is now more a legendary and symbolic figure than a real one. In the early 1800s, thousands of men led a nomadic life on the pampas, or dry grasslands, living off the large wild herds of cattle and horses which had descended from those of the Spanish conquistadors. These men were the **gauchos.** Today the word is also used for the descendants of the original **gauchos** who work on the large ranches and preserve some of the old traditions.

progreso	*progress*	pasajero	*passenger*	Por casualidad	*by coincidence*
estancia	*ranch*	Naturalmente	*naturally*	bajan y entran en	*get off and go in*

2. Because of the variety of its terrain, Argentina has a number of unusual animals like the **jaguar** (jaguar), the **cóndor,** the largest bird of flight, a vulture which inhabits the highest reaches of the Andes mountains, and the **capibara,** the largest living rodent, which sometimes attains a weight of 100 pounds and in some parts of South America is hunted by the natives for food. Other animals found in Argentina include the **puma** (mountain lion), the **armadillo,** and the **ñandú,** a large bird similar to the ostrich and incapable of flight. Argentina is a land of geographical contrasts, with jungle-like terrain near the Brazilian border, a lake district in the South sometimes compared to Switzerland, and lovely seaside resorts and beaches on the Atlantic coast.

3. If Emiliano Tamborini sounds more Italian than Spanish to you, you are correct: a large number of Argentineans are of Italian descent. The British, French, and Germans have also contributed to Argentina's population.

Preguntas

1. ¿Dónde están los señores Smith? 2. ¿De dónde son ellos? 3. ¿Qué buscan? 4. ¿Cómo es el tráfico de Buenos Aires? 5. ¿A quién pregunta el señor Smith dónde está el museo? 6. ¿Está cerca el museo? 7. ¿Para qué desean visitar el museo? 8. ¿Cómo se llama el pasajero? 9. Según el señor Tamborini, ¿dónde están, por casualidad? 10. ¿Es posible hoy pasar un día en una estancia?

ACTIVIDADES

Intercambios (Exchanges)

[handwritten: Que sí — EMPHASIS FOR ANSWERING — yes]

Use the **usted** form of the verbs in asking and answering the following questions.

Señorita Pérez, ask Señor Ochoa:

1. si (*if*) el tráfico está horrible hoy
2. si el aire está contaminado aquí
3. si desea visitar el museo de arte

4. si es posible mirar jaguares y cóndores en la Argentina

5. de qué color son los jaguares

Señor Ochoa, answer:

1. que sí, que está terrible ahora
2. que sí, está contaminado
3. que sí, que desea mirar las exhibiciones de arte internacional

4. que sí, que hay (*there are*) jaguares en la selva (*jungle*) y cóndores en los Andes

5. que son amarillos y negros, y muy feroces (*ferocious*) también

6. si es posible visitar a los gauchos en los Andes

6. que no, que los gauchos no están en los Andes, pero están en las estancias de la Argentina

7. cómo es la selva tropical

7. que es muy verde y densa, con muchos animales

Entrevista

Ask a classmate the following questions. Then report the information to the class.

1. ¿Qué llevas hoy?
2. ¿Eres de Buenos Aires? ¿De dónde eres?
3. ¿Eres norteamericano(-a)?
4. ¿Visitas a unos amigos hoy?
5. ¿Deseas visitar a los gauchos en la Argentina?
6. ¿Deseas pasar un día en la selva tropical o en los Andes?
7. Buenos Aires es el París de Sudamérica. ¿Qué ciudad es el París de Norteamérica?

Vocabulario activo

llamar *to call*
llevar *to wear*
mirar *to look at, to watch*
pasar *to spend (time)*
preguntar *to ask*
ser *to be*
visitar *to visit*

el aire *air*
la blusa *blouse*
la camisa *shirt*
la casa *house*
la chica *girl*
el chico *boy*
la España *Spain*
los Estados Unidos *United States*
el estudiante (la estudiante) *student*
el examen *exam*
la falda *skirt*
la lección *lesson*
la muchacha *girl*
el muchacho *boy*
el museo *museum*
el ómnibus *bus*
los pantalones *pants*

el precio *price*
el reloj *watch*
el restaurante *restaurant*
la selva *jungle*
el sombrero *hat*
el teatro *theater*
el tráfico *traffic*
el turista (la turista) *tourist*
la universidad *university*
el zapato *shoe*

aburrido(-a) *boring*
amable *friendly, nice*
amarillo(-a) *yellow*
azul *blue*
blanco(-a) *white*
bonito(-a) *pretty*
buen, bueno(-a) *good*
contaminado(-a) *polluted*
difícil *difficult*
grande *big, large, great*
gris *gray*
inteligente *intelligent*
mucho(-a) *much, a lot of; many*
negro(-a) *black*

norteamericano(-a) *American (U.S.)*

pardo(-a) *brown*

perezoso(-a) *lazy*

posible *possible*

rojo(-a) *red*

trabajador(-a) *hard-working*

verde *green*

allí *there*

¿cómo? *how?*; ¿Cómo es . . . ? *What is . . . like?*

¿cuánto? *how much?*
  ¿cuántos? *how many?*

también *also, too*

o *or*

si *if*

a la derecha *on (to) the right*

a la izquierda *on (to) the left*

a veces *at times, sometimes*

al lado de *beside, next to*

Bienvenido(-a). *Welcome.*

cerca de *near*

¿De qué color es . . . ? *What color is . . . ?*

enfrente de *in front of*

estar de acuerdo con *to agree with*

estar de vacaciones *to be on vacation*

lejos de *far from*

¿para qué? *why? for what reason?*

EL MUNDO HISPÁNICO

ESPAÑA

CUZCO, PERÚ

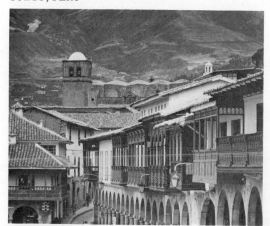

LOS ANDES

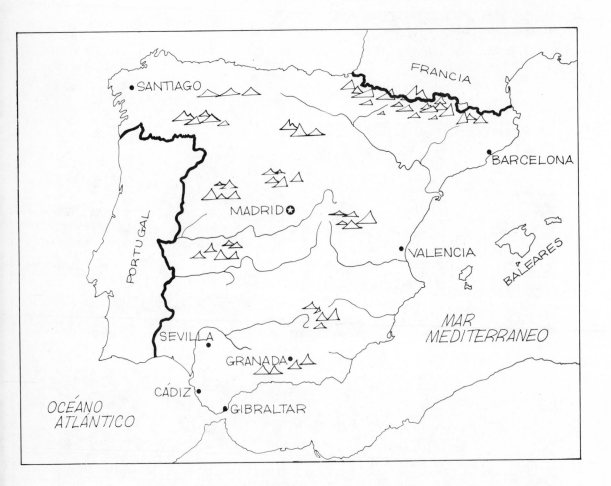

As you can see from the following maps, the Spanish-speaking world covers a vast territory: Spain; Mexico; Central America except British Honduras; Cuba, Puerto Rico, and the Dominican Republic in the Caribbean; and all South America except Brazil and **las Guayanas** (Guyana, Surinam, and French Guiana). Consequently, the Spanish-speaking world is one of geographical contrasts. One can travel from the deserts of northern Mexico to the tropical forests of Central America, to the mountainous Andes regions, to the glaciers at the tip of South America. Almost every imaginable climate and terrain are encompassed by **el mundo hispánico.**

Here is a short geographical quiz about the Spanish-speaking world. If you don't know all the answers, a glance at the maps will provide them.

1. La ciudad de Madrid está: (a) en el norte (*North*) de España, (b) en el centro de España, (c) en el sur (*South*) de España.
2. Los Pirineos separan a España de: (a) África, (b) el Mar Mediterráneo, (c) Francia.
3. La ciudad de Granada está en Andalucía, famosa por la música flamenca (*gypsy music*). Una ciudad que está cerca es: (a) Montevideo, (b) Sevilla, (c) San José.
4. El estrecho (*strait*) de Gibraltar separa a España de: (a) África, (b) Portugal, (c) Francia.
5. La península de Yucatán está en: (a) Chile, (b) España, (c) México.

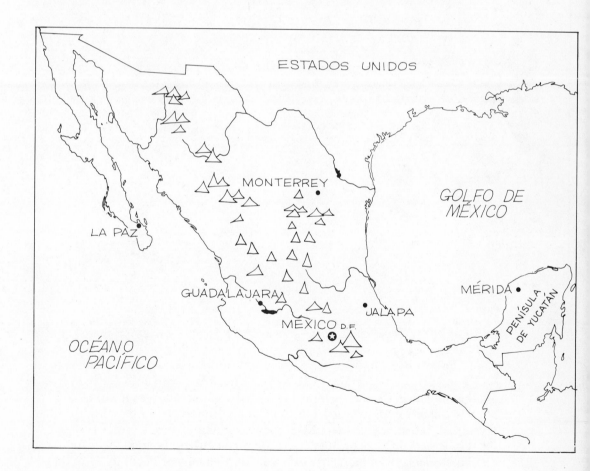

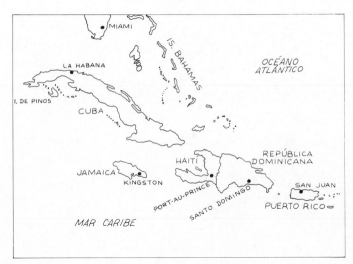

6. La capital de Bolivia es: (a) La Paz, (b) Asunción, (c) Quito.
7. Dos islas del Mar Caribe son: (a) Cuba y Belice, (b) Cuba y Puerto Rico,
   (c) El Salvador y la República Dominicana.
8. La capital de Puerto Rico es: (a) Managua, (b) Jalapa, (c) San Juan.
9. La ciudad de Tegucigalpa está en: (a) México, (b) Perú, (c) Honduras.
10. Los Andes están: (a) en el oeste (*West*) de Sudamérica, (b) en el centro
    de Sudamérica, (c) en el este (*East*) de Sudamérica.

CARACAS

OCÉANO
ATLÁNTICO

VENEZUELA

COLOMBIA

GUAYANAS

BOGOTÁ

QUITO

ECUADOR

PERÚ

BRASIL

LIMA

BRASILIA

LA PAZ

BOLIVIA

PARAGUAY

CHILE

ASUNCIÓN

ARGENTINA

URUGUAY

SANTIAGO

MONTEVIDEO

BUENOS AIRES

OCÉANO
PACÍFICO

Choose a country - oral presentation - wed. 10/4

I. TELLING TIME

¿Qué hora es?

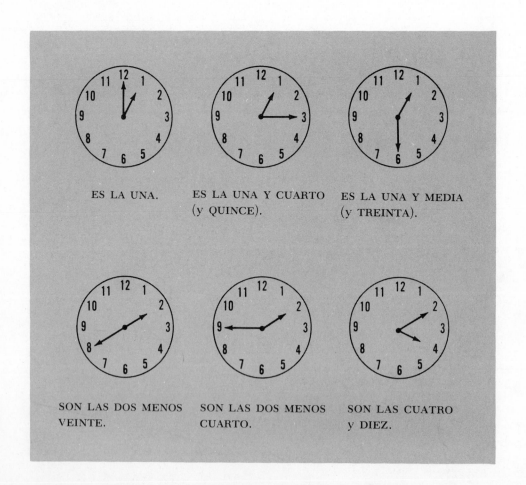

ES LA UNA.

ES LA UNA Y CUARTO
(y QUINCE).

ES LA UNA Y MEDIA
(y TREINTA).

SON LAS DOS MENOS
VEINTE.

SON LAS DOS MENOS
CUARTO.

SON LAS CUATRO
y DIEZ.

Ejercicio

¿Qué hora es?

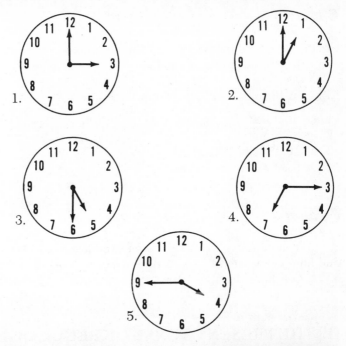

1.   2.   3.   4.   5.

de la mañana   de la tarde   de la noche

¿A qué hora llega el avión?

Llega a las diez y
cuarto de la mañana.

Ejercicio

Create new sentences, substituting the phrases in the list, translated into Spanish, for the phrase in italics.

El avión llega *a las dos y media de la tarde*.

1. at 6:30 P.M.
2. at 8:45 A.M.
3. at 10:15 P.M.
4. at 9:30 A.M.
5. at 6:45 A.M.

Preguntas

1. ¿Qué hora es?   2. ¿A qué hora estamos en la clase de español?   3. ¿A qué hora cena usted?   4. ¿A qué hora de la mañana llega a la universidad?   5. ¿A qué hora llega a casa?

II. THE PRESENT TENSE OF REGULAR -*ER* AND -*IR* VERBS

(1) ALICIA: Juan, ¿qué *lees?* ¿Una novela?
(2) JUAN: No, *leo* una historia del mundo.
(3) ALICIA: ¡Una historia del mundo!
(4) JUAN: Alicia, *debemos* estudiar el pasado para *comprender* el presente y el futuro, ¿no *crees?* Una persona *vive* solamente sesenta o setenta años. ¿Para qué *vivimos?* ¿Para qué estamos aquí? ¿Para qué . . . ?
(5) ALICIA: ¿Para qué hablas de tonterías? ¿Por qué no *comemos* ahora, señor Sócrates?

1. ¿Qué lee Juan?   2. Según Juan, ¿cuántos años vive una persona?   3. Estudiar el pasado es comprender el presente y el futuro. ¿Está usted de acuerdo?   4. ¿Habla Juan de tonterías?

A. To conjugate regular verbs ending in **-er** or **-ir**, remove the infinitive ending and add the present-tense endings to the stem. The endings are

(1) Juan, what are you reading? A novel? (2) No, I'm reading a history of the world. (3) A history of the world! (4) Alicia, we ought to study the past in order to understand the present and the future, don't you think? A person lives only sixty or seventy years. Why are we living? Why are we here? Why . . . ? (5) Why are you talking nonsense? Why don't we go eat now, Mr. Socrates?

the same for both types of verbs, except in the first- and second-person plural (**nosotros** and **vosotros**).

	comer (to eat)	**vivir** (to live)
yo	com**o**	viv**o**
tú	com**es**	viv**es**
él ella } usted	com**e**	viv**e**
nosotros(-as)	com**emos**	viv**imos**
vosotros(-as)	com**éis**	viv**ís**
ellos ellas } ustedes	com**en**	viv**en**

B. Other verbs conjugated like **comer** are:

aprender *to learn*   deber *to have to, must, ought to*
comprender *to understand*   leer *to read*
creer *to think, to believe* vender *to sell*

Debe ser importante.   *It must be important.*
Leemos una historia del mundo. *We are reading a history of the*
                               world.
Creo que es verdad.   *I believe it's true.*

C. Other verbs conjugated like **vivir** are:

abrir *to open*   escribir *to write*

¿Abres la ventana?   *Are you opening the window?*
Escriben muchas cartas.   *They write a lot of letters.*

Ejercicios

1. Create new sentences, substituting the words in the list for those in italics.

    a. *Él* come a la una.
       1. yo 2. usted 3. tú 4. ustedes 5. las amigas

    b. *Los estudiantes* aprenden español.
       1. tú 2. ella 3. Carlota y yo 4. yo 5. Manolo

    c. *Yo* escribo una carta.
       1. usted 2. tú 3. ustedes 4. Marta 5. Pablo y yo

d. *La señora González* vive en Texas.

    1. tú 2. usted 3. los señores Gómez 4. María y yo 5. yo

2. Complete the following sentences with the appropriate form of the verb in parentheses.

    1. (vivir)   Anita _____ en California.
    2. (leer)   Federico _____ un libro interesante.
    3. (deber)   ¿No _____ tú llamar al doctor?
    4. (creer)   ¿Qué _____ ellas?
    5. (aprender) Nosotros _____ español.
    6. (deber)   Yo _____ visitar a la señora Pérez en el hospital.
    7. (abrir)   Yo _____ la ventana.
    8. (escribir)   ¿Tú _____ una historia?
    9. (comer)   Nosotros _____ muchos tacos.
  10. (comprender) Yo _____ al profesor cuando habla español.
  11. (vender)   Los señores Méndez _____ la casa en la ciudad.
  12. (creer)   Nosotros no _____ que es verdad.

Preguntas

1. ¿Lee usted un libro ahora? ¿Cómo se llama? 2. ¿Lee usted muchos libros? 3. ¿Aprende usted mucho en la universidad? 4. ¿Qué aprendemos en la clase de español? 5. ¿Come usted en la cafetería de la universidad?

¿Es buena la cafetería?   6. ¿Come usted mucho?   7. ¿Es importante estudiar las ideas del pasado?   8. ¿Escribe usted muchas cartas?   9. ¿En qué calle (*street*) vive?   10. ¿Dónde vive el presidente de los Estados Unidos? 11. ¿En qué ciudad vivimos? ¿en qué estado?

III. DEMONSTRATIVE ADJECTIVES AND PRONOUNS

En la librería.

(1) ESTUDIANTE: Señorita, necesito un libro sobre la civilización azteca.
(2)   SEÑORITA: *Este* libro es muy bueno. ¿Es usted estudiante?
(3) ESTUDIANTE: Sí. ¿Cuál es el precio, por favor?
(4)   SEÑORITA: Cien pesos.
(5) ESTUDIANTE: ¿Y el precio de *ése*?
(6)   SEÑORITA: Ochenta.
(7) ESTUDIANTE: ¿Y *aquél* allí?
(8)   SEÑORITA: Solamente sesenta pesos.
(9) ESTUDIANTE: Bueno, gracias. Llevo *aquél*.

1. ¿Dónde está el estudiante?   2. ¿Qué venden en una librería?   3. ¿Qué busca el estudiante?   4. ¿Cuál es el precio del libro que lleva?

A. Demonstrative Adjectives

1. Demonstrative adjectives are used to point out a particular person or object. They precede the nouns they modify and agree with them in gender and number.

DEMONSTRATIVE ADJECTIVES

	Masculine	Feminine	
Singular	este	esta	*this*
	ese	esa	*that*
	aquel	aquella	*that (over there)*
Plural	estos	estas	*these*
	esos	esas	*those*
	aquellos	aquellas	*those (over there)*

Este diccionario no es muy caro.   *This dictionary isn't very expensive.*

In the bookstore.
(1) Miss, I need a book on the Aztec civilization. (2) This book is very good. Are you a student? (3) Yes. How much is it, please? (4) One hundred pesos. (5) And the price of that one? (6) Eighty. (7) And that one over there? (8) Only sixty pesos. (9) All right, thank you. I'll take that one over there.

Esa muchacha se llama Luisa.	*That girl's name is Luisa.*
Esos señores son políticos.	*Those men are politicians.*
Aquella joven es muy simpática.	*That young woman is very nice.*

2. Both **ese** and **aquel** correspond to *that* in English. **Ese, esa, esos,** and **esas** indicate persons or objects located fairly close to the person addressed. **Aquel, aquella, aquellos,** and **aquellas** indicate persons or objects that are distant from both the speaker and the person spoken to.

B. Demonstrative Pronouns

1. Demonstrative pronouns in Spanish have the same form as demonstrative adjectives, except that the pronouns have written accents. They agree in gender and number with the noun they replace.

¿Éste? Es un libro de filosofía.	*This? It's a philosophy book.*
¿Éstos? Son calendarios.	*These? They're calendars.*
¿Ése? Es un estudiante francés.	*That one? He's a French student.*
¿Hablas de aquél o de aquélla?	*Are you talking about that one (masculine) or that one (feminine)?*
¿Aquéllas? Son españolas.	*Those (over there)? They're Spanish.*

2. There are three neuter demonstrative pronouns in Spanish: **esto** (*this*), **eso** (*that*), and **aquello** (*that, more distant*). They are used to refer to statements, abstract ideas, or something that has not been identified. There are no plural forms, and they do not take a written accent.

Esto no es muy bueno.	*This (situation, idea, etc.) isn't very good.*
¿Qué es eso?	*What's that?*
Todo aquello es de don Sancho.	*All that (over there) is Don Sancho's.*

Ejercicios

1. Create new sentences, substituting the words in the list for those in italics.

a. Llevo esa *mesa.*
   1. zapatos 2. libro 3. casa 4. reloj 5. camisas

b. Hablo con este *señor*.
   1. chica 2. turista 3. niños 4. profesores 5. personas

c. Aquella *librería* es buena.
   1. hotel 2. escuelas 3. restaurantes 4. farmacia 5. cafetería

2. Change the nouns to the feminine, and make the adjectives agree.

1. Este chico es trabajador.
2. Ese niño es perezoso.
3. Esos amigos son norteamericanos.
4. Esos mexicanos son simpáticos.
5. Ese chileno es famoso.

3. Change the nouns to the plural, and make the adjectives agree.

1. Este restaurante es caro.
2. Esta idea es brillante.
3. Ese hotel es horrible.
4. Esa escuela es grande.
5. Este examen es difícil.

4. Replace the following noun phrases with pronouns.

esa noche → **ésa**

1. estas camisas
2. este teatro
3. aquellos hoteles
4. ese amigo
5. esta calle
6. estos aviones
7. aquel restaurante
8. aquellas personas
9. esos animales
10. esa ventana

Preguntas

1. ¿De qué color son estos zapatos (del profesor o de la profesora)? ¿ésos (de un estudiante)? ¿aquéllos? 2. ¿De qué color es esta camisa (blusa)? ¿ésa? ¿aquélla? 3. ¿Cómo se llama este chico (cerca del profesor o de la profesora)? ¿ése? ¿aquél? 4. ¿Qué es esto? (Es un libro.) ¿eso? 5. Hablamos de esto y aquello, ¿no?

IV. THE PRESENT INDICATIVE OF *TENER*

(1) RAMÓN: Ana, ¿*tienes* ganas de ver una película esta noche?
(2)   ANA: Sí, Ramón, pero *tengo* que estudiar para la clase de inglés.
(3) RAMÓN: ¡Qué lástima! La película en el cine Azteca es muy interesante: «El honor y la sangre», con Clint Westwood.
(4)   ANA: ¿Y el examen de inglés que *tenemos* mañana?
(5) RAMÓN: Estudias en el cine. ¡La película es en inglés!
(6)   ANA: ¡Qué bueno! ¿Llevo el diccionario?

1. ¿Tiene Ana ganas de ver una película? 2. ¿Para qué clase tiene que estudiar? 3. ¿En qué cine tienen una película interesante? 4. ¿Cómo se llama la película? 5. ¿Es en inglés o en español?

A. The verb **tener** is irregular.

tener
(to have)

tengo	tenemos
tienes	tenéis
tiene	tienen

B. **Tener que** + infinitive means *to have to do something;* **tener ganas de** + infinitive means *to feel like doing something.*

Tengo que escribir una carta.	*I have to write a letter.*
¿Tienes ganas de visitar a Enrique?	*Do you feel like visiting Enrique?*

Ejercicios

1. Create new sentences, substituting the words in the list for those in italics.

   a. *Yo* tengo el diccionario.
      1. él 2. nosotros 3. Manolo y Rafael 4. tú 5. Ana

   b. *Ana* tiene ganas de ver una película.
      1. yo 2. tú 3. Fernando y Susana 4. usted 5. ustedes

   c. *Los chicos* tienen que estudiar.
      1. ella 2. Paco 3. tú 4. nosotros 5. yo

(1) Ana, do you want to see a film tonight? (2) Yes, Ramón, but I have to study for English class. (3) Too bad! At the Aztec Theater they have an interesting film, "Honor and Blood," with Clint Westwood. (4) And the English exam we have tomorrow? (5) You (can) study in the theater. The film's in English! (6) Great! Shall I take the dictionary?

2. Create ten sentences using the following material. Use each subject pronoun twice.

él	tenemos	una idea original
yo	tienen	los regalos
ellos	tiene	ganas de viajar
tú	tengo	que estudiar
nosotros	tienes	un amigo chileno
		ganas de comer
		la información
		que buscar un hotel
		ganas de ver una película
		los diez pesos

Preguntas

1. ¿Tiene usted ganas de ver una película esta noche? ¿Cuál? (*Which one?*)
2. ¿Tienen una película en español ahora en el cine?   3. ¿No tiene usted que estudiar esta noche?   4. ¿Tiene usted muchos amigos latinoamericanos?   5. ¿Qué tiene usted ganas de aprender? ¿historia? ¿arte? ¿música? ¿ciencias? ¿filosofía?   6. ¿Tiene usted ideas originales? ¿Muchas o pocas (*few*)?   7. ¿Tiene usted sangre india? ¿europea? ¿africana? ¿oriental?

LA PIEDRA
DEL SOL

MÉXICO: EL MUSEO NACIONAL DE ANTROPOLOGÍA

Bob, un joven de Nueva York, está en el Museo Nacional de Antropología con Paco, un amigo mexicano.

PACO: ¿Todavía crees que todos° los buenos museos están en Nueva York?

BOB: Bueno, éste es una excepción. ¡Es estupendo!

PACO: Y la gente común no tiene que leer o escribir para aprender.[1] Todos los mexicanos aprenden la historia del país: de los aztecas,° de los mayas° . . .   5

BOB: Pero hoy día° ustedes desprecian° a los indios, ¿no? ¿Y no es verdad que en los países latinos los blancos controlan° el gobierno?

PACO: Eso, en general, es falso. Aquí muchos políticos tienen sangre india. La mayoría de nosotros somos mestizos, y estamos muy orgullosos de esta identidad.   10

BOB: ¡Hombre!° Aquél debe ser el famoso calendario azteca.[2] ¡Es estupendo!

PACO: Y es un calendario bastante exacto.

BOB: El año azteca tiene dieciocho meses, ¿verdad?

PACO: Tú aprendes pronto, gringo.[3]   15

BOB: Gracias. Todos los neoyorquinos° somos inteligentes.

PACO: ¡Y modestos!

Notas culturales

1. The immense and modernistic Museum of Anthropology and History in Mexico City is intended, in part, as a history book for a people still afflicted with a certain amount of illiteracy. Buttons are conspicuously placed near the exhibits; when pressed, they activate a tape which explains (in Spanish, of course) the exhibit. The largest part of the museum contains artifacts from Mexico itself, and concentrates on the many and varied Indian cultures which successively inhabited its regions.

2. The Aztec calendar stone, or **Piedra del Sol,** is a large carved stone from sixteenth-century Aztec culture. The year consisted of 18 months, each with 20 days, which are represented on the calendar with 20 symbols. Five days, considered unlucky and dangerous, followed. During this

todos *all*   aztecas *Aztecs*   mayas *Mayans*   hoy día *today*
desprecian *look down on*   controlan *control*   ¡Hombre! *Wow!*
neoyorquinos *New Yorkers*

time the Aztecs stayed close to home and behaved cautiously, since it was believed that an unfortunate accident might set a pattern of bad luck for the entire year ahead.

3. **Gringo(-a)** is a sometimes pejorative term for a foreigner, mainly for a person from the United States or England. Here, of course, the word is used with affection.

Preguntas

1. ¿Dónde están los dos amigos?   2. ¿Quién cree que todos los buenos museos están en Nueva York?   3. ¿Desprecian a los indios en México?

MUSEO NACIONAL DE ANTROPOLOGÍA

4. ¿Es verdad que en México los blancos controlan el gobierno?   5. ¿Son blancos todos los políticos de México?   6. ¿Es bastante exacto el calendario azteca?   7. ¿Cuántos meses tiene el año azteca?

ACTIVIDADES

Entrevista

Ask a classmate the following questions, then report the information you have gathered to the class.

1. ¿Crees que es importante o no es importante estudiar el pasado?
2. ¿Qué libros lees ahora?
3. ¿Aprendes mucho en esta universidad?
4. ¿Deseas comer en un restaurante mexicano esta noche? ¿Cuál?
5. ¿Tienes ganas de estudiar el arte moderno de México? ¿el arte azteca? ¿la civilización maya?
6. ¿Deseas ver el famoso calendario azteca?
7. ¿Eres neoyorquino(-a)? Si no, ¿de dónde eres? ¿Es la gente de allí orgullosa o modesta?

Situación

You are at a bookstore. You tell the proprietor you want a book on Mexican history. He says that he has a very good book. He asks if you are a student, and you reply that you are. You ask how much the book is. He replies that it is 90 pesos. You say fine, you'll take it.

Vocabulario activo

abrir *to open*
aprender (sobre) *to learn (about)*
comer *to eat*
comprender *to understand*
creer *to think, to believe*
deber *to have to, must, ought*
escribir *to write*
leer *to read*
tener *to have*
vender *to sell*
ver *to see*
vivir *to live*

el año *year*
el blanco (la blanca) *white,*
   Caucasian
la calle *street*
la carta *letter*
el cine *movie theater*
el diccionario *dictionary*
el futuro *future*
la gente *people*
el gobierno *government*
la historia *history; story*
la hora *hour*
el indio (la india) *Indian*
el joven *young man*
la joven *young woman*
la librería *bookstore*
la mañana *morning*
la mayoría *majority*
el mes *month*
el mundo *world*
la noche *night*
el país *country*
el pasado *past*
la película *film*
la persona *person*

el político *politician*
el presente *present (time)*
el restaurante *restaurant*
la sangre *blood*
la tarde *afternoon*
la tontería *nonsense*
la ventana *window*

caro(-a) *expensive*
estupendo(-a) *fantastic, great*
famoso(-a) *famous*
indio(-a) *Indian*
medio(-a) *half*
mestizo(-a) *of mixed blood*
orgulloso(-a) *proud*
simpático(-a) *nice, likable*

bastante *rather, quite*
mañana *tomorrow*
pronto *fast*
solamente *only*
todavía *still, yet*

¿cuál? ¿cuáles? *what? which?*

porque *because*
que *that*

¿A qué hora . . . ? *What time . . . ?*
¿Cuál es el precio? *How much is*
  it? What is the price?
¿De qué color es . . . ? *What color*
  is . . . ?
¿Qué hora es? *What time is it?*
tener ganas de + infinitive *to feel*
  like doing something
tener que + infinitive *to have to do*
  something

LOS MARIACHIS

Cuatro

I. THE SEASONS; WEATHER

¿Qué tiempo hace hoy?

Hace (muy) buen tiempo.

Hace (muy) mal tiempo.

Hace (mucho) frío.

Hace (mucho) calor.

Hace (mucho) sol.

Hace (mucho) viento.

Las estaciones del año son:

el invierno

la primavera

el verano

el otoño

Los meses del año son:

diciembre	marzo	junio	septiembre
enero	abril	julio	octubre
febrero	mayo°	agosto	noviembre

Ejercicios

1. Create questions to which the following would be possible answers.

Hace mucho calor hoy. → **¿Qué tiempo hace hoy?**

1. Hace buen tiempo aquí.
2. Hace mucho frío ahora.
3. Hace calor en el verano.
4. Hace viento en las montañas.
5. Donde yo vivo, siempre hace sol.

2. Give the Spanish equivalent.

1. It's windy in the fall.
2. In the spring, the weather is nice.
3. It's cold in the mountains.
4. What's the weather like today?
5. It's warm in the summer.
6. It's very sunny in July.

Preguntas

1. ¿Hace frío hoy? ¿calor?   2. ¿Hace frío en la clase? ¿calor?   3. ¿Qué tiempo hace en el invierno? ¿en la primavera?   4. ¿Qué tiempo hace en los Andes? ¿en la selva tropical?   5. ¿En qué estación hace mucho sol aquí? 6. En qué meses hace viento?

II. THE IRREGULAR VERB *IR*

(1)   PACO: Enrique, ¿cómo *vas* a pasar las vacaciones? ¿*Vas* a trabajar?
(2) ENRIQUE: No, *voy* con Pablo a Viña del Mar, a la playa.
(3)   PACO: ¿*Van* en auto?
(4) ENRIQUE: No, *vamos* en ómnibus.

1. ¿Adónde va Enrique de vacaciones?   2. ¿Va a la playa o a las montañas?
3. ¿Con quién va?   4. ¿Van en avión, en tren o en ómnibus?

(1) Enrique, how are you going to spend the vacation? Are you going to work? (2) No, I'm going with Pablo to Viña del Mar, to the beach. (3) Are you going by car? (4) No, we're going by bus.

A. The present tense forms of the irregular verb **ir** are:

ir
(to go)

voy	vamos
vas	vais
va	van

B. Like other verbs of motion, the verb **ir** is usually followed by the preposition **a** when a destination is mentioned.

Enrique va a Acapulco. *Enrique is going to Acapulco.*
Paco y Anita van al café. *Paco and Anita are going to the café.*

C. The verb **ir** is also followed by the preposition **a** before an infinitive. The construction **ir a** + infinitive is often used in place of the future tense to express an action or event that is going to take place.

Voy a tomar un café. *I'm going to have (a cup of) coffee.*

Va a ser un concierto excelente. *It's going to be an excellent concert.*

Ejercicios

1. Create new sentences, substituting the words in the list for those in italics.

   a. *José* va a Acapulco.
      1. Elena y Paco 2. yo 3. nosotros 4. el profesor 5. tú

   b. *Estela* va a ir al concierto mañana.
      1. nosotros 2. yo 3. Felipe y Roberto 4. la señora Rodríguez
      5. tú

2. Complete each sentence with the correct present tense form of **ir**.

   1. Nosotros _____ a la playa.
   2. ¿Tú _____ al café?
   3. ¿_____ ellos a pasar el invierno en Acapulco?
   4. Felipe _____ a ir a las montañas.
   5. ¿_____ usted al hospital?
   6. María y José _____ al concierto.
   7. Yo _____ a necesitar muchos tranquilizantes.
   8. ¿_____ ustedes a ir con nosotros?

9. Nosotros _____ a pasar una semana allí.
10. Yo _____ a Buenos Aires.

3. Using **ir a** + infinitive, change the sentences to indicate that María is going to do these things soon.

Visita museos estupendos en México.
→**Va a visitar museos estupendos en México.**

1. Estudia la civilización maya en Guatemala.
2. Viaja mucho en tren.
3. Busca jaguares en la selva tropical.
4. Visita a los gauchos en Argentina.
5. Mira todo y aprende todo.

Preguntas

1. ¿Adónde va usted de vacaciones este verano?   2. ¿Va con un amigo o una amiga?   3. ¿Cómo va(n) a viajar: en tren, en auto, en avión o en ómnibus?   4. ¿Va usted mucho a la playa? ¿a las montañas?   5. ¿Va usted a ir de vacaciones durante el mes de diciembre?

III. DATES

(1) EDUARDO: ¿Qué día es hoy?
(2)   ESTELA: Es el primero de noviembre.
(3) EDUARDO: ¿Y cuándo es el cumpleaños de Elena, el dieciséis o el veintitrés?
(4)   ESTELA: A ver. Es el dieciséis.
(5) EDUARDO: Es un viernes, ¿verdad?
(6)   ESTELA: No, es un domingo. Eduardo, ¡debes escribir eso en el calendario!

1. ¿Qué día es (en el diálogo)?   2. ¿Cuándo es el cumpleaños de Elena?
3. ¿Es un viernes?   4. ¿Dónde va a escribir eso Eduardo?

A. The days of the week in Spanish are all masculine. They are not capitalized.

domingo *Sunday*	martes *Tuesday*	jueves *Thursday*
lunes *Monday*	miércoles *Wednesday*	viernes *Friday*
		sábado *Saturday*

(1) What day is it today? (2) It's the first of November. (3) And when is Elena's birthday—the sixteenth or the twenty-third? (4) Let's see. The sixteenth. (5) That's a Friday, right? (6) No, it's a Sunday. Eduardo, you'd better write that on the calendar!

B. The definite article is almost always used with the days of the week as the equivalent of *on*, when *on* could be used in English.

Hoy es jueves.	*Today is Thursday.*
Ella llega el martes.	*She's arriving (on) Tuesday.*
Estudio el viernes.	*I am studying (on) Friday.*

C. The plurals of **sábado** and **domingo** are formed by adding -s: **los sábados, los domingos.** The plurals of the other days are formed simply with the use of the plural article **los.**

Siempre estamos en casa los jueves.	*We're always home on Thursdays.*

D. With one exception, *the first* (**el primero**), cardinal numbers are used to express dates.

Van al concierto el primero de septiembre.	*They're going to the concert on September 1st.*
Viajan a España el 10 de mayo (el diez de mayo).	*They are traveling to Spain on May 10th.*
Llegamos el lunes, cuatro de noviembre.*	*We're arriving on Monday, November 4th.*
¿Qué día es hoy? Hoy es jueves, veintitrés de octubre.	*What day is today? Today is Thursday, October 23rd.*

Ejercicios

1. Give the following dates in Spanish.

1. Friday, April 3rd
2. Monday, May 5th
3. Saturday, June 22nd
4. Wednesday, November 17th
5. Sunday, August 31st
6. Tuesday, January 6th
7. Thursday, December 7th
8. Saturday, March 1st
9. Wednesday, September 30th
10. Sunday, February 29th

2. Write the dates of the following holidays in Spanish.

1. Christmas
2. Independence Day (U.S.A.)
3. Mexico's Independence Day (September 16th)

* Note that the definite article **el** is not repeated after the day of the week.

4. New Year's Day (Día del Año Nuevo)
5. All Saints' Day (November 1st)
6. Columbus Day (Día de la Raza)
7. Washington's Birthday
8. Epiphany (Día de los Reyes, January 6th)

Preguntas

1. ¿Qué día es hoy?   2. ¿Qué día es mañana?   3. ¿Cuándo es el día del Año Nuevo?   4. ¿Cuándo es el cumpleaños de usted?   5. ¿Cuáles son los días de la semana?   6. ¿Cuáles son los meses del invierno? ¿de la primavera?

IV. IDIOMATIC EXPRESSIONS WITH *TENER*

(1)   EL MÉDICO: *¿Cuántos años tiene* usted, señor García?
(2) SEÑOR GARCÍA: Treinta y ocho.
(3)   EL MÉDICO: ¿Y por qué está aquí hoy?
(4) SEÑOR GARCÍA: *Tengo dolor de cabeza y de estómago.* También *tengo calor y sed.* Y estoy muy cansado.
(5)   EL MÉDICO: Tiene que tomar aspirinas y *tener cuidado* con la comida. Pero no *tiene fiebre* y el pulso es normal.
(6) SEÑOR GARCÍA: ¡Estupendo! Voy a morir sano.

1. ¿Cuántos años tiene el señor García?   2. ¿Tiene dolor de cabeza? ¿Tiene dolor de estómago?   3. ¿Tiene calor? ¿sed?   4. ¿Está cansado?   5. ¿Qué tiene que tomar, según el médico?   6. ¿Tiene fiebre?   7. ¿Es el pulso normal?   8. ¿Cómo va a morir?

(1) How old are you, Mr. García? (2) Thirty-eight. (3) And why are you here today? (4) I have a headache and stomachache. Also, I'm hot and thirsty. And I'm very tired. (5) You must take aspirin and be careful about the food (you eat). But you don't have a fever and your pulse is normal. (6) Wonderful! I'm going to die healthy.

A. There are many expressions in Spanish that use the verb **tener** (*to have*).

tener (veinte) años   *to be (twenty) years old*
tener dolor de cabeza, de   *to have a headache, a*
   estómago   *stomachache*
tener fiebre   *to have a fever*

B. The construction **tener** + noun can often be rendered in English by the verb *to be* + adjective.

$$\text{tener} \begin{cases} \text{calor} \\ \text{frío} \\ \text{cuidado} \\ \text{razón} \\ \text{hambre} \\ \text{sed} \end{cases} \qquad \text{to be} \begin{cases} \textit{warm, hot} \\ \textit{cold} \\ \textit{careful} \\ \textit{right} \\ \textit{hungry} \\ \textit{thirsty} \end{cases}$$

Ejercicios

1. Create new sentences, substituting the words in the list for those in italics.

  a. *Yo* siempre tengo hambre.
    1. él   2. nosotros   3. Esteban   4. Luis y Elena   5. tú

  b. *Ana* tiene razón.
    1. yo   2. tú   3. Pepe y yo   4. el médico   5. ustedes

  c. *Los chicos* tienen mucho calor.
    1. ella   2. el muchacho   3. tú   4. nosotros   5. yo

2. Create a sentence using each of the following expressions with **tener.** Use a different subject for each sentence.

tener calor
tener razón
tener hambre
tener frío
tener sed

Preguntas

1. ¿Cuántos años tiene usted?   2. ¿Tiene hambre ahora?   3. ¿Tiene dolor de cabeza?   4. ¿Hace calor aquí? ¿frío? ¿Tiene usted calor? ¿frío?

V. THE VERBS *HACER, SALIR, VENIR*

Una conversación por teléfono.

(1)   MIGUEL: ¿Qué *haces*, Fernando? ¿No *vienes* a la fiesta? Es estupenda.

(2)   FERNANDO: Sí, ¡ahora *salgo*! ¡Hasta luego!

hacer *(to do, to make)*		salir *(to leave, to go out)*		venir *(to come)*	
hago	hacemos	**salgo**	salimos	**vengo**	venimos
haces	hacéis	sales	salís	vienes	venís
hace	hacen	sale	salen	viene	vienen

The verbs **hacer** and **salir** have an irregular first person singular: **hago, salgo** **Venir** is conjugated like **tener** (p. 60).

¿Qué hace la señora Ribera?	What is Mrs. Ribera doing (making)?
Salimos hoy para Santiago.	We're leaving for Santiago today.
Paco no viene a la fiesta.	Paco isn't coming to the party.

Ejercicios

1. Create new sentences, substituting the words in the list for those in italics.

  a. *Juan* viene a las cinco.
    1. tú   2. yo   3. Julio y Fernando   4. usted   5. nosotros

  b. *Tú* sales mañana para Granada.
    1. nosotros   2. los turistas   3. María   4. yo   5. ustedes

2. Restate, changing the verbs to the singular.

    1. Salimos mañana para México.
    2. ¿Qué hacemos?
    3. Vienen esta noche.
    4. Salen a las siete.
    5. Ahora venimos.

A telephone conversation.
(1) What are you doing, Fernando? Aren't you coming to the party? It's fantastic. (2) Yes, I'm leaving now! See you later!

Preguntas

1. ¿A qué hora viene usted a la clase de español?   2. ¿A qué hora sale?
3. ¿Sale usted para México hoy?   4. ¿Qué hace usted durante el verano?
¿Trabaja? ¿Estudia? ¿Va usted a la playa o a las montañas?

CHILE, LOS ANDES

CHILE: UN PAÍS DE INMIGRANTES

Anita, una estudiante del Canadá, pasa las vacaciones de verano en Santiago, la capital de Chile, con una familia chilena. Va en auto con los dos hijos de la familia.

ANITA: ¡Caramba! Hace mucho frío.

MARGARITA: Naturalmente. Es el primero de julio. ¿Qué tiempo hace ahora en Vancouver?

ANITA: Hace calor. Los domingos todo el mundo sale de la ciudad para ir a las montañas o a la playa. 5

ERNESTO: ¡Qué chistoso! En Chile vamos a la playa en diciembre, enero y febrero.

ANITA: ¿Y esquían ustedes en aquellas montañas?

MARGARITA: ¿En los Andes? Ahora sí, pues° es invierno. ¿Vamos a la Alameda? 10

ANITA: ¿Adónde?

MARGARITA: Es la calle central. El nombre verdadero es Avenida Bernardo O'Higgins[1] en honor del héroe nacional.

ANITA: ¿Estás segura? ¿No es de Irlanda?

ERNESTO: ¡Qué va!° Chile, como el Canadá, es un país de inmigrantes. 15 Aquí vive gente de origen inglés, italiano, alemán, español . . .

ANITA: ¿Y los indios?

MARGARITA: Claro, muchos chilenos somos indios en parte.[2]

ERNESTO: Chicas, es hora de° tomar el té.

MARGARITA: Tienes razón. Yo también tengo hambre. Aquí tomamos el té 20 o una merienda a las seis.[3]

ANITA: La contribución cultural de los ingleses, ¿verdad?

MARGARITA: Posiblemente. Es necesario porque cenamos tarde, a las nueve o a las diez.

Notas culturales

1. Bernardo O'Higgins is the hero of Chile's war of independence against Spain (1814–1818). His mother was a Chilean, his father an Irish immigrant who began as a traveling peddler in Ireland, moved to Spain, and was later appointed viceroy of Peru by the Spanish government (most unusual, in the rigid society of colonial Spanish America). A brilliant and daring general during the war, O'Higgins served afterward as the first head of government in Chile.

pues *because*   ¡Qué va! *Oh, come on!*   es hora de *it's time to*

2. Though less advanced than the Incas to the north, the Indians of Chile, **los araucanos,** were fierce fighters who resisted the whites until the end of the nineteenth century. Most of the Indians who were not killed were absorbed through intermarriage; the average Chilean of today is mestizo in appearance.

3. Chileans, and many other Latin Americans, pause in late afternoon for a **merienda,** a light meal which usually includes biscuits, cookies, or pastry accompanied by tea, coffee, or a soft drink. Like most Hispanic people, Chileans eat dinner much later in the evening.

Preguntas

1. ¿Dónde pasa Anita las vacaciones de verano?   2. ¿Qué tiempo hace en Chile en julio?   3. ¿Hace frío en Vancouver en el verano?   4. ¿Cuándo van a la playa en Chile?   5. ¿Qué es la Alameda?   6. ¿Cuál es el nombre verdadero de la Alameda?   7. ¿Es Chile un país de inmigrantes?   8. ¿A qué hora toman la merienda? ¿Qué toman?   9. ¿Cenan temprano (*early*) o tarde en Chile?

ACTIVIDADES

Intercambios

Use the **usted** form of the verbs in asking and answering the following questions.

Señorita Diego, ask Señor Cabrillo:

1. si va a un concierto mañana
2. si va a Acapulco en el mes de diciembre
3. si toma una merienda
4. cómo se llama el héroe nacional de Chile

5. si los Estados Unidos es un país de inmigrantes

Señor Cabrillo, answer:

1. que no, que va a estar en casa
2. que no, que va en enero
3. que no, porque cena temprano
4. que se llama Bernardo O'Higgins, que tiene un nombre irlandés, pero que es chileno
5. que sí, que aquí vive gente de origen inglés, italiano, alemán, ruso, chino, japonés, africano, mexicano, cubano, puertorriqueño, y otro origen también.

Entrevista

Ask a classmate the following questions. Then report the information to the class.

1. ¿Cuántos años tienes?
2. ¿A qué hora sales para la universidad?
3. ¿Qué haces los domingos?
4. ¿Hace frío hoy? ¿Tienes frío ahora?
5. ¿Tienes un día favorito de la semana? ¿Cuál? ¿Por qué?
6. ¿Tienes dolor de cabeza durante los exámenes? ¿Tomas aspirinas?
7. ¿Tienes dolor de estómago cuando comes en la universidad?
8. ¿A qué hora cenas?

Situación

En la oficina del médico.

The doctor asks you how old you are. You reply that you are 20. He asks why you are there, and you reply that you have a stomachache and a headache, and that you're also tired and cold. He tells you that you don't have a fever, but that you should take some aspirins.

Vocabulario activo

esquiar *to ski*
hacer *to do, to make*
ir *to go;* ir a + infinitive *to be going to do something*
salir *to leave, to go out*
venir *to come*
tomar *to take; to have (food or drink)*
trabajar *to work*

el **auto** *car;* en auto *by car*
el **calor** *heat, warmth*
la **comida** *food*
el **concierto** *concert*
el **cumpleaños** *birthday*
la **estación** *season*
el **frío** *cold*
el **héroe** *hero*
la **hija** *daughter*
el **hijo** *son*
el **inmigrante** (la **inmigrante**) *immigrant*
el **invierno** *winter*
el **médico** (la **médica**) *doctor*
la **merienda** *snack*
la **montaña** *mountain*
el **nombre** *name*
la **oficina** *office*
el **origen** *origin*
el **otoño** *autumn*
la **playa** *beach*
la **primavera** *spring*
el **té** *tea*
el **tiempo** *weather*
el **verano** *summer*

alemán(-a) *German*
cansado(-a) *tired*
central *main, central*
chileno(-a) *Chilean*
primero(-a) *first*
seguro(-a) *sure, certain*
verdadero(-a) *true, real*

claro *of course*
luego *then*
siempre *always*
tarde *late*
temprano *early*

como *like*
durante *during*

todo *everything*

¡Caramba! *Wow! Good grief!*
en parte *partly*
Hace calor (frío, sol, viento). *It's hot (cold, sunny, windy).*
¡Qué chistoso! *How funny!*
¿Qué tiempo hace? *What's the weather like?*
tener calor (frío, hambre, razón, sed) *to be hot (cold, hungry, right, thirsty)*
tener cuidado *to be careful*
tener dolor de cabeza (de estómago) *to have a headache (stomachache)*
tener fiebre *to have a fever*
tener (veinte) años *to be (twenty) years old*
todo el mundo *everyone*

LA GENTE HISPÁNICA

Esta chica rubia (*blond*) es española. Mucha gente española es rubia, especialmente en el norte. En Galicia, la gente es de origen céltico, como los irlandeses y escoceses (*Irish and Scots*). En el sur, la mayoría de la gente tiene pelo y ojos negros (*black hair and eyes*).

En muchas partes de Hispanoamérica, la gente es mestiza, india y europea.

En otras partes de Hispanoamérica, como en el Perú, la mayoría de la gente es india.

En el Caribe, la influencia africana es importante. La mayoría de la gente de la República Dominicana es mulata, una combinación de negro y blanco. En Puerto Rico, mucha gente es una mezcla (*mixture*) de indios, negros y españoles.

Preguntas

1. Y usted, ¿de qué origen nacional es?
2. ¿Es usted rubio? ¿moreno (*brunette*)? ¿pelirrojo (*redhead*)?
3. ¿Tiene usted ojos negros? ¿azules? ¿verdes? ¿pardos?
4. ¿Tiene el pelo negro? ¿castaño (*chestnut*)?

I. POSSESSIVE ADJECTIVES

La familia Martínez

Tomás

Amelia

Ana

Juan

Alberto

Anita

Describe the Martínez family from Juan's point of view, including the answers to the following questions:

1. ¿Cómo se llama el hermano (*brother*) de Juan (su hermano)? 2. ¿Tiene hijos Juan? ¿Cómo se llama su hija? 3. ¿Todavía viven sus padres (su papá y su mamá)? ¿Cómo se llama su madre? ¿su padre? 4. Y la esposa de Juan (la madre de Anita), ¿cómo se llama?

Now answer these questions from Anita's point of view:

1. Anita tiene un tío—el hermano de su padre. ¿Cómo se llama su tío? 2. También tiene abuelos—los padres de sus padres. ¿Cómo se llaman sus abuelos?

A. Possessive adjectives agree with the nouns they modify (the items possessed) in gender and number. They do not agree with the possessor.

$$\text{mi(s)} \begin{cases} \text{amigo(s)} \\ \text{amiga(s)} \end{cases} \textit{my friend(s)} \qquad \text{nuestro(s) amigo(s)} \atop \text{nuestra(s) amiga(s)} \Big\} \quad \textit{our friend(s)}$$

$$\text{tu(s)} \begin{cases} \text{amigo(s)} \\ \text{amiga(s)} \end{cases} \begin{matrix} \textit{your friend(s)} \\ \textit{(familiar)} \end{matrix} \qquad \text{vuestro(s) amigo(s)} \atop \text{vuestra(s) amiga(s)} \Big\} \quad \textit{your friend(s)*}$$

$$\text{su(s)} \begin{cases} \text{amigo(s)} \\ \text{amiga(s)} \end{cases} \textit{his (her, your, their) friend(s)}$$

mis hermanas *my sisters*
nuestros primos (nuestra prima y nuestro primo) *our cousins*
tus abuelos (tu abuela y tu abuelo) *your grandparents*

B. Because **su** and **sus** have several possible meanings (*his, her, your, their*), it is often necessary to use another construction for clarity:

su hermano: el hermano de él (de ella, de usted, de ellos, de ellas, de ustedes)
sus hermanos: los hermanos de él (de ella, de usted, de ellos, de ellas, de ustedes)

Ejercicios

1. Ricardo's grandfather doesn't hear too well, and everything has to be repeated twice for him. Give Ricardo's responses to his grandfather's questions, following the model.

* These forms correspond to **vosotros(-as)** and will not be practiced in this text.

El abuelo: ¿Es ésta la casa de Estela?
→ Ricardo: **Sí, es la casa de Estela. Sí, es su casa.**

1. ¿Es éste el auto de Alfonso?
2. ¿Son éstas las hijas de doña Ana?
3. ¿Son éstos los sombreros de Manuel y Paco?
4. ¿Es éste el reloj de Cristina?
5. ¿Es ésta la oficina de Teresa y Rosa?

2. Ana's little sister, Juanita, is very assertive. Every time Ana refers to something as hers, Juanita corrects her. Give Juanita's comments to her sister, following the model.

    Ana: Mi casa . . .
→ Juanita: **No es tu casa; es nuestra casa.**

    Ana: Mis abuelos . . .
→ Juanita: **No son tus abuelos; son nuestros abuelos.**

1. Mi prima . . .
2. Mis amigos . . .
3. Mis tíos . . .

4. Mi hermano . . .
5. Mi madre . . .

Preguntas

1. ¿Tiene usted hermanos? ¿Cómo se llaman sus hermanos? ¿Cuántos años tienen?   2. ¿Cómo se llama su madre? ¿su padre? ¿Dónde viven sus padres?   3. ¿Tiene usted esposo(-a)? ¿hijos? ¿Cómo se llaman?   4. ¿Todavía viven sus abuelos? ¿Cuántos años tienen?   5. ¿Tiene usted tíos? ¿primos? ¿Cuántos?

II. STEM-CHANGING VERBS: *E* TO *IE*

En el cine.

(1)   ANA: Margarita, ¿*quieres* una coca-cola, un café o . . . ?
(2) MARGARITA: Una coca, por favor.
(3)   ANA: Yo *prefiero* café. ¿*Quieres* esperar aquí?
(4) MARGARITA: De acuerdo. [. . .]
(5) MARGARITA: Ana, la película *empieza.* Pero estas señoras hablan y hablan.
(6)   ANA: Perdón, señora. ¡Es imposible entender!
(7)   SEÑORA: ¿Cómo? ¿Usted no *entiende*? Señorita, ¡ésta es una conversación privada!

At the movie theater.
(1) Margaret, do you want a coke, coffee or . . . (2) A coke, please. (3) I prefer coffee. Do you want to wait here? (4) Okay. [. . .] (5) Ana, the film is beginning. But these ladies are talking and talking. (6) Excuse me, ma'am. It's impossible to hear (understand)! (7) What? You can't hear? Miss, this is a private conversation!

1. ¿Qué quiere Margarita, un café o una coca? 2. ¿Qué prefiere Ana?
3. ¿Por qué no entienden la película Ana y Margarita? 4. ¿Cómo es la conversación de las señoras?

A. There are certain groups of Spanish verbs known as stem-changing verbs. These verbs have regular endings, but show a change in the stem when the stem is stressed. In the following verbs, the **e** of the stem is changed to **ie**.

pensar (*to think*)		**entender** (*to understand*)		**preferir** (*to prefer*)	
pienso	pensamos	entiendo	entendemos	prefiero	preferimos
piensas	pensáis	entiendes	entendéis	prefieres	preferís
piensa	piensan	entiende	entienden	prefiere	prefieren

In the first- and second-person plural forms, the stress does not fall on the stem and so the stem vowel **e** does not change.

B. Other **e** to **ie** stem-changing verbs are:

empezar *to begin*   querer *to want, to like, to love*

Empiezas mañana.   *You begin tomorrow.*
Juan quiere aprender inglés.   *Juan wants to learn English.*
Pienso ir a México.   *I'm thinking of going (planning to go) to Mexico.*

¿Entiende usted el libro?   *Do you understand the book?*
Preferimos café.   *We prefer coffee.*

Note that **pensar** takes the preposition **en** when it means *to think of or about* something, but the preposition **de** when asking for an opinion.

Pienso en ella día y noche.   *I think of her day and night.*
¿Qué piensa usted del   *What do you think of the*
    presidente?   *president?*

Ejercicios

1. Create new sentences, substituting the words in the list for those in italics.

   a. *Yo* prefiero vivir en Puerto Rico.
      1. tú   2. nosotros   3. Carlos y yo   4. muchos puertorriqueños
      5. Silvia y Roberto

    b. *Nosotros* queremos empezar.
       1. Juan 2. tú 3. Beto y Manolo 4. tu esposa 5. yo

    c. ¿Piensa *usted* ir a Nueva York?
       1. los muchachos 2. él 3. ellos 4. nosotros 5. tú

2. Change the italicized words from the singular to the plural or vice versa, and make any other necessary changes.

    1. *Él* quiere una coca.
    2. ¿Entiende *usted* a la señora?
    3. *Queremos* viajar al Perú.
    4. *Ustedes* prefieren café, ¿verdad?
    5. *Ellas* quieren aprender inglés.
    6. *Empiezo* a estudiar a la una.
    7. *Nosotros* pensamos cenar tarde, ¿y *ustedes*?
    8. ¿Entiendes *tú* la película?

3. Complete each sentence with the appropriate form of the verb in parentheses.

    1. (querer)   Nosotros _____ café.
    2. (preferir)   Carlos _____ ir al Teatro Apolo.
    3. (empezar)   Los conciertos _____ a las nueve.
    4. (entender) Nosotros _____ la lección.
    5. (preferir)   Tú _____ las películas italianas, ¿no?

4. Complete the sentences, using **de** or **en** as appropriate.

    1. Mi abuelo siempre piensa _EN_ el pasado.
    2. ¿Qué piensas _D_ el gobierno?
    3. ¿Piensas a veces _EN_ esa película?
    4. ¿Qué piensan ustedes _D_ el calendario azteca?

Preguntas

1. ¿Entiende usted español? ¿Entiende mucho, o solamente un poco?
2. ¿A qué hora empieza usted a estudiar? ¿a pensar? ¿a ser brillante?
3. ¿Prefiere usted café o té? 4. ¿Prefiere usted vivir en una ciudad grande o en una región rural? ¿en una casa o en un apartamento? 5. ¿Prefiere usted viajar en auto, en ómnibus o en motocicleta? 6. ¿Qué piensa usted hacer esta noche? ¿mañana? ¿el domingo?

III. DIRECT OBJECT PRONOUNS

Nueva York: las elecciones municipales.

(1) RAFAEL: Cecilia, ¿vas a apoyar a Ramón García en las elecciones?
(2) CECILIA: No, no *lo* voy a apoyar, Rafael. Apoyo a Josephine Smith.
(3) RAFAEL: ¿Una mujer? ¿Y tú *la* vas a apoyar? Pero García es puertorriqueño. Entiende los problemas del barrio.
(4) CECILIA: Nosotras, las mujeres, apoyamos a Smith. Ella *nos* necesita.
(5) RAFAEL: ¡No *lo* creo!

1. Cecilia va a apoyar a Ramón García, ¿verdad? 2. ¿A quién apoya ella?
3. García viene de Cuba, ¿no? 4. ¿Por qué apoya Rafael a García?
5. ¿Por qué apoya Cecilia a Smith?

A. Direct object pronouns replace the direct object of a sentence and receive the direct action of the verb. For instance, in the sentence *I have
it* (the book), the direct object pronoun is *it*.

	DIRECT OBJECT PRONOUNS			
	Singular		*Plural*	
me	*me*	nos	*us*	
te	*you* (tú)	os	*you* (vosotros)	
lo*	*him, it, you* (usted)	los	*them, you* (ustedes)	
la	*her, it, you* (usted)	las	*them, you* (ustedes)	

B. Direct object pronouns are placed directly before a conjugated verb.

¿La carta? No la tengo.	*The letter? I don't have it.*
¿Nos buscan ahora?	*Are they looking for us now?*
¿Los libros? No los veo.**	*The books? I don't see them.*

New York: the city elections.
(1) Cecilia, are you going to support Ramón García in the elections? (2) No, I'm not going to
support him, Rafael. I'm supporting Josephine Smith. (3) A woman? And you're supporting her?
But García is Puerto Rican. He understands the problems of the community. (4) We women are
supporting Smith. She needs us. (5) I don't believe it!

* **Lo, los, la,** and **las** can refer to either people or things. In some parts of Spain it is common
practice to use **le (les)** instead of **lo (los)** to refer to a man or men and to use **lo (los)** to refer
to things. However, this distinction is not observed in Spanish America.

** The first-person singular of **ver** (*to see*) is **veo.** The other forms of the present tense are
regular.

C. Direct object pronouns are placed after infinitives and are attached to them.

No tengo que hacerlo.　　　　　　*I don't have to do it.*
Vamos a visitarte mañana.　　　　*We're going to visit you*
　　　　　　　　　　　　　　　　　tomorrow.

However, if the infinitive follows a conjugated verb, the direct object pronoun either follows the infinitive and is attached to it, or precedes the conjugated verb. In spoken Spanish the latter position is more common.

Quiero verlo ahora. ⎱
Lo quiero ver ahora. ⎰　　　　　*I want to see it now.*

Ejercicios

1. Answer the questions in the negative, using direct object pronouns.

¿Dónde están los regalos? → **¿Los regalos? Yo no los veo.**

    1. ¿Dónde están los pasaportes?
    2. ¿Dónde están las cartas?
    3. ¿Dónde está el reloj?
    4. ¿Dónde está la cámara?
    5. ¿Dónde están los diccionarios?

2. Change the sentences, attaching the direct object pronoun to the infinitive.

La voy a llamar. → **Voy a llamarla.**

    1. Me va a visitar.
    2. No lo van a entender.
    3. Nos van a buscar.
    4. ¿Cuándo los vas a leer?
    5. ¿Quién lo va a escribir?

3. Restate the sentences, replacing the direct object with the corresponding pronoun.

José necesita el libro. → **José lo necesita.**

    1. Elvira entiende el problema.　　 5. Quiero su número de teléfono.
    2. Apoyo a García.　　　　　　　 6. Antonio lee la carta.
    3. No queremos los regalos.　　　 7. Isabel mira el calendario.
    4. ¿Abres la ventana?　　　　　　 8. Visitamos los museos.

4. Answer the questions in the affirmative, using direct object pronouns.

  a. ¿Te busca Enrique? → **Sí, me busca.**

  1. ¿Te necesitan?
  2. ¿Me entiendes?
  3. ¿Nos llama usted mañana?   *Los*
  4. ¿La visita usted el martes?
  5. ¿Te apoya Enrique?

  b. ¿Tienes que llevar a los niños? → **Sí, tengo que llevarlos.**

  1. ¿Quieres buscar el libro?
  2. ¿Va a escribir la carta?
  3. ¿Necesita usted estudiar las lecciones?
  4. ¿Vas a llevar los zapatos pardos?
  5. ¿Tienen que vender el auto?

Preguntas

1. ¿Necesita usted un auto? ¿Por qué lo necesita?   2. ¿Necesita usted este libro ahora? ¿Lo necesita esta noche?   3. ¿Llama usted a sus amigos por teléfono? ¿Los llama mucho? ¿Los ve mucho?   4. ¿Ve mucho a sus padres? ¿Cuándo los ve?   5. ¿Apoya usted los programas del presidente? 6. ¿Apoya usted la liberación de la mujer?

IV. THE PRESENT TENSE OF *SABER* AND *CONOCER*

(1) JUAN: María, ¿*sabes* bailar el tango?
(2) MARÍA: Sí, *sé* bailar el tango.
(3) JUAN: ¡Qué bueno! Entonces me enseñas. Hay un baile este sábado. ¿Quieres ir?
(4) MARÍA: Este sábado voy al baile con Esteban Ramírez. ¿Lo *conoces*?
(5) JUAN: Creo que sí. ¿Ese chico frío y aburrido?
(6) MARÍA: Juan, ¡Esteban es muy inteligente y simpático! Y *conoce* a todo el mundo.

1. ¿Sabe María bailar el tango?   2. ¿Sabe Juan bailar el tango?   3. ¿Quiere María ir al baile con Juan?   4. ¿Con quién va María al baile?   5. ¿Conoce Juan a Esteban?   6. ¿Quién conoce a todo el mundo?   7. Según Juan, ¿cómo es Esteban?   8. Según María, ¿cómo es Esteban?

(1) María, do you know how to dance the tango? (2) Yes, I know how to dance the tango. (3) Great! Then you'll teach me. There's a dance this Saturday. Do you want to go? (4) This Saturday I'm going to the dance with Esteban Ramírez. Do you know him? (5) I think so. That cold, boring guy? (6) Juan, Esteban is very intelligent and nice! And he knows everyone!

A. The verbs **saber** and **conocer** are irregular in the first person singular.

saber *(to know, to know how to)*		conocer *(to know, to be acquainted with)*	
sé	sabemos	**conozco**	conocemos
sabes	sabéis	conoces	conocéis
sabe	saben	conoce	conocen

B. **Saber** means to have knowledge of facts or information about something or someone; with an infinitive, it means *to know how to do something*. **Conocer** means to know or to be acquainted with a person, place, or thing. Before a direct object that refers to a person or persons, **conocer**—like all verbs—takes a personal **a**.

Conozco a Conchita pero no sé donde está.	*I know (am acquainted with) Conchita but I don't know (have information about) where she is.*
¡Yo sé bailar!	*I know how to dance!*

Ejercicios

1. Create new sentences, substituting the words in the list for those in italics.

   a. *Tú* sabes bailar el cha-cha-chá, ¿verdad?
      1. el muchacho   2. tu hermano   3. los colombianos   4. la mexicana
      5. ustedes

   b. *Elena* conoce un buen restaurante.
      1. nosotros   2. yo   3. Tomás y yo   4. tú   5. mis amigos

2. Complete the sentences with the correct form of **saber** or **conocer**.

   1. Yo _____ a esa señora.
   2. Ustedes _____ la verdad.
   3. José no _____ bailar.
   4. Elena _____ a todo el mundo.
   5. Nosotros _____ la historia de este país.
   6. Yo _____ vivir bien.
   7. ¿_____ usted al señor Rodríguez?
   8. ¿_____ usted hablar español?
   9. Nosotros _____ esquiar.
   10. Tú _____ a mi padre, ¿verdad?

Preguntas

1. ¿Sabe usted bailar el cha-cha-chá? ¿el tango?   2. ¿Sabe cómo se llama la capital de Chile? ¿de Argentina?   3. ¿Sabe mucho sobre los aztecas? 4. ¿Conoce a muchos latinoamericanos?   5. ¿Conoce un buen restaurante mexicano?   6. ¿Qué países conoce usted?

JÓVENES PUERTORRIQUEÑOS, NUEVA YORK

NUEVA YORK: LOS PUERTORRIQUEÑOS

Dos puertorriqueños están en la oficina de empleo del Gobierno Municipal de Nueva York. Uno lleva en la mano un formulario de empleo.°

RAFAEL: ¡Juan! ¿Qué haces aquí?

JUAN: Busco empleo. ¿Y tú?

RAFAEL: Yo también. Pero no entiendo este formulario.

JUAN: A ver. Empiezas con tu nombre aquí.

RAFAEL: Bien. Escribo Rafael Álvarez Balboa.[1] 5

JUAN: No, aquí prefieren nombres cortos. ¿Por qué no escribes simplemente Ralph López?

RAFAEL: Pero no es mi nombre.

JUAN: ¿Quieres el trabajo o no?

RAFAEL: Realmente, no. Quiero aprender a ser plomero,° pero es imposible. Creo que el sindicato laboral no nos acepta a los puertorriqueños. 10

JUAN: Eso no es verdad. Hay leyes que prohiben la discriminación.

RAFAEL: Bueno, por ahora pienso trabajar en un hospital y ganar dinero. Lo necesito para ir a la Isla.[2] Prefiero vivir allí. 15

JUAN: ¿De veras? ¿Prefieres Puerto Rico a Nueva York?

RAFAEL: ¡Cómo no! Mi esposa y yo vivimos en un barrio pobre y sucio del Bronx. Tú lo conoces, ¿verdad? En nuestro barrio hay robos, personas adictas° a las drogas, crímenes, basura por todas partes . . .

JUAN: Lo sé. Pero en San Juan no hay empleos. 20

RAFAEL: Pero hay sol y alegría.° Conozco a mucha gente allí. Y no hace mucho frío en el invierno como aquí.

Notas culturales

1. Most people of Spanish descent use both their father's and mother's surnames (**apellidos**), sometimes separating them by **y**. The father's name is customarily put first. Thus Rafael's father's surname is Álvarez, and his mother's, Balboa.

2. Many Puerto Ricans refer to their homeland as **la Isla del Encanto** (*the Isle of Enchantment*) or simply as **la Isla.** Because of its natural beauty, agreeable climate, and Hispanic atmosphere, most Puerto Ricans who

---

formulario de empleo *employment form*   plomero *plumber*   adictas *addicted*
alegría *happiness*

SAN JUAN, PUERTO RICO

leave to find work long to return, though they know that overpopulation and a lack of jobs are serious problems. Since Puerto Rico is a United States commonwealth, its inhabitants are U.S. citizens, and there is no visa required for entry.

Preguntas

1. ¿Qué lleva uno de los puertorriqueños en la mano?   2. ¿Qué buscan Juan y Rafael?   3. ¿Entiende Rafael el formulario?   4. ¿Cuál es el verdadero nombre de Rafael?   5. ¿Cuál es el nombre corto que Juan prefiere?   6. ¿Qué quiere aprender Rafael?   7. ¿Por qué cree Juan que el sindicato acepta a los puertorriqueños?   8. ¿Qué piensa hacer Rafael?   9. ¿Cómo es el barrio donde viven Rafael y su esposa?   10. ¿Por qué cree Juan que no es buena idea ir a Puerto Rico?   11. ¿Por qué prefiere Rafael Puerto Rico a Nueva York?

NUEVA YORK

ACTIVIDADES

Intercambios

Use the **usted** form of the verbs in asking and answering the following questions.

Señor Morales, ask Señorita González:

1. cómo es el barrio donde vive

2. si hay basura por todas partes
3. si tiene empleo ahora
4. si su auto es bueno
5. si sabe bailar el cha-cha-chá
6. si conoce Puerto Rico

7. si sabe quién es esa chica allí

Señorita González, answer:

1. que no es limpio (*clean*) allí, que es un barrio pobre y sucio
2. que sí, y que hay muchos robos
3. que sí, que trabaja en un museo
4. que no, que va a venderlo
5. que sí, que lo baila bien
6. que sí, que lo conoce bien, y que lo prefiere a Nueva York
7. que no sabe, que no la conoce.

Entrevista

Ask a classmate the following questions. Then report the information to the class.

1. ¿Sabes esquiar? ¿Sabes bailar bien? ¿Sabes vivir?
2. ¿Tienes empleo? ¿Dónde trabajas? ¿Ganas mucho?
3. ¿Buscas empleo? ¿Dónde? Si no lo buscas, ¿qué quieres aprender a ser?
4. ¿Prefieres las películas americanas a las películas europeas? ¿Quién es tu actor favorito? ¿tu actriz favorita?
5. ¿Cuántas personas hay en tu familia? ¿Quiénes son?
6. ¿Prefieres vivir en una ciudad grande? ¿Qué problemas hay en las ciudades grandes?
7. Todos los años (*every year*) muchos mexicanos salen de México y van a los Estados Unidos. ¿Por qué?

Vocabulario activo

apoyar *to support*
bailar *to dance*
conocer *to know, to be acquainted with*
empezar (ie) *to begin*
entender (ie) *to understand*
esperar *to wait*
ganar *to earn*
hay *there is, there are*
pensar (ie) (en) *to think (of, about);* pensar + infinitive *to plan to, to intend to*
preferir (ie) *to prefer*
prohibir *to forbid*
querer (ie) *to want, to like, to love*
saber *to know;* saber + infinitive *to know how to*

la abuela *grandmother*
el abuelo *grandfather*
el baile *dance*
el barrio *neighborhood, community*
la basura *garbage*
el café *coffee*
el crimen *crime*
el dinero *money*
la droga *drug*
el empleo *job; employment*
la esposa *wife*
el esposo *husband*
la hermana *sister*
el hermano *brother*

la ley *law*
la madre *mother*
la mano *hand*
la mujer *woman*
el padre *father;* los padres *parents*
el problema *problem*
el robo *theft, robbery*
el sindicato laboral *labor union*
el sol *sun*
la tía *aunt*
el tío *uncle*
el trabajo *work*

corto(-a) *short, brief*
largo(-a) *long*
limpio(-a) *clean*
pobre *poor*
puertorriqueño(-a) *Puerto Rican*
rico(-a) *rich*
sucio(-a) *dirty*

entonces *then; in that case*

A ver. *Let's see.*
¡Cómo no! *Of course!*
¿De veras? *Really?*
por ahora *for now*
por todas partes *everywhere*
¿Qué piensa usted de . . . ? *What do you think of . . . ?*
un poco *a little*

I. INDIRECT OBJECT PRONOUNS

Problemas de hoy:

la contaminación (del aire, del agua)

la pobreza, el hambre

el crimen

la discriminación (contra mujeres, minorías)

el desempleo

1. Elena escribe una carta. Le escribe al presidente de los Estados Unidos. Le dice que (*she tells him that*) el desempleo es un problema grave en los Estados Unidos. También le dice que debemos prohibir la discriminación contra (*against*) mujeres y minorías.

2. Federico escribe una carta. Les escribe a los senadores (*senators*) de su distrito. Les dice que el hambre es un problema grave y que hay gente en su país que necesita comida.

A. Match the following people with the issue you think they would consider most important. Then create a sentence stating:

_____ **le escribe al presidente de los Estados Unidos. Le dice que _____ es un problema grave.**

una mecanógrafa (*typist*)	el desempleo
un detective	el hambre
un hombre en un sindicato laboral que no tiene trabajo	la contaminación del aire
una persona que no tiene comida	la discriminación contra las mujeres
un señor muy rico	el robo
un ecólogo (*ecologist*)	el crimen

B. Now match these same people with a solution or opinion you think they would be most likely to advocate. Then create a sentence stating:

_____ **le dice al presidente que es necesario _____.**

Feel free to make up your own responses.

una mecanógrafa	conservar energía y tierra
un detective	mantener (*maintain*) el statu quo
un hombre en un sindicato laboral	tener una policía muy poderosa (*powerful*) para buscar a los criminales
una persona que no tiene comida	tener sindicatos poderosos y empleo para todos
un señor muy rico	ayudar (*help*) a los pobres
un ecólogo	prohibir la discriminación contra mujeres

	Singular		Plural
me	(to, for) me	nos	(to, for) us
te	(to, for) you	os	(to, for) you
le	(to, for) you, him, her, it	les	(to, for) you, them

A. Indirect object pronouns tell *to whom* or *for whom* something is done, said, made, written, or whatever. Except for the third-person forms, they are the same as direct object pronouns. Like direct object pronouns, they immediately precede a conjugated verb.

Le hablo.	*I'm speaking to him (her, you).*
Les escribo.	*I'm writing to them (you).*
No te compro un regalo.	*I'm not buying you a present.*
¿Qué nos dice?	*What's he (she) telling us?*

B. When used with an infinitive, indirect object pronouns again follow the same rules of placement as direct object pronouns: they either precede the entire verb construction or follow the infinitive and are attached to it.

Me quieren vender su auto.⎫
Quieren venderme su auto. ⎬   *They want to sell me their car.*

C. The indirect object pronouns are often used even when a noun is expressed.

Les hablo a los niños.	*I speak to the children.*
Le escribe al presidente.	*He (she) is writing the president.*

D. For clarity, a prepositional phrase (**a él, a usted**) is often used in addition to the indirect object pronoun in the third person.

Le hablo a {**él.** / **ella.** / **usted.**}   Les hablo a {**ellos.** / **ellas.** / **ustedes.**}

In this case, **él, ella,** and so forth function as objects of the preposition **a** and are called prepositional object pronouns. The prepositional object pronouns are the same as the subject pronouns except in the first- and second-person singular: **mí** and **ti**.

A mí me dan el trabajo.   *They're giving **me** the work.*
Nos hablan a nosotros.   *They're talking to **us**.*
A ti te compro esta camisa.   *I'm buying **you** this shirt.*

Prepositional object pronouns are used for emphasis or clarity.

Ejercicios

1. Replace the indirect objects in the following sentences with indirect object pronouns, following the model.

    a. Silvia habla al doctor. → **Le habla.**
        1. a los niños   2. a nosotros   3. a tí   4. a él   5. a ustedes

    b. Manuel vende el auto a nosotros. → **Nos vende el auto.**
        1. a Felipe   2. a los Sánchez   3. a mí   4. a él   5. a usted

2. Create new sentences, substituting the words in the list for those in italics. Change the indirect object pronouns as necessary.

    Ricardo me habla *a mí.*   a Eduardo → **Ricardo le habla a Eduardo.**

    a. Jaime me habla *a mí.*
        1. a Pablo   2. a los hijos de Luisa   3. a nosotros   4. a ellos   5. a ella   6. a ti

    b. *A ti* te compran una cámara.
        1. a usted   2. a María   3. a Ramón y Pedro   4. a ustedes   5. a nosotros   6. a mí

    c. Me escribe *a mí.*
        1. a nosotros   2. a él   3. a ti   4. a usted   5. a ella   6. a Paco

3. Señora Ybarra has a tendency to react incredulously to every comment her son Alberto makes. Make questions she would ask, following the model.

       Alberto: Silvia me compra un regalo.
   → Sra. Ybarra: **¿A ti te compra un regalo?**

    1. También te compra un regalo a ti.
    2. Juan me escribe una carta larga.
    3. Mirabel te habla.

4. Le vendo mi auto a Ramón.

5. Les escribo a mis primos.

II. STEM-CHANGING VERBS: *E* TO *I*; THE VERB *DAR*

(1)	JOSÉ:	Papá, necesito dinero.
(2)	SEÑOR ORTEGA:	¿Qué *dices*? Te *doy* dinero cada semana. ¿Por qué no le preguntas a tu mamá dónde está su bolso?
(3)	JOSÉ:	Mamá no está en casa.
(4)	SEÑOR ORTEGA:	¡Caramba! Los niños de hoy no saben el valor de un peso.
(5)	JOSÉ:	Sí, papá, sé el valor de un peso. Por eso te *pido* diez.

1. ¿Qué quiere el niño?   2. El señor Ortega le da dinero a José todos los días, ¿verdad?   3. ¿Qué debe el niño preguntarle a su mamá?   4. ¿Por qué no lo hace el niño?   5. ¿Qué dice el papá de los niños de hoy? 6. ¿Cuántos pesos pide el niño?

A.   Certain **-ir** verbs show a stem change from **e** to **i** when the stem syllable is stressed.

pedir *(to ask for)*		**seguir** *(to continue; to follow)*		**servir** *(to serve)*	
pido	pedimos	sigo	seguimos	sirvo	servimos
pides	pedís	sigues	seguís	sirves	servís
pide	piden	sigue	siguen	sirve	sirven

Pido un café.	*I'm ordering (asking for) coffee.*
Seguimos al guía.	*We're following the guide.*
El mozo nos sirve el desayuno.	*The waiter is serving us breakfast.*
Rafael sigue cuatro cursos.*	*Rafael is taking four courses.*

(1) Dad, I need money. (2) What are you saying? I give you money every week. Why don't you ask your mother where her purse is? (3) Mom isn't home. (4) Good grief! The children of today don't know the value of a peso. (5) Dad, I know the value of a peso. That's why I'm asking you for ten.

* **Seguir un curso** means *to take a course.*

B. **Pedir** means to ask for something, to request (someone) to do something. **Preguntar** means to ask a question.

Pedimos la cena.   *We're ordering (asking for) dinner.*

Me piden un favor.   *They're asking me for a favor.*

Me preguntan dónde están.   *They ask me where they are.*

¿Por qué no le preguntas al policía?   *Why don't you ask the policeman?*

C. The verb **decir** is also an **e** to **i** stem-changing verb; in addition, the first-person singular of the present tense is irregular.

decir
(to say, to tell)

digo	decimos
dices	decís
dice	dicen

Te digo la verdad.   *I'm telling you the truth.*

¿Qué dice el doctor?   *What does the doctor say?*

¿Qué quiere decir eso?   *What does that mean?**

D. The verb **dar** is irregular in the first-person singular only.

dar
(to give)

doy	damos
das	dáis
da	dan

A Mario le doy consejos.   *I give Mario advice.*

Ejercicios

1. Create new sentences, substituting the words in the list for those in italics.

   a. *Ella* pide café.
      1. tú   2. nosotros   3. yo   4. Miguel y José   5. ustedes

   b. *Roberto* les dice la verdad.
      1. yo   2. ellas   3. Conchita y yo   4. los políticos   5. nosotros

---

* **Querer decir**—literally, *to want to say*—is translated as *to mean.*

c. ¿Sigues *tú* muchos cursos?
   1. tu hermano   2. los hijos   3. usted   4. Margarita   5. nosotros

d. *El mozo* sirve la comida.
   1. las señoritas   2. tú   3. nosotros   4. yo   5. usted

e. *Nosotros* le damos el dinero.
   1. tú   2. ella   3. yo   4. Juan y Paco   5. ustedes

2. Restate, changing the verbs to the plural.

   1. Les sirvo el almuerzo.
   2. ¿Me sigue a la Avenida Bolívar?
   3. Te pido un favor.
   4. ¿Qué digo ahora?
   5. Les doy empleos.

3. Restate, changing the verbs to the singular.

   1. Le decimos la verdad.
   2. Te dan consejos.
   3. Siguen tres cursos.
   4. ¿Cuándo me sirven?
   5. ¿Qué le pedimos?

4. Complete each sentence with the correct form of **pedir** or **preguntar**.

   1. José le _PIDE_ treinta pesos.
   2. Concha le _PREGUNTA_ al policía dónde está la farmacia.
   3. Yo le _PIDO_ muchos favores.
   4. Nosotros les _PEDIMOS_ dinero.
   5. Y ellos nos _PREGUNTAN_ por qué.
   6. ¿Por qué no le _PREGUNTAS_ tú al agente?
   7. ¿No vas a _PEDIR_ un café?
   8. Te quiere _PREGUNTAR_ cuándo es el concierto.

Preguntas

1. ¿Cuál es su restaurante favorito? ¿Qué platos sirven en ese restaurante? ¿Qué pide usted generalmente?   2. ¿Les pide muchos favores a sus amigos?   3. ¿Les pide dinero a sus padres? Generalmente, ¿le dan el dinero a usted o no?   4. Cuando sus amigos le piden dinero, ¿les da unos dólares o dice que no tiene dinero?   5. Siempre dice la verdad, ¿no? ¿Siempre dicen la verdad los profesores? ¿la policía? ¿los presidentes?

III. STEM-CHANGING VERBS: *O* TO *UE*

(1)   JUAN: Por favor, señor, ¿cuánto *cuesta* un cuarto para dos en este hotel?

(2) EL SEÑOR: Ochenta pesos.

(3)   JUAN: Está bien. ¿*Puedo* reservar uno?

(4) EL SEÑOR: Sí. ¿Por cuántas noches?

(5)   JUAN: Solamente una. Mañana temprano *volvemos* a Asunción.

(6) EL SEÑOR: *Vuelven* mañana temprano, ¿eh? La recepcionista *puede* despertarlos.

(7)   JUAN: No es necesario. *Duermo* como un gato. Todos los días abro los ojos a las seis y media en punto.

(8) EL SEÑOR: En ese caso, ¿*puede* usted despertar a la recepcionista, por favor?

1. ¿Cuánto cuesta un cuarto para dos personas en el hotel? 2. ¿Puede Juan reservar uno? 3. ¿Por cuántas noches van a estar allí? 4. ¿Adónde vuelven mañana? 5. ¿Quién puede despertarlos si quieren? 6. ¿Cómo duerme Juan? 7. ¿A qué hora de la mañana abre los ojos todos los días?

A. Certain Spanish verbs show a stem change from **o** to **ue** when the stem is stressed. This change does not occur in the first- and second-person plural forms, because the stress does not fall on the stem.

recordar (to remember)		volver (to return)		dormir (to sleep)	
recuerdo	recordamos	vuelvo	volvemos	duermo	dormimos
recuerdas	recordáis	vuelves	volvéis	duermes	dormís
recuerda	recuerdan	vuelve	vuelven	duerme	duermen

B. Other **o** to **ue** stem-changing verbs are:

almorzar *to have lunch*   **encontrar** *to find*

costar *to cost*   **poder** *to be able, can*

(1) Please, sir, how much does a room for two cost in this hotel? (2) Eighty pesos. (3) Fine. Can I reserve one? (4) Yes. For how many nights? (5) Only one. Early tomorrow morning we are returning to Asunción. (6) You're returning early tomorrow? The desk clerk can wake you. (7) That's not necessary. I sleep like a cat. Every morning (day) I open my eyes at 6:30 on the dot. (8) In that case, can you wake the desk clerk, please?

Recuerdo las últimas elecciones.	*I remember the last elections.*
¿No encuentras el libro aquí?	*You don't find the book here?*
¿Con quién almuerza usted hoy?	*With whom are you having lunch today?*
Podemos llevar las maletas.	*We can carry the suitcases.*
Vuelven a Texas el jueves.	*They are returning to Texas on Thursday.*

Ejercicios

1. Create new sentences, substituting the words in the lists for those in italics.

a. *Yo* no recuerdo la historia.
   1. Jacinto   2. los estudiantes   3. mi hija   4. tú   5. ustedes

b. *Nosotros* podemos reservar un cuarto.
   1. mi señora   2. Ramón   3. Juan y yo   4. usted   5. ellas

c. Mañana *ellos* vuelven a Asunción.
   1. tú   2. los señores Méndez   3. yo   4. nosotros   5. mi hermana

d. *Yo* duermo como un gato.
   1. mi esposo   2. ellos   3. mis hijos   4. tú   5. la recepcionista

2. Restate, changing the verbs to the plural.

No vuelvo a casa. → **No volvemos a casa.**

1. Duermo como un gato.
2. Almuerzo a las doce.
3. No puedo ir a Antigua.
4. Recuerdo a esa chica.
5. No encuentro los zapatos del niño.

3. Complete each sentence with the appropriate form of the verb in parentheses.

1. (poder)   Nosotros _____ venir a tu casa.
2. (volver)   Roberto _____ a las seis.
3. (recordar)   ¿No _____ tú su número?
4. (almorzar)   Yo no _____ en el hotel.
5. (costar)   La comida _____ mucho aquí.
6. (encontrar) ¿Cómo _____ usted el cuarto?
7. (volver)   ¿Cuándo _____ tus hermanos?
8. (almorzar)   ¿A qué hora _____ tú?

Preguntas

1. ¿Dónde almuerza usted, generalmente? ¿Es buena la comida allí?
2. ¿Vuelve usted temprano o tarde de la universidad? 3. ¿A qué hora
vuelve, generalmente? 4. ¿Duerme usted bien por la noche? ¿por la tarde?
¿en la clase de español? 5. ¿Cuánto cuesta una libra (*pound*) de café hoy?
¿un texto de español? ¿un radio transistor? ¿Cuáles son caros y cuáles son
baratos (*cheap*)?

IV. DIRECT AND INDIRECT OBJECT PRONOUNS
IN THE SAME SENTENCE

En un restaurante.

(1)	FEDERICO:	Ana, ¿qué quieres—un café, una coca?
(2)	ANA:	Un café, por favor.
(3)	FEDERICO:	Bueno, *se lo pido* al mozo [. . .] Mozo, ¿nos puede traer dos cafés, por favor?
(4)	MOZO:	Sí, señor, *se los traigo** en un momento.

1. ¿Qué piden Federico y Ana? 2. ¿Quién va a traérselos?

A. When an indirect and a direct object pronoun are used in the same sentence, the indirect always precedes the direct object pronoun. The two
object pronouns (indirect-direct) precede a conjugated verb.

Te doy cinco pesos.   *I am giving you five pesos.*
Te los doy.   *I am giving them to you.*

B. When used with an infinitive, the object pronouns (indirect-direct) may
either be attached to the infinitive or precede the conjugated verb. Note

At a restaurant.
(1) Ana, what do you want—coffee, a coke? (2) A (cup of) coffee, please. (3) Okay, I'll ask the
waiter for it. [. . .] Waiter, can you bring us two cups of coffee, please? (4) Yes, I'll bring them
to you in a moment.

* The verb **traer** (*to bring*) is irregular in the first-person singular of the present tense.

that when two object pronouns are attached to the infinitive, an accent is required over the last syllable of the infinitive.

¿Vas a servirme el almuerzo?   *Are you going to serve me lunch?*
¿Vas a servírmelo? ⎫
¿Me lo vas a servir? ⎭   *Are you going to serve it to me?*

C. If a third-person indirect object pronoun (**le, les**) is used in conjunction with a third-person direct object pronoun (**lo, la, los, las**), the indirect object pronoun is replaced by **se**. The various meanings of **se** may be clarified by adding to the sentence: **a él, a ella, a usted, a ellos, a ellas, a ustedes.**

Elena les da su cámara (a ellos).   *Elena is giving them her camera.*
Elena se la da (a ellos).   *Elena is giving it to them.*
El mozo le sirve el té (a ella).   *The waiter is serving her the tea.*
El mozo se lo sirve (a ella).   *The waiter is serving it to her.*

Ejercicios

1. Answer the questions in the affirmative according to the examples.

a. ¿A quién le das la carta? → **Se la doy a Esteban.**

1. ¿A quién le das el dinero?
2. ¿A quién le escribes la carta?
3. ¿A quién le preguntas el número?
4. ¿A quién le dices eso?
5. ¿A quién le pides el libro?

b. ¿Te van a dar un auto? → **Sí, me lo van a dar.**

1. ¿Te van a escribir una carta?
2. ¿Te van a dar un cuarto?
3. ¿Te van a servir un café?
4. ¿Te van a preparar la comida?
5. ¿Te van a decir la verdad?

2. Replace the nouns with the appropriate object pronouns, following the models.

Mi papá me compra un auto. → **Me lo compra.**
Mis abuelos nos dan unos regalos. → **Nos los dan.**

1. Ricardo me pide apoyo.
2. El mozo nos trae la comida.
3. El profesor nos enseña español.
4. El doctor le dice la verdad.
5. El zapatero les vende los zapatos.
6. Sus padres les compran un gato.
7. Mamá te compra las camisas.
8. Te vendo mi auto.

3. Create sentences starting with **Le doy** and using the nouns listed. Then replace the nouns with the appropriate object pronouns.

el lápiz, a José → **Le doy el lápiz a José. Se lo doy.**

1. la cámara, a María
2. el té, al señor
3. los regalos, a los niños
4. el número, a la recepcionista
5. los pesos, al mozo
6. la comida, a mi hija

4. Señor López is a candidate up for re-election: he promises everything to everybody. Following the model, supply his answer to the following questions.

¿Va usted a dar regalos a los niños? → **Sí, se los voy a dar.**

1. ¿Va usted a dar empleo a las minorías?
2. ¿Va usted a dar su apoyo a los sindicatos?
3. ¿Va usted a pedir dinero al gobierno federal?
4. ¿Va usted a decirnos siempre la verdad? *decirsela*
5. ¿Va usted a dar comida a los pobres?

Preguntas

1. ¿Te prohiben tus padres fumar (*smoke*)? ¿Te prohiben fumar marihuana? ¿Creen ellos que es peligrosa (*dangerous*) la marihuana? ¿Está usted de acuerdo? ¿Es ilegal la marihuana? 2. ¿Pide usted a veces consejos a sus amigos? ¿Se los dan? ¿Son buenos consejos? ¿Los sigue usted? 3. ¿Le dan a usted mucha información sus profesores? ¿Le dan a usted ideas interesantes y originales? ¿Son útiles (*useful*) esa información y esas ideas? 4. ¿Me puede usted explicar (*explain*) las teorías de Einstein? ¿la filosofía de Hegel? ¿las ideas de Jean-Paul Sartre?

LOS ÁNGELES: PROBLEMAS DEL BARRIO

ELVIRA: ¿A quién vas a apoyar en las elecciones, Juan Marco? Yo apoyo a Díaz.

JUAN MARCO: Si tú quieres apoyarlo, está bien, pero yo no voy a darle mi apoyo. ¿No recuerdas las últimas elecciones? Ahora los candidatos° nos dicen que van a hacer mucho por el barrio, y 5 nos piden nuestra ayuda. Pero después de las elecciones no nos recuerdan.

ELVIRA: Pero Díaz es chicano.[1] Entiende los problemas del barrio: la pobreza, el desempleo, los problemas que los niños tienen en la escuela con el inglés . . . 10

JUAN MARCO: Sí, necesitamos cursos en español para los niños. ¿No estás de acuerdo?

ELVIRA: Bueno, si quieres mi opinión, te la doy gratis.° Eso no nos ayuda. Estamos en los Estados Unidos, y la lengua aquí es el inglés. Hay que enseñar inglés a los niños. 15

JUAN MARCO: No, Elvira, nuestra lengua es español. ¿No estás orgullosa de la cultura de Aztlán?[2]

ELVIRA: Siempre volvemos al mismo tema:° el orgullo. Sí, estoy orgullosa de la raza,[3] pero también soy estadounidense.° Pienso que Díaz es un buen candidato; puede hacer mucho 20 por nosotros y por todo el mundo. Entiende nuestros problemas.

JUAN MARCO: ¡Bah! Es rico como todos los políticos. Él no vive en el barrio; tiene una casa en Hollywood o Beverly Hills. No, Elvira, a nosotros la vida nos trae mucho trabajo y poco dinero. 25 Seguimos con los mismos problemas de siempre.

ELVIRA: Es diferente hoy día, Juan Marco. No te entiendo.

JUAN MARCO: Bueno, «cada cabeza° es un mundo».

Notas culturales

1. The term **chicano** refers to the people and culture of Mexican-American heritage. Not all people of Mexican-American ancestry call themselves **chicano**; some prefer the term **mexicano-americano**.

candidatos *candidates*   gratis *free of charge*   tema *subject*
estadounidense = de los Estados Unidos   cabeza *head (mind)*

2. **Aztlán** is the term many Mexican-Americans use to refer to the Southwest of the United States. According to legend (which has some support from anthropology), this region was the place of origin of the Aztecs, who later migrated southward and established a large and powerful empire in Mexico.

3. The term **la raza** (*the race*) is used by many Spanish Americans to refer to all people of Hispanic origin and sometimes the American Indians as well. The day set aside to celebrate the discovery of the Americas (Columbus Day) is referred to by Spanish-speaking people as **El día de la Raza.**

Preguntas

1. ¿A quién apoya Elvira en las elecciones? 2. Juan Marco va a darle su apoyo también, ¿no? 3. ¿Qué dicen los candidatos? ¿Qué piden? 4. ¿Qué pasa (*happens*) después de las elecciones? 5. Según Elvira, ¿cuáles son los problemas del barrio? 6. ¿Por qué cree Elvira que enseñar a los niños en español no ayuda? ¿Cree usted que ella tiene razón? 7. ¿Qué cree Juan Marco de Díaz? 8. ¿Qué dice Juan Marco sobre la vida en el barrio? ¿Gana Díaz poco dinero, según Juan Marco? 9. ¿Qué quiere decir «Cada cabeza es un mundo»? 10. ¿Es optimista Elvira o es realista? ¿Es pesimista Juan Marco o es realista?

ACTIVIDADES

Entrevista

Ask a classmate the following questions, then report the information to the class.

1. ¿Con quién almuerzas hoy (mañana)? ¿Dónde vas a almorzar? ¿A qué hora almuerzas, generalmente?
2. ¿Qué cursos sigues? ¿Son útiles? ¿Son interesantes?
3. ¿Qué te prohíben tus padres? ¿Crees que ellos tienen razón en eso?
4. En general, ¿eres realista o idealista? ¿optimista o pesimista?
5. Cuando necesitas dinero, ¿a quién se lo pides?

Situación

En el hotel.

You ask the man at the desk how much a room in the hotel costs, and he tells you 60 pesos. You ask if you can reserve one. He asks you for how many nights, and you reply that it is only for one night. You are returning to the

United States tomorrow. He says the desk clerk can wake you if you like. You reply that it isn't necessary. He asks if you have many suitcases, and you reply that you have. He says the bellhop (**el botones**) can carry them to your room.

Vocabulario activo

almorzar (**ue**) *to have lunch*
ayudar *to help*
comprar *to buy*
costar (**ue**) *to cost*
dar *to give*
decir (**i**) *to say, to tell*
despertar (**ie**) *to wake up*
dormir (**ue**) *to sleep*
encontrar (**ue**) *to find*
fumar *to smoke*
pedir (**i**) *to ask for, to order (in a restaurant)*
poder (**ue**) *to be able, can*
recordar (**ue**) *to remember*
reservar *to reserve*
seguir (**i**) *to continue; to follow*
servir (**i**) *to serve*
traer *to bring*
volver (**ue**) *to return*

el **almuerzo** *lunch*
el **apoyo** *support*
la **ayuda** *help*
la **cosa** *thing*
los **consejos** *advice*
el **cuarto** *room*
el **curso** *course*
el **desempleo** *unemployment*
las **elecciones** *elections*
el **gato** *cat*

la **lengua** *language*
la **maleta** *suitcase*
el **mozo** *waiter*
el **ojo** *eye*
el **orgullo** *pride*
la **pobreza** *poverty*
el **policía** *policeman;* la **policía** *policewoman, police service*
el **recepcionista** (la **recepcionista**) *receptionist, desk clerk*
la **verdad** *truth*
la **vida** *life*

cada (invariable) *each, every*
mismo(-a) *same*
peligroso(-a) *dangerous*
pequeño(-a) *little, small*
poco(-a) *little; few*
tonto(-a) *silly, foolish*
último(-a) *last, most recent*

después *later;* **después de** *after*

hay que + infinitive *one must, it is necessary to*
hoy día *nowadays*
por eso *for that reason*
querer decir *to mean*
seguir un curso *to take a course*

LOS HISPANOS DE LOS ESTADOS UNIDOS

Hoy día viven en este país unos seis millones de mexicano-americanos, dos millones de puertorriqueños y casi (*almost*) un millón de cubanos. ¿Sabe usted que aproximadamente el 30% (treinta por ciento) de la gente de Miami es de origen cubano? ¿Y que en Nueva York viven más (*more*) puertorriqueños que (*than*) en San Juan, la capital de Puerto Rico?

La Misión de Santa Bárbara fue fundada (*was founded*) por padres españoles en 1786 (mil setecientos ochenta y seis). La presencia hispana en el territorio del suroeste de los Estados Unidos es muy anterior a la presencia anglosajona. Con la victoria militar de 1848 (mil ochocientos cuarenta y ocho), los Estados Unidos reciben de (*receives from*) México el territorio que hoy forma el suroeste. Muchos mexicano-americanos son descendientes de los colonizadores españoles; otros vienen a los Estados Unidos para buscar trabajo.

Con la victoria militar de 1898 (mil ochocientos noventa y ocho), los Estados Unidos reciben de España la isla de Puerto Rico. Hoy los puertorriqueños son ciudadanos (*citizens*) de los Estados Unidos. Esta familia puertorriqueña vive en Nueva York.

Muchos de los cubanos de los Estados Unidos están en este país como exilados políticos del régimen (*regime*) socialista-comunista de Fidel Castro. En Miami tienen un barrio muy próspero, con teatros, tiendas (*stores*), restaurantes, etcétera.

Preguntas

1. Which states of our federal union have Spanish names? What cities have Spanish names? Are there any in your area?
2. In regions of the United States where there are many Spanish place names, Spanish culture generally preceded Anglo-Saxon culture. What Spanish influences can you name—in food, architecture, or other areas?
3. How might a Mexican-American whose ancestors have been in the United States for generations react today to the dominant Anglo-Saxon culture? Is it the same situation as an immigrant who comes to North America with the intention of adapting to a new culture, learning a new language, and making a new life?
4. Quite a few English words were borrowed from Spanish, as for instance, *tornado, siesta, ranch* (from **rancho**), *corral, bonanza.* How many others can you think of?
5. Both Puerto Rico and the Southwest of the United States were acquired through military victories, as you have seen. Contrast the situation of the Cubans who came to this country as political exiles with the situation of the Puerto Ricans and Mexican-Americans. What differences would you expect?

SELF-TEST I

I. The Present Tense

Complete the following sentences with the present tense of the verb in parentheses.

1. Yo _____ (estar) triste porque tú no _____ (estar) aquí.
2. Los señores García _____ (buscar) a su prima, Isabel.
3. Ahora nosotros _____ (poder) comer.
4. Yo nunca _____ (recordar) quiénes son los candidatos.
5. Yo _____ (salir) ahora para ir al partido de fútbol. ¿_____ (salir) tú conmigo?
6. ¿Qué _____ (creer) tú? ¿Que yo _____ (ser) idiota?
7. Nosotros _____ (deber) conservar energía.
8. Los agentes _____ (querer) los pasaportes.
9. Yo _____ (tener) dos semanas de vacaciones. ¿Cuántas _____ (tener) tú?
10. Él _____ (ir) a Venezuela este verano.
11. ¿Qué _____ (tener) que hacer nosotros?
12. Adela _____ (vivir) ahora en Buenos Aires y _____ (estar) muy contenta.
13. Pues, yo te _____ (decir) la verdad. Todo el mundo _____ (decir) que Enrique tiene mucho dinero.
14. Él _____ (dormir) como un gato.
15. Marisa y Eduardo _____ (volver) del concierto a las once.
16. Yo no los _____ (ver).

II. Ser vs. Estar

Complete the following narration with an appropriate form of **ser** or **estar**. In each case, state the reason for your choice.

Tengo un amigo, Felipe, que _____ argentino. Felipe no _____ de Buenos Aires; _____ de otra ciudad importante, Córdoba. Córdoba _____ en el interior de la Argentina. Felipe _____ un chico muy inteligente y simpático. Esta noche debemos ir a una cena que _____ en casa de una de nuestras amigas, pero Felipe no _____ bien. Si _____ enfermo (*sick*) esta noche, no va a ir.

III. Adjectives

Complete the sentences with the appropriate possessive or demonstrative adjective, as indicated by the cue in parentheses.

A. 1. ¿Dónde está _____ pasaporte? (my)
   2. _____ ideas son brillantes. (your, familiar)
   3. ¿Cuándo empiezan _____ vacaciones? (their)

4. _____ agente de viajes es Fernando Olivera. (our)
5. ¿_____ familia está en Puerto Rico? (your, formal)

B. 1. ¿Hay muchos teatros en _____ ciudad? (this)
   2. ¿Son ricos _____ señores? (those, over there)
   3. _____ libro es de Manuel. (this)
   4. No entiendo _____ formularios. (those, by you)
   5. _____ chica es chilena. (that, by you)

IV. Object Pronouns

Answer the following questions in the affirmative, replacing the words in italics with the appropriate direct or indirect object pronoun.

¿*Me* puedes dar *la dirección?* → **Sí, te la puedo dar.**

1. ¿Tú llevas *la cámara?*
2. ¿*Me* puedes esperar unos minutos?
3. ¿Habla usted *a ellos?*
4. ¿Quieres preguntar *eso a estos pasajeros?*
5. ¿*Me* quieres?
6. ¿Puede deci*rnos el nombre del restaurante?*
7. ¿Quiere usted dar*le los pasaportes?*
8. ¿Escribe Anita mucho *a ustedes?*
9. ¿*Te* puedo visitar mañana?
10. ¿*Le* vas a dar *tu número de teléfono?*

V. Verb Pairs

Choose the appropriate verb in each pair to complete the following sentences. Use the appropriate form of the present tense, or the infinitive.

1. (saber/conocer) ¿_____ usted la ciudad? Yo quiero _____ cómo llegar al estadio.
2. (hablar/decir) —¿Qué _____ Enrique? —No sé. Él siempre _____ de tonterías.
3. (pedir/preguntar) Yo le _____ dinero. Y él me _____ por qué.
4. (ser/estar) ¿Dónde _____ Manuel y Silvia? Ya _____ las cinco.

VI. Useful Expressions

Give the Spanish equivalent of the following expressions.

1. Glad to meet you. 2. Good morning. 3. Thank you. 4. Please.
5. What time is it? 6. What day is today? 7. I'm hungry. 8. Good afternoon. 9. Can I reserve a room for two in this hotel? 10. How much do these shoes cost? 11. I'll take them. 12. The weather is warm. 13. Are you warm? 14. Really? 15. Of course! 16. Can you tell me where the restaurant "La Cazuela" is?

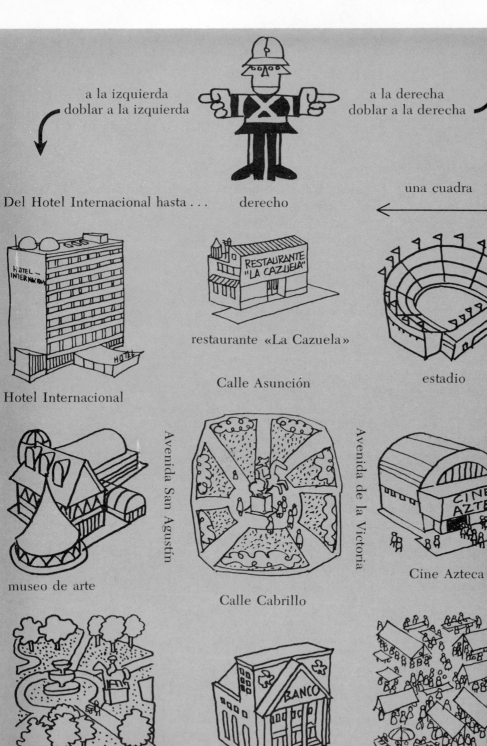

a la izquierda
doblar a la izquierda

a la derecha
doblar a la derecha

Del Hotel Internacional hasta . . .   derecho

una cuadra

restaurante «La Cazuela»

Calle Asunción

estadio

Hotel Internacional

Avenida San Agustín

Avenida de la Victoria

Cine Azteca

museo de arte

Calle Cabrillo

parque   banco   mercado

I. FORMAL (*USTED* and *USTEDES*) COMMANDS

Enfrente del Hotel Internacional.

—Señor, ¿me puede decir cómo llegar al estadio?
—Sí, cómo no. Vaya derecho dos cuadras. Está a la izquierda.

—Señora, ¿me puede decir cómo llegar al banco?
—Sí, cómo no. Vaya derecho hasta la Avenida de la Victoria. Doble a la derecha. Siga por esa avenida hasta el banco. Está a la derecha.

—Señor, ¿me puede decir cómo llegar al mercado?
—Sí, cómo no. *(Supply the answer)*

—Señorita, ¿me puede decir cómo llegar al Cine Azteca?
—Sí, cómo no. *(Supply the answer.)*

—Señora, ¿me puede decir cómo llegar al restaurante «La Cazuela»?
—Sí, cómo no. *(Supply the answer.)*

A. To form the singular formal (**usted**) command of regular verbs, drop the **-o** ending from the first-person singular (**yo**) form of the present tense and add **-e** for **-ar** verbs, and **-a** for **-er** and **-ir** verbs. The **ustedes** command is formed by adding an **-n** to the singular command forms. (Although the pronouns **usted** and **ustedes** are generally omitted, they may be used to soften a command.)

-ar	Compro esa casa.	Compre (usted) esa casa.
		Compren (ustedes) esa casa.
-er	Vendo el auto.	Venda (usted) el auto.
		Vendan (ustedes) el auto.
-ir	Escribo la carta.	Escriba (usted) la carta.
		Escriban (ustedes) la carta.

To make a command negative, put **no** before the verb.

No compre esa casa.	*Don't buy that house.*
No escriban ustedes la carta.	*Don't write the letter.*

B. If a verb has an irregularity or a stem change in the first-person singular of the present tense, this irregularity or stem change is carried over into the command forms.

No salga todavía.	*Don't leave yet.*
No pida dinero.	*Don't ask for money.*
Duerman un poco.	*Sleep a little while.*

C. A number of verbs have a spelling change in the **usted** and **ustedes** command forms to preserve the sound of the infinitive ending.

c to **qu**	buscar	yo busco →	busque(n)
g to **gu**	llegar	yo llego →	llegue(n)
z to **c**	empezar	yo empiezo →	empiece(n)

D. Some irregular formal **usted** and **ustedes** commands are:

ir	**vaya(n)**	estar	**esté(n)**
ser	**sea(n)**	dar	**dé, den**
saber	**sepa(n)**		

Vayan al mercado.	*Go to the market.*
No sean malos, niños.	*Don't be naughty (bad), children.*
Sepan la lección para mañana.	*Know the lesson for tomorrow.*
Dé dinero a los pobres.	*Give money to the poor.*
No esté triste.	*Don't be sad.*

Ejercicios

1. Make formal **usted** or **ustedes** commands from the following statements.

   a. Usted come los sándwiches. → **Coma los sándwiches.**

   1. Usted lee la historia.
   2. Usted habla español.
   3. Usted no sale ahora.
   4. Usted mira a la chica.

5. Ustedes no compran el auto.
6. Ustedes dan consejos a María.
7. Ustedes no siguen cursos difíciles.
8. Ustedes saben la lección para el viernes.

b. La señora pide perdón. → **Señora, pida perdón.**

1. El señor viene acá (*here*).
2. La señorita sale de aquí.
3. La señora no pide la comida.
4. El señor duerme tarde.
5. El mozo trae los sándwiches.
6. Los chicos van al mercado.
7. Las señoritas hacen un favor.
8. Los niños son buenos.
9. Las señoras tienen cuidado.
10. El señor vuelve mañana.

2. Answer the following questions with an affirmative **usted** or **ustedes** command.

¿Debo hablar español? → **Sí, hable español.**
¿Debemos comprar el auto? → **Sí, compren el auto.**

1. ¿Debo llevar el sombrero?
2. ¿Debo comer los sándwiches?
3. ¿Debo volver mañana?
4. ¿Debo buscar el pasaporte?
5. ¿Debo llevar la maleta?
6. ¿Debemos salir de aquí?
7. ¿Debemos hacer el trabajo?
8. ¿Debemos comprar el radio?
9. ¿Debemos ir al parque?
10. ¿Debemos llegar a las seis?

3. Answer the questions from **Ejercicio 2** with a negative **usted** or **ustedes** command.

¿Debo hablar español? → **No, no hable español.**

4. Give the Spanish equivalent.

1. Open the window, miss.
2. Follow Cabrillo Street, ma'am.

3. Eat, children.
4. Wait a minute, sir.
5. Don't go tomorrow, miss; go Tuesday.

5. Create formal **ustedes** commands as directed.

a. General Morales is a right-wing dictator. Using the verbs, nouns, and adjectives below, create five commands that he might give to the people. Be sure that these commands make sense and are in character.

apoyar   el gobierno → **¡Apoyen el gobierno!**

	la democracia
	el gobierno
1. apoyar	las ideas liberales
2. luchar por	el comunismo
(fight for)	la policía
3. luchar contra	las elecciones
(fight against)	la dictadura (*dictatorship*)
	la nación
	el progreso
	los militares
	obediente
4. ser	realista
5. no ser	idealista
	trabajador
	prudente
	rebelde

b. Señor Fuentes is a radical reformer. Using the words provided in the preceding exercise, create five commands that *he* might give to the people.

luchar por   la democracia → **¡Luchen por la democracia!**

Preguntas

1. Dé a un estudiante direcciones para ir de aquí a la biblioteca. 2. Para ir de aquí a la cafetería. 3. Para ir de aquí a la oficina del profesor.

II. INFORMAL (*TÚ*) COMMANDS

(1) JUAN: Paco, ¿cómo llego a la casa de Virginia?

(2) PACO: *Toma* la Calle Asunción hasta la Avenida de la Victoria. Allí, *dobla* a la derecha. Después, *ve* a la segunda calle a la izquierda; no *sigas* la primera. *Sigue* por la segunda calle, la Calle Coronado, hasta el parque.

(3) JUAN: ¿Vive en un apartamento o en una casa?

(4) PACO: Es un apartamento grande enfrente del parque. ¡*Recuerda* las direcciones!

1. ¿Adónde quiere ir Juan? 2. ¿Qué calle toma hasta la Avenida de la Victoria? 3. ¿Dobla a la derecha o a la izquierda allí? 4. ¿Qué calle sigue hasta el parque? 5. ¿Vive Virginia en una casa?

A. Informal (**tú**) affirmative commands for regular verbs are the same as the third-person singular of the present tense. The pronoun **tú** is rarely used.

Gloria mira el partido.	*Gloria is looking at the game.*
Mira (tú) el partido.	*Look at the game.*
Juan come la hamburguesa.	*Juan is eating the hamburger.*
Come la hamburguesa.	*Eat the hamburger.*
Julia abre la ventana.	*Julia is opening the window.*
Abre la ventana.	*Open the window.*

(1) Paco, how do I get to Virginia's house? (2) Take the Calle Asunción to the Avenida de la Victoria. There turn right. Then take the second street to the left; don't take the first one. Follow the second street, the Calle Coronado, to the park. (3) Does she live in an apartment or in a house? (4) It's a big apartment building in front of the park. Remember the directions!

B. Some irregular affirmative **tú** commands are:

decir	**di**	salir	**sal**
hacer	**haz**	ser	**sé**
ir	**ve**	tener	**ten**
poner*	**pon**	venir	**ven**

Irene, di gracias.	*Irene, say thank you.*
Ve al mercado, Jorge.	*Go to the market, Jorge.*
Haz el trabajo.	*Do your work.*
Sé bueno, Paco.	*Be good, Paco.*
Ven acá, María.	*Come here, María.*
¡Ten cuidado, José!	*Be careful, José!*
Sal ahora.	*Leave now.*
Pon tu poncho aquí.	*Put your poncho here.*

C. Negative **tú** commands are formed by adding an **-s** to the formal **usted** forms.

No abra (usted) la puerta. No abras (tú) la puerta.	*Don't open the door.*
No ponga (usted) las sillas aquí. No pongas (tú) las sillas aquí.	*Don't put the chairs here.*
No llegue (usted) tarde. No llegues (tú) tarde.	*Don't arrive late.*

Ejercicios

1. Make informal **tú** commands from the following statements.

Enrique hace el trabajo. → **Enrique, haz el trabajo.**

1. Susana espera una hora.
2. Mi hijo vende chocolate.
3. Marta habla español.
4. Carlos come la hamburguesa.
5. Eduardo es realista.
6. Jorge dice tonterías.
7. Marta viene aquí.
8. Enrique sale de aquí.
9. Pablo está aquí temprano.
10. Ana pone el té en la mesa.

* **Poner** (*to put, place*) has an irregular first-person singular form in the present tense: **pongo.**

2. Make the following informal **tú** commands negative.

Mira a esa chica. → **No mires a esa chica.**

1. Escribe la carta, Carmen.
2. Habla inglés, Consuelo.
3. Pide ayuda, Enrique.
4. Come los sándwiches, Ana.
5. Lee ese libro, Eduardo.
6. Toma el café, Teresa.
7. Espera a tu hermano, Alonso.
8. Ven aquí, niño.

3. Answer the following questions with an affirmative **tú** command.

¿Tengo que esperar? → **Sí, espera.**

1. ¿Tengo que estudiar?
2. ¿Tengo que escribir?
3. ¿Tengo que fumar?
4. ¿Tengo que venir?
5. ¿Tengo que comer?
6. ¿Tengo que salir?
7. ¿Tengo que volver?
8. ¿Tengo que leer?

Preguntas

1. Dé a un estudiante direcciones para ir de aquí a la biblioteca (con la forma **tú**). 2. Para ir de aquí a la cafetería. 3. Para ir de aquí a tu casa.

III. POSITION OF OBJECT PRONOUNS WITH COMMANDS

En el partido de fútbol.

(1) PEPITO: ¡Qué calor hace! Papá, *cómprame* una coca.
(2) PAPÁ: Ay, Dios. Espera—es un momento crítico. Nuestro equipo juega* bien hoy. ¡Corran! ¡Corran!
(3) MAMÁ: Pepito, aquí tienes veinte pesos, pero *no los pierdes. Tráele* una cerveza a tu papá—y una coca a tu hermano también. José, *déjalo* pasar.

1. ¿Qué quiere Pepito? 2. Según el papá, ¿es un partido muy aburrido? ¿Cómo juega su equipo? 3. ¿Qué le da la mamá a Pepito? ¿Qué le dice ella? 4. ¿Qué le va a traer Pepito a su papá?

At the soccer game.
(1) It's sure hot! Dad, buy me a coke. (2) Good grief. Wait—it's a critical moment. Our team is playing well today. Run! Run! (3) Pepito, here are twenty pesos, but don't lose them. Bring your father a beer—and your brother a coke as well. José, let him get by.

* **Jugar** (*to play*) is irregular in the present tense: **juego, juegas, juega, jugamos, jugáis, juegan.** It is a **u** to **ue** stem-changing verb. When followed by the name of a sport, it takes the preposition **a: jugar al fútbol.**

A. Object pronouns are attached to affirmative commands, familiar and formal. A written accent is required over the stressed vowel of the command form in order to maintain the proper stress pattern when pronouns are added. As with statements or questions, indirect object pronouns always precede direct object pronouns.

Cómprame un auto.   *Buy me a car.*
Cómpramelo.   *Buy it for me.*

Déjale** los veinte pesos.   *Leave him (her) the twenty pesos.*
Déjaselos.   *Leave them for him (her).*

B. Object pronouns precede negative commands, familiar and formal. Again, indirect object pronouns precede direct object pronouns.

No me diga la verdad ahora.   *Don't tell me the truth now.*
No me la diga ahora.   *Don't tell it to me now.*

No le pidas los pesos a tu tío.   *Don't ask your uncle for the*
                                     pesos.
No se los pidas a tu tío.   *Don't ask your uncle for them.*

Ejercicios

1. Create new sentences, substituting the words in the list for those in italics.

    a. (las cartas) Déja*las* aquí.
        1. el pasaporte   2. la cerveza   3. las maletas   4. los sándwiches
        5. el reloj

    b. (los libros) No *los* compre, señora.
        1. las blusas   2. el sombrero   3. las mesas   4. la casa   5. el auto

2. Replace the nouns with pronoun objects.

    a. Escribe la carta, Susana. → **Escríbela, Susana.**

    1. Lee la historia, Pablo.
    2. Toma la coca, Carmela.

** **Dejar** means *to leave* in the sense of *leave behind, not take,* and with this meaning requires a direct object. **Salir** means *to leave* in the sense of *depart* or *go away;* it does not take a direct object.

3. Pídele cinco pesos, Concha.
4. Lleva esta camisa, Miguel.
5. Abre tu libro, Bárbara.
6. Mire el partido, señora.
7. Deje las sillas aquí, señor.
8. Escriban los números, niños.

b. No pongas los zapatos allí. → **No los pongas allí.**

1. No traigas el dinero, Mónica.
2. No hagas cosas ilegales, Pablo.
3. No ponga el reloj en la mesa, señorita.
4. ¡No apoyen esta dictadura, hombres!
5. No comas estos sándwiches, Miguel.
6. No lleve el sombrero, señor.
7. No compren los chocolates, niños.
8. No busques el regalo, Federico.

MADRID: UN PARTIDO DE FÚTBOL

En casa de Ana y Eduardo Valderrama, Eduardo y su amigo cubano, Pablo Alberti, miran un partido de fútbol en la televisión.

EDUARDO: ¿Dónde está mi cerveza? Dámela, por favor.

PABLO: Aquí está. Toma.

EDUARDO: ¡Cuidado con el catalán, muchachos![1] ¡Corran! ¡No lo dejen pasar! ¡Uf!

LA VOZ DE
LA TELEVISIÓN: Y ahora, escuche unas palabras sobre un producto importante en el mundo moderno. No ofenda° a sus amigos. Compre usted «Escorpión», el desodorante penetrante° para hombres. El noventa por ciento° de los futbolistas usan . . .

EDUARDO: ¿Qué le pasa° al Real Madrid?[2] Es un equipo fantástico, pero hoy no juega bien.
Entra Ana Valderrama.

ANA: Buenas tardes, señor Alberti.

PABLO: Muy buenas, señora.

EDUARDO: No nos interrumpas, Ana. Es un momento crítico.

ANA: No seas ridículo. Son los anuncios. Háganme el favor de comer estos sándwiches.

PABLO: Muchas gracias. *Toma uno y empieza a devorarlo.*°

EDUARDO: ¿Comer? ¿Mientras° pierde el Real Madrid?

ANA: No es importante.

EDUARDO: Sal de aquí, Ana. Estos partidos son serios para nosotros, los hombres. A veces provocan° guerras.[3]

PABLO: Pásame la sal, por favor. *Ana se la da.* Gracias.

ANA: ¡La guerra! ¡Otro juego insensato° de los hombres!

EDUARDO: De los hombres, ¿eh? ¿No recuerdas a Helena de Troya?
Ana va a la cocina.

PABLO: ¡Mira! ¡Cómo corre Martínez! ¡Gol!°

LOS DOS: ¡Gol! ¡Viva el Real Madrid!

---

ofenda *offend*   desodorante penetrante *effective deodorant*   por ciento *percent*
Qué le pasa *What's happening*   devorarlo *devour it*   Mientras *While*
provocan *they provoke*   insensato *senseless*   ¡Gol! *A point! (Goal!)*

Notas culturales

1. One of the teams is from **Cataluña** (*Catalonia*), a region in northeastern Spain which has its own traditions and language. The **catalanes** rival the **madrileños** (people from Madrid) in soccer.

2. **El Real Madrid** is one of the best soccer teams in Europe and has won the world championship many times.

3. In the late 1960s two Central American republics—El Salvador and Honduras—declared war after a soccer match, but later called it off when tempers had cooled down. The underlying cause of tension between the two countries was a border dispute.

UN PARTIDO DE FÚTBOL

UN PARTIDO DE FÚTBOL
EN LA ARGENTINA

Preguntas

1. ¿Qué miran Eduardo y Pablo?   2. ¿De dónde es Pablo?   3. ¿Qué toma Eduardo?   4. ¿Qué es «Escorpión»?   5. ¿Qué es el Real Madrid? ¿Juega bien hoy?   6. ¿Qué les trae Ana a Eduardo y Pablo?   7. Según Ana, ¿cuál es un juego insensato de los hombres? ¿Y otro? ¿Está usted de acuerdo con ella?   8. ¿Conoce la historia de Helena de Troya? ¿Quién empieza la guerra de Troya?

ACTIVIDADES

Intercambios

Every time Señor Martínez gives a command, Señora Martínez answers with another. Use the **tú** form to express these commands.

Señor Martínez:

1. traerme una cerveza
2. no interrumpirme
3. mirar los anuncios en la televisión
4. hacerme el favor de escuchar bien cuando hablo
5. pedirme explicaciones, si no entiendes el partido de fútbol
6. salir de aquí
7. entonces, dejarme en paz

Señora Martínez:

1. decirme «por favor»
2. dejarme hablar
3. no ser tonto

4. entonces, decirme cosas más interesantes
5. no explicármelo, por favor

6. no darme órdenes
7. no ser ridículo

Un anuncio

Make up a commercial advertisement (radio or television), using the following phrases:

Escuche unas palabras sobre . . .
. . . un producto importante . . .
Compre usted . . .
Todo el mundo usa . . .
Recuerde . . .

Vocabulario activo

correr *to run*
dejar *to let, to allow; to leave (behind)*
doblar *to turn*
escuchar *to listen to*
interrumpir *to interrupt*
jugar (ue) *to play;* jugar al fútbol *to play soccer*
luchar por (contra) *to fight for (against)*
perder (ie) *to lose*
poner *to put, to place*
usar *to use*

el anuncio *commercial, advertisement*
el apartamento *apartment*
la avenida *avenue*
el banco *bank*
la biblioteca *library*
el centavo *cent*
la cerveza *beer*
la cocina *kitchen*
la cuadra *block*
la dictadura *dictatorship*
el equipo *team*
el estadio *stadium*

el fútbol *soccer*
la guerra *war*
la hamburguesa *hamburger*
el juego *game, amusement*
el mercado *market*
la palabra *word*
el parque *park*
el partido *game, match*
la paz *peace*
el producto *product*
la puerta *door*
la sal *salt*
la silla *chair*
la voz *voice*

libre *free*
otro(-a) *other, another*
ridículo(-a) *ridiculous*
segundo(-a) *second*
serio(-a) *serious*

derecho *straight ahead*
hasta *as far as*

hacer el favor de + infinitive *to do (someone) the favor of*

Ocho

I. THE PRETERITE TENSE OF REGULAR AND STEM-CHANGING VERBS

UN PARTIDO DE TENIS

Hoy:

Asisto a un partido de tenis.*
Llego a las dos de la tarde.
Encuentro a unos amigos.
Compro una coca.
Miro el partido.
Los tenistas juegan bien.
Ramos y Ramírez ganan; González
 y Castillo pierden.
Vuelvo a casa a las seis.

Ayer (*yesterday*):

Asistí a un partido de tenis.
Llegué a las dos de la tarde.
Encontré a unos amigos.
Compré una coca.
Miré el partido.
Los tenistas jugaron bien.
Ramos y Ramírez ganaron; González
 y Castillo perdieron.
Volví a casa a las seis.

Describe a sports events you have attended recently, using the past (preterite) tense. When did you attend it? **¿ayer? ¿anoche? ¿la semana pasada? ¿el mes pasado?** What kind of game was it? **¿básquetbol? ¿béisbol? ¿vólibol? ¿fútbol? ¿fútbol americano** (*football*)**? ¿tenis?**

What? You haven't been to a sports event recently? Well, perhaps you like music or dance? Describe a concert or some other event you have attended.

BAILE FOLKLÓRICO DE MÉXICO

* **Asistir a** *to attend.*

Hoy:

Asisto a un concierto de música folklórica. (¿música clásica? ¿música «rock»?)

Llego a las ocho.

Compro un boleto (*ticket*).

Veo a unos amigos.

Los músicos tocan (*play*) la guitarra.

Los bailarines (*dancers*) bailan bien.

Vuelvo a casa a las once.

Ayer:

Asistí a un concierto de música folklórica.

Llegué a las ocho.

Compré un boleto.

Ví a unos amigos.

Los músicos tocaron la guitarra.

Los bailarines bailaron bien.

Volví a casa a las once.

A. The preterite tense relates actions or events that occurred and were completed in the past. The preterite tense of regular **-ar** verbs is formed by adding the endings **-é, -aste, -ó, -amos, -asteis, -aron** to the stem.

comprar

compr**é**	compr**amos**
compr**aste**	compr**asteis**
compr**ó**	compr**aron**

B. The preterite tense of regular **-er** and **-ir** verbs is formed by adding the endings **-í, -iste, -ió, -imos, -isteis, -ieron** to the stem.

volver

volv**í**	volv**imos**
volv**iste**	volv**isteis**
volv**ió**	volv**ieron**

escribir

escrib**í**	escrib**imos**
escrib**iste**	escrib**isteis**
escrib**ió**	escrib**ieron**

perder

perd**í**	perd**imos**
perd**iste**	perd**isteis**
perd**ió**	perd**ieron**

C. While the preterite forms of stem-changing **-ar** and **-er** verbs are all regular (**pensé, volví**), stem-changing **-ir** verbs show a change in the third-person singular and plural of the preterite tense. The stem change is from **e** to **i** or **o** to **u**.

pedir

ped**í**	ped**imos**
ped**iste**	ped**isteis**
p**i**d**ió**	p**i**d**ieron**

dormir

dorm**í**	dorm**imos**
dorm**iste**	dorm**isteis**
d**u**rm**ió**	d**u**rm**ieron**

Other verbs conjugated like **pedir** are **seguir, servir,** and **preferir. Morir** (*to die*) is conjugated like **dormir.**

Alfredo siguió tres cursos el
semestre pasado.

Murieron tres toreros el año
pasado en las corridas.

*Alfredo took three courses last
semester.*

*Three bullfighters died last year
in the bullfights.*

D. A number of verbs have a spelling change in the first-person singular of
the preterite tense. Verbs endings in **-gar, -car,** and **-zar** change from **g**
to **gu, c** to **qu,** and **z** to **c,** respectively. These changes are required to
preserve the sound of the last syllable of the infinitive.

llegar		**empezar**	
lle**gué**	lle**gamos**	empe**cé**	empe**zamos**
lle**gaste**	lle**gasteis**	empe**zaste**	empe**zasteis**
lle**gó**	lle**garon**	empe**zó**	empe**zaron**

buscar	
bus**qué**	bus**camos**
bus**caste**	bus**casteis**
bus**có**	bus**caron**

Ejercicios

1. Create new sentences, substituting the words in the list for those in
italics.

a. *Ana* buscó la cámara, pero no la encontró.
   1. yo 2. tú 3. nosotros 4. los turistas 5. Silvia

b. *Antonio* salió para Madrid.
   1. nosotras 2. los García 3. yo 4. ustedes 5. tú

c. *José* comió mucho ayer.
   1. yo 2. nosotros 3. tú 4. Paco y Pablo 5. Conchita

d. *Yo* perdí el número.
   1. tú 2. nosotros 3. José 4. Juan y Jaime 5. Silvia

e. *El político* empezó el viaje a las siete de la mañana.
   1. tú 2. usted 3. los tenistas 4. nosotros 5. yo

f. *Tomás* le pidió ayuda al policía.
   1. ustedes 2. nosotros 3. las muchachas 4. tú 5. yo

g. ¿Dormiste (*tú*) bien anoche?
   1. Julio 2. usted 3. nosotros 4. ellos 5. los señores Bécquer

2. Restate, changing the verbs to the preterite.

1. Ella asiste al partido.
2. Paco sigue un curso de inglés.
3. Hablamos de la corrida de toros.
4. ¿Juegan ustedes al tenis?
5. Llego tarde a la oficina.
6. Sus padres vuelven de Santiago el lunes.
7. Alfredo pide tacos.
8. Ella deja el reloj aquí.
9. Empezamos el viaje a las nueve.
10. Vuelvo de Asunción a las once.
11. Rafael sirve el café.
12. Comemos a las diez.
13. ¿Cuántos cursos sigues?
14. ¿Juega bien el equipo?

Preguntas

1. ¿A qué hora cenó usted anoche?   2. ¿Miró la televisión?   3. ¿Habló con un amigo por teléfono?   4. ¿Leyó un libro o una revista (*magazine*)?* ¿Cuál?   5. ¿Escribió cartas?   6. ¿Salió? ¿Visitó a unos amigos? ¿Asistió a un concierto o un partido?   7. ¿Durmió bien anoche?   8. Y esta mañana, ¿comió antes de venir (*before coming*) a la universidad?   9. ¿A qué hora llegó aquí?

---

* Note that the third-person singular and plural of the preterite tense of **leer** are **leyó** and **leye-ron.** The other forms are all regular. This change is made because an *i* between two vowels be-comes a *y*.

II. ADVERBS ENDING IN -*MENTE*; COMPARISONS OF EQUALITY

(1) TERESA: Hola, Bárbara. ¿Qué hay de nuevo?
(2) BÁRBARA: Busco un apartamento.
(3) TERESA: ¿Por qué?
(4) BÁRBARA: No quiero pagar *tanto como* pago ahora. Además, el apartamento que tengo es tan pequeño que no puedo invitar a mis amigos. *Solamente* puedo invitar a una o dos personas a la vez.
(5) TERESA: No es *tan pequeño como* mi cuarto. Cuando entra el sol, ¡tengo que salir yo!

1. ¿Qué hace Bárbara? ¿Por qué?   2. ¿Cuántas personas puede Bárbara invitar a la vez?   3. ¿Cómo es el apartamento de Teresa?

A. Most adverbs in Spanish are derived from the feminine form of an adjective plus the suffix **-mente**.

rápido(-a) *rapid, fast*   rápidamente *rapidly, fast*
lento(-a) *slow*   lentamente *slowly*
fácil *easy*   fácilmente *easily*

B. Comparisons of equality are formed by using **tan** before an adverb or adjective and **como** following it.

Juana toca la guitarra tan bien como Pablo.   *Juana plays the guitar as well as Pablo.*
Elvira es tan alta como José.   *Elvira is as tall as José.*
Paco contesta tan rápidamente como nosotros.   *Paco answers as fast as we do.*

C. **Tanto (-a, -os, -as)** is used before a noun. **Tanto como** means *as much as*.

Él tiene tantas oportunidades como yo.   *He has as many opportunities as I do.*
Tomás come tanto como yo.   *Tomás eats as much as I do.*

(1) Hi, Barbara. What's new? (2) I'm looking for an apartment. (3) Why? (4) I don't want to pay as much as I pay now. Besides, the apartment that I have is so small that I can't invite my friends over. I can only invite one or two people at a time. (5) It's not as small as my room. When the sun comes in, I have to get out!

D. **Tan** can also mean *so*: **¡Es tan inteligente!**

Ejercicios

1. Create new sentences, substituting the words in the list for those in italics.

    a. María asistió a tantos *partidos* como José.
      1. conciertos 2. clases 3. bailes 4. espectáculos 5. fiestas

    b. *Pedro* es tan pequeño como Alfonso.
      1. Luisa 2. tus amigos 3. esas muchachas 4. Tito y Mirta 5. mi hermano

    c. Benito *jugó* tanto como Enrique.
      1. ganó 2. perdió 3. durmió 4. comió 5. compró

    d. Dolores *esquía* tan bien como su hermano.
      1. baila 2. juega 3. escribe 4. toca 5. lee

2. Make adverbs from the following adjectives.

    1. posible 2. amable 3. último 4. lento 5. general 6. completo
    7. rápido 8. simple 9. correcto 10. probable

3. Answer in the affirmative.

    1. ¿Es Juan tan grande como José?
    2. ¿Somos tan inteligentes como Pepe?
    3. ¿Ganó José tanto dinero como Julia?
    4. ¿Habló Enrique tanto como Guillermo?
    5. ¿Comió usted tanto como yo?
    6. ¿Durmió Felipe hoy tanto como ayer?
    7. ¿Es este programa tan ridículo como el otro?
    8. ¿Hace tanto calor como ayer?
    9. ¿Baila Mario tan bien como Esteban?
   10. ¿Toca la guitarra tan bien como baila?

Preguntas

1. ¿Tiene usted un empleo? ¿Gana usted tanto dinero este año como el año pasado? ¿Por qué o por qué no? 2. ¿Es los Estados Unidos de Norteamérica tan poderoso como Rusia? ¿como China? 3. ¿Es la disciplina en la vida tan importante como la libertad? 4. ¿Funciona la democracia tan bien como la dictadura? 5. En nuestro país, ¿son los suburbios tan sucios como las ciudades grandes? ¿tan peligrosos? ¿tan interesantes? 6. ¿Es Puerto

Rico tan libre como Cuba? ¿como los Estados Unidos? 7. En general, ¿son los países de Latinoamérica tan ricos como los Estados Unidos? ¿tan poderosos? ¿tan industrializados? ¿tan contaminados?

III. COMPARISONS OF INEQUALITY AND THE SUPERLATIVE

(1)   ADELA: Eduardo, ¿son mis ojos *más brillantes que* el sol?
(2) EDUARDO: Sí, Adela, son *brillantísimos.*
(3)   ADELA: Y soy *la mejor violinista* de la orquesta, ¿verdad?
(4) EDUARDO: Claro, Adela, *la mejor.*
(5)   ADELA: ¿Y soy *la muchacha más inteligente y menos vanidosa* que conoces?
(6) EDUARDO: Sí, amor.
(7)   ADELA: Ah, Eduardo, ¡sólo tú puedes decir cosas tan lindas!

1. Según Eduardo, ¿quién tiene ojos más brillantes que el sol? 2. ¿Y quién es la mejor violinista de la orquesta? 3. ¿Quién es la chica más inteligente y menos vanidosa que conoce Eduardo, según él?

A. Comparisons of Inequality

   1. In Spanish, comparisons of inequality are expressed with **más** (*more*) and **menos** (*less*).

Juan es más alto que Josefina.	*Juan is taller than Josefina.*
Siempre tengo menos dinero que José.	*I always have less money than José.*
Estudio más que tú.	*I study more than you.*
Viajaron menos que nosotros.	*They traveled less than we did.*

   2. Before a number, **de** instead of **que** expresses *than.**

Seguimos así por más de diez minutos.	*We continued like that for more than ten minutes.*
Esperé menos de dos horas.	*I waited less than two hours.*

(1) Eduardo, are my eyes brighter than the sun? (2) Yes, Adela, they're very bright. (3) And I'm the best violinist in the orchestra, right? (4) Of course, Adela, the best. (5) And am I the most intelligent and least vain girl that you know? (6) Yes, love. (7) Oh, Eduardo! Only you can say such beautiful things!

* However, in a negative sentence **que** can be used with the meaning of *only:* **No tengo más que diez centavos.** *I have only ten cents.*

B. The Superlative

The superlative is formed with **más** or **menos**. The superlative of adjectives requires a definite article.

Esteban es el más (menos) alto de la familia.	*Esteban is the tallest (least tall) in the family.**
Huerta es el ministro menos importante del gobierno.	*Huerta is the least important minister in the government.*
Susana y Carlos son los dos estudiantes que aprenden más rápidamente.	*Susana and Carlos are the two students who learn most quickly.*

C. Irregular Comparative and Superlative Forms

ADJECTIVE	COMPARATIVE	SUPERLATIVE
bueno	mejor	el mejor
malo	peor	el peor
pequeño	menor (más pequeño)	el menor (el más pequeño)
grande	mayor (más grande)	el mayor (el más grande)

ADVERB	COMPARATIVE	SUPERLATIVE
bien	mejor	mejor
mal	peor	peor

The comparative adjectives **mejor, peor, menor,** and **mayor** have the same forms in the feminine as in the masculine; the plurals are formed by adding **-es.**

Josefina es la mejor violinista de la orquesta, pero es la peor estudiante de la clase de sociología.	*Josefina is the best violinist in the orchestra, but she's the worst student in the sociology class.*
¿Cómo se llama la muchacha que bailó mejor?	*What is the name of the girl who danced the best?*
Paco y Pancho son menores que Felipe, pero Felipe es más pequeño.	*Paco and Pancho are younger than Felipe, but Felipe is smaller.*
Adriana es mi hermana mayor; Silvia y Marta son mis hermanas menores.	*Adriana is my older sister; Silvia and Marta are my younger sisters.*

---

* Notice that *in* after superlatives is expressed in Spanish by **de: Es la mujer más rica de este país.** *She's the richest woman in this country.*

Notice that **menor** and **mayor,** which usually follow the nouns they modify, refer to age and are commonly used with people. **Más pequeño** means *smaller;* **más grande** means *bigger.*

D. The Absolute Superlative

The ending **-ísimo** can be added to an adjective or adverb to express the absolute superlative. Drop a final vowel before adding an **-ísimo** ending. Adjectives with this ending (**-ísimo, -ísima, -ísimos, -ísimas**) must agree with the nouns they modify.

La casa es grandísima.	*The house is very big.*
Estos vasos son carísimos.	*These (drinking) glasses are very expensive.*
Ana y Pedro llegaron tardísimo.	*Ana and Pedro arrived very late.*
Juana comió muchísimo.	*Juana ate a lot.*

Ejercicios

1. Create new sentences, substituting the words in the list for those in italics.

   a. José es más *alto* que Elena.
      1. simpático   2. joven   3. grande   4. inteligente   5. trabajador

   b. Es el drama menos *interesante* de este autor.
      1. impresionante   2. simbólico   3. importante   4. aburrido
      5. triste

   c. Es la mujer más *rica* que conozco.
      1. nerviosa   2. ridícula   3. amable   4. práctica   5. vanidosa

   d. *Los problemas* aquí son peores que antes.
      1. los restaurantes   2. el crimen   3. la discriminación   4. los profesores   5. los hoteles

   e. Es mi *hermano* mayor.
      1. hermana   2. primo   3. primas   4. hermanos   5. primos

2. Complete the sentences by choosing the correct word or phrase in parentheses.

   1. Ramón Pérez es (más, menos) famoso que Pablo Picasso.
   2. Una hora tiene (más de, más que) cuarenta minutos.
   3. Juan durmió diez horas; Juanita durmió seis horas. Juan durmió (más de, más que) Juanita.

4. El océano Pacífico es el océano (mayor, más grande) del mundo.

5. Es el político más inteligente (en, de) la nación.

3. Following the examples, restate each sentence with the other form of the superlative.

Estos vasos son carísimos. → **Estos vasos son muy caros.**
El hotel es muy grande. → **El hotel es grandísimo.**

1. Juana es altísima.
2. Muchos países del mundo son pobrísimos.
3. Es un niño malísimo.
4. Son muy violentos.
5. El equipo llegó muy tarde.

4. Following the example, create sentences by adding the appropriate comparative.

Millard Fillmore / es / famoso / Abraham Lincoln
→ **Millard Fillmore es menos famoso que Abraham Lincoln.**

1. Nueva York / es / grande / San Agustín
2. febrero / tiene / días / agosto
3. un día / tiene / 25 horas
4. un auto / es / caro / una bicicleta

5. Give the Spanish equivalent.

1. Today is the most important day of my life.   2. What is the name of the boy who danced the best?   3. She is the best friend I have.   4. Paco is less friendly than Pedro.   5. Adela is our younger sister.   6. That child is taller than the others.   7. Those glasses cost less than twenty pesos.   8. He's the worst actor in the world.   9. Eduardo learned the slowest.   10. Felipe is the player who ran the fastest.

Preguntas

1. ¿Quién es el mejor futbolista de los Estados Unidos? ¿del mundo? ¿El mejor basquetbolista? ¿tenista?   2. ¿Quién es el jefe de estado (*head of state*) más poderoso del mundo? ¿el jefe de estado más peligroso? ¿más astuto? ¿más ridículo?   3. ¿Sabe usted más español ahora que antes?   4. ¿Cómo se llama el mejor autor de nuestro tiempo, según su opinión?   5. ¿Tiene usted un hermano o una hermana mayor? ¿menor?   6. ¿Es usted

el más pequeño de su familia? ¿el menor?   7. ¿Tiene usted un apartamento grandísimo?   8. ¿Tiene usted muchísimo que estudiar esta noche?

IV. OMISSION OF THE INDEFINITE ARTICLE
AFTER *SER*

Pedro es futbolista.
Pedro es un buen futbolista—el mejor del equipo.

Following the verb **ser,** the indefinite article is omitted before an unmodified noun that indicates profession, religion, nationality, or political affiliation.

Juan es
{
mozo.
católico.
socialista.
colombiano.
}

Juan is
{
a waiter.
a Catholic.
a socialist.
a Colombian.
}

Es un
{
buen mozo.
católico devoto.
socialista fanático.
colombiano patriótico.
}

He is a
{
good waiter.
devout Catholic.
fanatical socialist.
patriotic Colombian.
}

Ejercicio

Create new sentences, substituting the words in the list for those in italics.

a. Ese señor es *dentista.*
1. español 2. político 3. comunista 4. católico 5. profesor

b. Es un buen *torero.*
1. católico 2. médico 3. socialista 4. protestante 5. futbolista

c. Es una francesa *elegante.*
1. inteligente 2. rica 3. amable 4. bonita 5. famosa

Preguntas

1. ¿Qué profesión tiene su padre? ¿Y su madre? 2. ¿Tiene usted alguna afiliación política? ¿Es usted demócrata? ¿republicano? ¿otro? 3. ¿Puede usted nombrar (*name*) un socialista o comunista fanático? ¿un católico devoto? ¿un español famoso?

EN LA CORRIDA

SAN SEBASTIÁN: LOS DEPORTES

Los señores Moreno y los señores Blanco, con su hija Adriana, están en un café de San Sebastián, a las siete de la tarde.[1]

SEÑOR BLANCO:	Buenas tardes. ¿Ya pidieron?
SEÑOR MORENO:	Sí, pedimos jerez[2] para todos.
SEÑOR BLANCO:	¿Jerez? ¿No recordaste que mi señora no toma bebidas tan fuertes como el jerez? ¿Verdad, María?
SEÑORA BLANCO:	Pues, yo . . .
SEÑOR BLANCO:	¡Mozo! Traiga un vino de Málaga[3] y un vaso de agua para la señora, por favor.
MOZO:	En seguida, señor.
SEÑOR MORENO:	Bueno, ¿qué hay de nuevo?
SEÑOR BLANCO:	Anoche asistimos a un partido de jai alai.[4]
SEÑOR MORENO:	¿Quiénes jugaron?
SEÑOR BLANCO:	Pardo jugó mejor. Empezó muy bien. Ganó doce puntos seguidos.°
SEÑOR MORENO:	¡Estupendo! ¿Y siguió así?
SEÑOR BLANCO:	No. Después jugó muy mal.
SEÑOR MORENO:	¿Perdiste dinero?
SEÑOR BLANCO:	Perdí ochenta pesetas.
SEÑORA MORENO:	Y tú, María, ¿ganaste o perdiste?
SEÑORA BLANCO:	Pues, yo . . .
SEÑOR BLANCO:	Ella ganó, una coincidencia, porque no sabe mucho del deporte.
SEÑORA MORENA:	Francamente,° yo prefiero la corrida de toros. Es un deporte más emocionante° que el jai alai o el fútbol.
SEÑOR MORENO:	Y menos violento.
SEÑOR BLANCO:	¡Qué idea más ridícula!° En las corridas siempre hay un muerto.
SEÑOR MORENO:	Sí, pero solamente los toros mueren.
SEÑORA MORENO:	Y después les dan la carne a los pobres. Pero vamos a escuchar la voz de la futura generación. ¿Qué piensas, Adriana, de la corrida de toros?
SEÑOR BLANCO:	Un espectáculo° violentísimo, ¿verdad?
ADRIANA:	No, papá. Creo que es un drama simbólico, bellísimo.[5]
SEÑOR MORENO:	Ah, los jóvenes de hoy; ¡son tan inteligentes!
SEÑOR BLANCO:	¡Un grupo de rebeldes y desconformes!

---

seguidos *consecutive*   francamente *frankly*   emocionante *exciting*
¡Qué idea más ridícula! *What a ridiculous idea!*   espectáculo *spectacle*

UNA CORRIDA DE TOROS

Notas culturales

1. Between 6:00 and 8:00 P.M., it is customary in Spain to go out to bars and restaurants for snacks (**tapas**) to help tide one over until the 9:00 or 10:00 P.M. supper hour. A few simple **tapas,** such as olives or sausage, usually come free when you buy a drink; many places also feature a varied and elaborate selection for a price. San Sebastián, where the dialogue takes place, is a popular seaside resort in the North of Spain, in the region of the Basque people.

2. **El jerez** (*sherry*) comes from the South of Spain and takes its name from the town of Jerez de la Frontera; *sherry* is an English corruption of **jerez.** Its production and exportation have been largely in the hands of several families of English descent. Though imitations are produced in many parts of the world, true sherry comes only from southern Spain.

3. **Vino de Málaga** is a sweet, heavy wine from the South of Spain, with a reputation as a "lady's wine."

4. **Jai alai,** or **la pelota vasca** (*Basque ball*), is a fast and strenuous game originated by the Basque people and now popular in certain other Hispanic countries and in parts of the United States. It is usually played in a rectangular court called a **frontón,** with spectators seated on one side, which has a protective screen, and walls on the other three sides. The ball is thrown against the walls with the aid of curved baskets attached to the players' hands. Two or three players are on each team. The extremely high velocity often attained by the ball makes the game somewhat dangerous. It is common to bet money on the games.

5. For many Hispanic people, bullfighting is more than a sport; it is a symbolic drama of life against death. The bullfighter, confronting death in the bullring, represents all human beings. There is a great deal of pageantry and spectacle associated with the traditional **fiesta brava,** or bullfight, including the brightly colored costumes and ritualistic steps of the toreros.

Preguntas

1. ¿Dónde están las dos familias?   2. ¿Qué hora es?   3. ¿Qué pidieron?
4. Según el señor Blanco, ¿toma su señora bebidas tan fuertes como el jerez?   5. ¿A qué asistieron los señores Blanco?   6. ¿Quién ganó doce puntos seguidos?   7. ¿Ganó dinero el señor Blanco? ¿Y la señora Blanco?
8. ¿Qué deporte prefiere la señora Moreno? ¿Por qué?   9. ¿Cree la señora Moreno que la corrida de toros es más violenta que el fútbol? ¿Qué cree usted?   10. ¿Qué piensa Adriana de la corrida?   11. Según el señor Blanco, ¿cómo son los jóvenes de hoy?   12. ¿Cuál de las personas en el diálogo es muy dominadora (*domineering*)?

UN PARTIDO DE JAI ALAI

ACTIVIDADES

Intercambios

Use the **usted** form of the verbs in asking and answering the following questions.

Señor Marín, pregúntele a la señorita Vásquez:

1. qué cree de la corrida de toros

2. si el fútbol es más emocionante
   que el básquetbol
3. cómo son los jóvenes de hoy

4. si toma bebidas tan fuertes como
   el jerez
5. cuántos cursos siguió el semestre
   pasado

Señorita Vásquez, contéstele:

1. que cree que es un drama simbólico
2. que no, que es menos interesante

3. que son todos rebeldes y descon-
   formes
4. que no, que solamente toma agua

5. que siguió dos cursos, y aprendió
   mucho

Entrevista

Ask a classmate the following questions. Then report the information to the class.

1. ¿Asististe recientemente a un concierto o a un partido? ¿Cuándo?
2. ¿Jugaste al tenis la semana pasada? ¿Jugaste recientemente al básquetbol, béisbol, fútbol?
3. ¿Tienes tanto dinero hoy como ayer? ¿Más? ¿Ganaste dinero? ¿Menos?
   ¿Qué compraste recientemente?
4. ¿Tienes un hermano o una hermana menor? ¿mayor? ¿Es tan inteligente
   como tú? ¿Es más vanidoso (vanidosa) que tú? ¿menos serio (seria)?
   ¿menos prudente?
5. ¿Es la corrida de toros tan simbólica y bella como creen muchos españoles? ¿O es un deporte violento y cruel? ¿Quieres ver una corrida o no?
6. ¿Cuál es el deporte más violento de los Estados Unidos? ¿Son los espec-
   tadores tan violentos como los jugadores? ¿Es sana o peligrosa esa violencia?

Vocabulario activo

asistir a *to attend*
funcionar *to work, to function*
ganar *to win*
invitar *to invite*
morir (ue) *to die*
tocar *to play (music)*

el agua (f) *water*
la bebida *drink, beverage*
el boleto *ticket*
la carne *meat*
el concierto *concert*
la corrida de toros *bullfight*
el deporte *sport*
la guitarra *guitar*
el grupo *group, bunch*
el jugador (la jugadora) *player (sports)*
la muerte *death*
el muerto (la muerta) *dead person*
la música *music*
el músico *musician*
la oportunidad *opportunity*
el tenista *tennis player*
el torero *bullfighter*
el toro *bull*
el vaso *(drinking) glass*
el vino *wine*

alto(-a) *tall*
bello(-a) *beautiful*

fácil *easy*
fuerte *strong*
lento(-a) *slow*
lindo(-a) *pretty, beautiful*
mayor *older*
menor *younger*
pasado(-a) *past, last*
peor *worse*
rápido(-a) *rapid, fast*
reciente *recent*
solo(-a) *alone*
vanidoso(-a) *vain*
violento(-a) *violent*

además *besides*
anoche *last night*
antes (de) *before*
así *like that, in that way*
ayer *yesterday*
mal *badly*
más *more*
menos *less*
tan *so, as;* tan (pequeño) como *as (small) as*
tanto *so much, as much;* tanto como *as much as*

a la vez *at one time, at once*
en seguida *right away, immediately*
¿Qué hay de nuevo? *What's new?*

LOS DEPORTES

En general, los deportes son muy populares en el mundo hispánico: el fútbol, el tenis, el jai alai, el básquetbol . . . El béisbol es un deporte favorito en la América Central, México, Venezuela, y en las islas del Caribe.

Hoy día hay equipos femeninos en casi (*almost*) todos los deportes—el vólibol es muy popular entre las mujeres.

En muchos países hispanos hay playas bellísimas donde la gente va para nadar (*swim*) o tomar el sol.

Las montañas invitan a la gente a dejar la ciudad para gozar de la naturaleza (*enjoy nature*). El esquí es muy popular en las regiones montañosas de España y Sudamérica.

Preguntas

1. ¿Qué deportes practica usted? ¿Qué deportes mira en la televisión?
2. ¿Va usted a la playa o a las montañas para gozar de la naturaleza? ¿Prefiere la vida del campo (*country*) a la vida urbana? ¿Por qué o por qué no?
3. ¿Qué cree de los movimientos para proteger (*to protect*) la naturaleza? ¿Necesitamos más parques nacionales donde los animales pueden vivir sin (*without*) la intervención humana? ¿Debemos usar energía solar o nuclear para no contaminar el aire con humo (*smoke*)? ¿Qué debemos hacer para proteger la ecología?

Nueve

I. THE VERB *GUSTAR*

¿Qué le gusta comer?

los platos principales

el biftec   la hamburguesa   el jamón

el pollo   el pescado   los camarones

los postres

la langosta

el helado   el pastel

el queso   la torta

las legumbres

la lechuga

el maíz

la patata, la papa

el tomate

los frijoles

la zanahoria

las frutas

la naranja

las bebidas

la cerveza

el café

la manzana

el plátano

el vino

la piña

las uvas

el té

el jugo

la leche

otros platos

el arroz

la ensalada

el pan

los huevos

Following the models, compose two sentences naming foods you like and two sentences naming foods you dislike.

A mí me gusta el helado.
A mí no me gusta el queso.

A mí me gustan las uvas.
A mí no me gustan los frijoles.

¿Qué tipo de comida le gusta más? ¿menos? ¿Le gusta la comida china? ¿Le gusta la comida mexicana? ¿Le gustan los pescados, en general? ¿Le gustan las legumbres? ¿Le gusta comer mucha carne? ¿Qué le gusta tomar para el desayuno? Y para el almuerzo, ¿qué le gusta comer?

A. **Gustar** (*to please, to be pleasing*) can mean *to like*. However, in Spanish the person, thing, or idea that is pleasing is the *subject* of the sentence. **Gustar** is usually used in the third-person singular or plural, depending on whether the subject is singular or plural. An indirect object pronoun is used with it.

Me gusta la idea.	*I like the idea. (The idea pleases me.)*
Te gustan las enchiladas.	*You like enchiladas.*
A él le gusta el dinero.	*He likes money.*
A nosotros nos gustan los restaurantes franceses.	*We like French restaurants.*

B. If what is liked (or what is pleasing) is an action in the infinitive, the third-person singular of **gustar** is used.

No me gusta bailar.	*I don't like to dance.*
A María le gusta cantar.	*María likes to sing.*

C. The verb **importar** (*to be important, to matter*) functions like **gustar.**

No nos importa el dinero.	*The money isn't important (doesn't matter) to us.*

Ejercicios

1. Eduardo is a very fussy eater. Every time his mother asks him to eat something, he answers that he doesn't like it. Give Eduardo's answers, following the model.

Come la hamburguesa. → **¡No me gusta la hamburguesa!**

1. Come el pollo.
2. Come las patatas.
3. Come la manzana.
4. Come las uvas.
5. Come el queso.

2. Make a question asking whether or not someone likes the following:

el pescado → **¿Te gusta el pescado?**

1. el té
2. las manzanas
3. las películas francesas
4. viajar
5. fumar
6. la corrida de toros

3. Complete the following sentences with one or more nouns or with an infinitive, as shown in the examples.

A mí me gusta(n) mucho . . . → **A mí me gusta mucho viajar.**
　　　　　　　　　　　　 → **A mí me gustan mucho las motocicletas.**

1. A mí me gusta(n) mucho . . .
2. A mí no me gusta(n) . . .
3. A mí no me importa(n) mucho . . .
4. A mí me importa(n) muchísimo . . .
5. No le gusta(n) mucho al gobierno . . .
6. Les importa(n) muchísimo a los políticos . . .
7. No les gusta(n) mucho a las mujeres . . .
8. Les importa(n) mucho a los hombres . . .
9. No les gusta(n) a los jóvenes de hoy . . .
10. Les importa(n) mucho a los capitalistas . . .

Preguntas

1. ¿Le importa mucho el dinero? ¿Le importa más a usted que a sus padres?
2. ¿Le importan mucho las notas (*grades*)? ¿Por qué o por qué no?
3. ¿Qué problemas políticos o sociales le importan más? 4. ¿Qué tipo de música le gusta—la música clásica, folklórica, rock . . . ? ¿Qué compositor le gusta más?

II. THE PRETERITE TENSE OF IRREGULAR VERBS

(1) TOMÁS: ¿Qué *hiciste* anoche, Eva?
(2)   EVA: *Fui* a «La Cazuela», un restaurante español. Fernando me *dijo* que era muy bueno. *Quiso* ir, pero no *pudo*.
(3) TOMÁS: ¿Con quién *fuiste*?
(4)   EVA: Con Ramona. La comida española es muy diferente a la comida mexicana. Pedí paella, un plato con arroz, pescado, camarones y otros mariscos.
(5) TOMÁS: ¿Y qué pidió Ramona?
(6)   EVA: Primero, gazpacho andaluz. *Supe* que ésta es una sopa fría de tomates, cebollas, pimientos, etcétera. Después, pidió una tortilla, que el mozo le *trajo* con una ensalada.
(7) TOMÁS: ¿Una tortilla?
(8)   EVA: Sí, en España una tortilla es un «omelette».

1. ¿Qué hizo Eva anoche? 2. ¿Quién quiso ir pero no pudo? 3. ¿Con quién fue Eva? 4. ¿Qué pidió Eva? 5. ¿Qué le trajo el mozo a Ramona? 6. ¿Qué quiere decir *tortilla* en España? ¿en México?

A. There are a number of verbs in Spanish that have irregular preterite-tense forms, both stems and endings. These forms do not have written accents.

(1) What did you do last night, Eva? (2) I went to "La Cazuela," a Spanish restaurant. Fernando told me it's very good. He wanted to go, but he couldn't. (3) Who did you go with? (4) With Ramona. Spanish food is very different from Mexican food. I ordered paella, a dish with rice, fish, shrimp, and other shellfish. (5) And what did Ramona order? (6) First, gazpacho Andalusian style. I found out that this is a cold soup of tomatoes, onions, peppers, etc. Then she ordered a *tortilla* (in Spain, an omelette; in Mexico and other places in the Americas, a flat bread-like staple made of corn), which the waiter brought with a salad. (7) One tortilla? (8) Yes, in Spain it's an omelette.

Infinitive	Preterite Stem	Preterite Endings
hacer	hic-	
querer	quis-	-e
venir	vin-	-iste
poder	pud-	-o
poner	pus-	-imos
saber	sup-	-isteis
estar	estuv-	-ieron
tener	tuv-	

The endings in the chart are attached to form the preterite of all of the verbs listed. There is only one spelling change: the third-person singular of **hacer** is **hizo,** which involves a change from *c* to *z* to retain the sound of the infinitive. Note that the preterite of **saber** usually means *to find out.*

Y usted, señor, ¿qué hizo anoche?	*And you, sir, what did you do last night?*
Supimos que Fernando está en Madrid.	*We found out that Fernando is in Madrid.*
Luisa no pudo ir.	*Luisa couldn't go.*
Tuve un accidente de automóvil la semana pasada.	*I had an automobile accident last week.*
¿Estuviste en casa hasta las seis?	*Were you at home until six o'clock?*
El mozo puso el desayuno en la mesa.	*The waiter put breakfast on the table.*

B. The preterite forms of **decir** and **traer** are also irregular; note that the third-person plural ending is **-jeron,** rather than **-ieron.**

decir		**traer**	
dije	dijimos	traje	trajimos
dijiste	dijisteis	trajiste	trajisteis
dijo	dijeron	trajo	trajeron

C. **Ir** and **ser** have the same forms in the preterite tense.

ir, ser

fui	fuimos
fuiste	fuisteis
fue	fueron

Fuimos a Madrid el año pasado. — *We went to Madrid last year.*
Fue un sitio ideal para hablar. — *It was an ideal place to talk.*

D. **Dar** is considered irregular in the preterite because it requires the preterite endings for regular **-er** and **-ir** verbs, rather than the endings for **-ar** verbs.

dar

di	dimos
diste	disteis
dio	dieron

Ejercicios

1. Create new sentences, substituting the words in the list for those in italics.

a. *Fernando* no quiso ir.
  1. yo 2. los políticos 3. tú 4. nosotros 5. ustedes

b. ¿Viniste (*tú*) a las seis?
  1. él 2. ellas 3. nosotros 4. yo 5. Alonso

c. *Yo* tuve un accidente de automóvil.
  1. tú 2. la profesora 3. el señor García 4. nosotros 5. unos jóvenes

d. *Alejandro* no estuvo en la farmacia.
  1. yo 2. usted 3. Julia 4. tú 5. los señores Gómez

e. *María y yo* hicimos una comida española.
  1. tú 2. los muchachos 3. yo 4. Miguel 5. Juan y yo

f. A las diez *Carlos* fue a la plaza.
  1. nosotros 2. las señoras 3. yo 4. el policía 5. tú

2. Restate, changing the verbs from the present tense to the preterite.

1. Guillermo no puede dormir.
2. ¿Traes el vino y el pan?
3. Me da bastante dinero.
4. Tenemos ganas de desayunar.
5. Los señores Pérez vienen de Barcelona el lunes.
6. No saben que él está aquí.
7. José va al estadio.
8. Dicen muchas tonterías.
9. Está en la biblioteca.
10. ¿Qué haces?

3. Give the Spanish equivalent.

1. Ana brought me some eggs. 2. We came here last week. 3. Yesterday we had an automobile accident. 4. Enrique could not go. 5. Catalina was in the airport until six o'clock. 6. They told her the truth. 7. Did you (**tú**) do this? 8. On Wednesday Roberto went to Los Angeles.

4. Change the verbs from the present tense to the preterite.

Esta semana voy a Sevilla. Llego el viernes por la noche. Unos amigos me esperan en el aeropuerto y paso la noche en casa de ellos. El sábado vamos a Itálica, una ciudad romana cerca de Sevilla. Tengo la oportunidad de ver ruinas romanas muy antiguas. Los romanos están en España en el siglo tercero (*third century*) antes de Cristo. Volvemos a Sevilla a las diez de la noche y cenamos. El próximo (*next*) día veo la ciudad de Sevilla, y el lunes salgo para Granada. ¡Es un viaje magnífico!

Preguntas

1. ¿Fue usted a un partido de fútbol o de otro deporte ayer? ¿Le gustó? ¿Fueron sus amigos? 2. ¿Dónde estuvo ayer a las dos de la tarde? ¿a las cuatro de la mañana? 3. ¿Comió usted recientemente en un restaurante? ¿Qué pidió? 4. ¿Fue usted recientemente a un restaurante español? ¿Pudo usted pedir en español? 5. ¿Qué hizo usted anoche? ¿Fue usted a una fiesta? ¿A ver una película? ¿Sí? ¿Le gustó? 6. ¿Tuvo usted la oportunidad de visitar a un amigo o a una amiga ayer?

III. AFFIRMATIVE AND NEGATIVE WORDS

(1) RAFAEL: ¿Qué vas a desayunar, Ellen?

(2) ELLEN: Voy a pedir dos huevos fritos con jamón. *Alguien* me dijo que un buen desayuno es necesario para la salud.

(3) RAFAEL: Yo *nunca* desayuno mucho, *ni* huevos, *ni* jamón, sólo café con leche y pan tostado con mantequilla.

(4) ELLEN: ¡Eres un hispano típico! Pero debes comer *algo* más. ¿No quieres *algún* jugo o un chocolate?

(5) RAFAEL: No, gracias.

(6) ELLEN: ¿*Tampoco* quieres un coctel de frutas?

(7) RAFAEL: No, *tampoco*. Recuerda que para el almuerzo comemos mucho.

(8) ELLEN: ¡Ah, tienes razón! Parece que voy a aumentar *algunos* kilos aquí en México.

1. ¿Qué va a pedir Ellen?   2. ¿Quién nunca desayuna mucho?   3. ¿Va Rafael a pedir huevos o jamón?   4. ¿Quiere Rafael algún jugo?   5. ¿Qué debe Ellen recordar?

La Margarita
Calle Vicente 22

Desayunos
7 a 11 a. m.

JUGO DE NARANJA, TOMATE, PAPAYA.......	$4.00
2 HUEVOS — TIBIOS, FRITOS O REVUELTOS	$6.00
JAMÓN, CHORIZO.........................	$7.00
CAFÉ CON LECHE	$4.00
PAN TOSTADO CON MANTEQUILLA..........	$2.00

Breakfast
7:00 to 11:00 a. m.

ORANGE, TOMATO, PAPAYA JUICE	4 pesos
2 EGGS — SOFT BOILED, FRIED OR SCRAMBLED......................	6 pesos
HAM, SAUSAGE.......................	7 pesos
COFFEE WITH HOT MILK...............	4 pesos
TOAST WITH BUTTER....................	2 pesos

(1) What are you going to have for breakfast, Ellen? (2) I'm going to order two fried eggs with ham. Someone told me a good breakfast is necessary for your health. (3) I never eat much for breakfast—neither eggs, nor ham, only coffee with (hot) milk and toast and butter. (4) You're a typical Latin! But you should eat something more. Don't you want some kind of juice or chocolate? (5) No, thanks. (6) Don't you want a bowl of fruit either? (7) No, not that either. Remember that we eat a lot for lunch. (8) Oh, you're right! It looks like I'm going to gain a few pounds here in Mexico! (**Kilo** = short for **kilogramo** = 2.2 pounds. The metric system is used throughout the Spanish-speaking world.)

Affirmative Words	Negative Words
alguien *someone, anyone*	nadie *no one, not anyone*
algo *something*	nada *nothing, not anything*
algún, alguno(-s), alguna(-s)	ningún, ninguno(-s), ninguna(-s)
some, any	*none, not any, no, neither (of them)*
también *also*	tampoco *not either, neither*
siempre *always*	nunca, jamás *never, not ever*
o ... o *either ... or*	ni ... ni *neither ... nor*

A. The negative words **nadie, nada, ninguno, tampoco,** and **nunca** can be placed either before or after the verb.

No me lo dijo nadie. ⎫
Nadie me lo dijo. ⎭   *No one told me so (it).*

No pudo ir tampoco. ⎫
Tampoco pudo ir. ⎭   *He (she) couldn't go either.*

No voy nunca al cine. ⎫
Nunca voy al cine. ⎭   *I never go to the movies.*

Notice that **no** precedes the verb when some other negative word follows the verb.

B. **Alguno** and **ninguno** can refer to either people or things, while **alguien** and **nadie** refer only to people. **Alguno** and **ninguno** usually refer to certain members or elements of a group that the speaker or writer has in mind. Before a masculine singular noun, **alguno** becomes **algún** and **ninguno** becomes **ningún**.

Aquí nadie sabe hablar italiano.	*No one here knows how to speak Italian.*
Ninguno de ellos sabe hablar italiano.	*Neither of them knows how to speak Italian.*
¿Hay alguien aquí?	*Is there anyone here?*
¿Hay algún estudiante de nuestra clase aquí?	*Is there a student from our class here?*

Note the use of the personal **a** with the pronouns **alguien** and **nadie**, and with **alguno** and **ninguno** when they refer to people. Note also that several negatives can be used in the same sentence.

¿Busca usted a algunos amigos de Enrique?	*Are you looking for some friends of Enrique's?*
No se lo voy a decir a nadie, nunca.	*I'm not going to tell it to anyone, ever.*

C. *Neither . . . nor* is expressed by **ni. . . ni: No como ni carne ni pescado.**

Ejercicios

1. Change the negative constructions in the following sentences, as indicated in the example.

Nadie vive en esa casa. → **No vive nadie en esa casa.**

1. Jamás voy al cine sin dinero.
2. Ningún muchacho fue al baile.
3. Nada trajeron de la casa.
4. Ni el jerez de España ni la cerveza de México me gustan.
5. Nadie nos sirve el desayuno.
6. Ellas nunca piden tacos.
7. Los chilenos tampoco fueron.
8. Nunca veo a mis padres los sábados.

2. Change the following sentences to the negative.

Alguien quiere ir al cine. → **Nadie quiere ir al cine.**

1. Siempre estudio los domingos.
2. También puede ir.
3. Alguien me lo dijo.
4. Alfonso y Teresa también estuvieron allí.
5. Algún chico sabe tocar la guitarra.
6. Nosotros vamos también.
7. Miguel trajo a alguien a la fiesta.
8. ¡Diga usted algo!
9. ¿Conoces algún restaurante peruano?
10. Francisco siempre come a las diez.

3. Read the narrative and answer the questions based on it.

El año pasado, los señores Jones fueron a México, pero allí nada les gustó. ¿Por qué? Pues, por muchas razones (*reasons*). Nunca encontraron ningún restaurante con comida norteamericana auténtica. Tampoco encontraron ningún restaurante que sirvió un buen desayuno—con café bebible (*drinkable*). (Según ellos, el café mexicano es fuertísimo.) Los Jones no hablan ni español ni francés; hablaron inglés con todo el mundo. Cuando vieron el Museo Nacional de Antropología, dijeron que no tenía nada de interés, y que en los Estados Unidos los museos son mucho mejores. ¿Y la gente mexicana? Pues, dijeron los señores Jones, son pobres y siempre lo van a ser, porque no les gusta trabajar. Para los Jones, la vida no vale nada (*is worth nothing*) sin el trabajo: ¡estar aún (*even*) de vacaciones es un trabajo terrible!

1. ¿Cómo fue el viaje de los Jones? ¿Les gustó? 2. Siempre encontraron restaurantes buenos, ¿verdad? 3. ¿Les gustó el café mexicano? 4. ¿Qué lenguas hablan bien los Jones? 5. ¿Qué dijeron sobre el Museo Nacional de Antropología? ¿Y sobre la gente mexicana? 6. ¿Es difícil ser turista? ¿Por qué o por qué no? 7. ¿Son los Jones turistas típicos?

GAZPACHO ANDALUZ

Preguntas

1. ¿Hay algo que no le gusta comer a usted?   2. ¿Siempre desayuna usted mucho? ¿Desayuna usted huevos o jamón? ¿Qué desayuna?   3. ¿Conoce usted algún restaurante español? ¿peruano? ¿Sirven hamburguesas o sándwiches allí?   4. ¿Invitó usted a alguien a su casa para cenar recientemente? ¿Qué cenaron? ¿Sirvió usted algún postre? ¿Sirvió vino? ¿cerveza?   5. ¿Fue usted a cenar con algún amigo (alguna amiga) la semana pasada? ¿Le sirvió una comida elegante o una comida sencilla (*simple*)? ¿Trajo usted algo a la cena?

LA CATEDRAL DE SEVILLA, ESPANA

SEVILLA: CIUDAD ROMÁNTICA DE ANDALUCÍA

Un grupo de estudiantes de vacaciones en España están en un restaurante en Sevilla.[1]

MOZO: Buenas tardes, señores. ¿Qué gustan ordenar?°
ESTEBAN: ¿Qué nos recomienda?°
MOZO: Pues, nuestra especialidad° es la paella. Y si les gusta el gazpacho . . .
MARÍA: A mí me gusta mucho la paella. Y alguien me dijo que el gazpacho andaluz es muy sabroso.   5
LUISA: Para mí el gazpacho y la paella, por favor.
ESTEBAN: Bueno, tráiganos paella y gazpacho para tres. [. . .]
MARÍA: ¡Qué cansada estoy! Pero la subida° a la Giralda[2] valió la pena.
ESTEBAN: Sí, no hay ninguna vista de Sevilla como ésa; de allí es posible   10
ver toda la ciudad.
LUISA: A mí me impresionó° más el alcázar.[3]
MARÍA: Pero la vista de la catedral también fue magnífica. ¿Qué dijo el guía sobre la torre° de la catedral?
LUISA: Dijo que la empezó un jefe árabe en el siglo doce, y la terminó   15
su sucesor.
ESTEBAN: Sí, y que los cristianos vinieron más tarde en 1248 bajo Fernando el Santo;[4] la catedral fue construida° en el siglo quince.

Una hora después.

ESTEBAN: ¡Qué comida más sabrosa!   20
MARÍA: Mozo, la cuenta por favor.
ESTEBAN: Chicas, ¿qué les parece si vamos° al barrio Santa Cruz[5] esta noche?
MARÍA: ¡Estupendo! Podemos escuchar música flamenca—de los gitanos modernos.   25
ESTEBAN: Los gitanos modernos somos nosotros—¡los turistas!

---

ordenar *to order*   recomienda *recommend*   especialidad *specialty*
subida *climb*   impresionó *impressed*   torre *tower*
fue construida *was constructed*   ¿qué les parece si vamos. . . ? *what about going. . . ?*

Notas culturales

1. The city of Seville is in the Spanish province of Andalusia, famous for its warm climate, agricultural productivity, and flamenco (gypsy) music and dance. This southern province was more deeply influenced by Islam than other parts of Spain: the very name **Andalucía** comes from *al-Andalus*, the Arabic name for the Iberian peninsula.

2. **La Giralda** is the exquisite tower of the vast Gothic cathedral of Seville. The bottom section was the minaret of a sumptuous Moslem mosque demolished by the Christians. The tower's pinnacle turns around in the wind, whence the popular name **la Giralda** (*the Weather Vane*). To see a spectacular view of Seville, the visitor must climb a winding ramp up to the top of the 250-foot tower. The cathedral itself, a beautiful example of Spanish Gothic architecture, is the third largest in the world, after St. Peter's in Rome and St. Paul's in London.

3. The **alcázar** or fortress of Seville is reputed to be the most beautiful in Spain. Founded by Julius Caesar, it includes Arabian and Christian sections from various centuries, with Roman ruins beneath them.

SEVILLA

4. King Ferdinand III of León and Castile, called **el Santo** (*the Saint*) because he was later canonized by the Catholic Church, captured Seville from the Moslems in 1248.

5. The Santa Cruz district, the old Jewish section of the city (**la Judería**), has narrow streets, flower-filled patios, and quaint and colorful houses. Several places there feature flamenco (gypsy) dancing and guitar music. This district is considered one of the places in Spain where it is still occasionally possible to see an authentic and inspiring performance.

Preguntas

1. ¿Dónde están los estudiantes?   2. ¿Qué les recomienda el mozo? ¿Qué piden ellos?   3. ¿Por qué está María tan cansada?   4. ¿Qué es posible ver de la Giralda?   5. ¿Qué le impresionó más a Luisa?   6. ¿Quién empezó la torre de la catedral? ¿Quién la terminó?   7. ¿En qué año vinieron los cristianos? ¿bajo quién?   8. ¿Adónde van los estudiantes después de la comida? ¿Qué es posible hacer allí?   9. Según Esteban, ¿quiénes son los gitanos modernos? ¿Por qué?

ACTIVIDADES

Intercambios

Use the **usted** form of the verbs in asking and answering the following questions.

Señorita Castro, pregúntele al señor Méndez:

1. si estuvo en Sevilla el año pasado

2. si quiso ver la catedral de Sevilla

3. si tuvo la oportunidad de ver baile flamenco

4. si visitó otra ciudad española

5. si conoció a algún visitante extranjero el verano pasado

Señor Méndez, contéstele:

1. que sí, que fue a la Giralda y vio la ciudad

2. que sí, que vio la catedral, pero que le impresionó más el alcázar

3. que sí, y que valió la pena verlo

4. que sí, que fue a Córdoba, pero no pudo visitar toda la ciudad en un día

5. que sí, que conoció a un francés, le enseñó la ciudad y lo trajo a la universidad

Crucigrama

Change each verb to the preterite tense and fill in the squares.

Across

1. es/va
2. tienes
7. puede
8. hace
9. son/van

Down

1. soy/voy
2. trae
3. viene
4. estoy
5. dice
6. damos

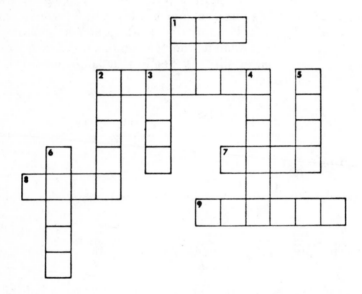

Refranes

Match the Spanish proverb with its English equivalent.

Más vale tarde que nunca.
No hay rosas sin espinas.
Cuando algo dicen algo hay.
Para aprender nunca es tarde.
Ojos que no ven, corazón que no siente.
Al buen entendedor, pocas palabras.

Out of sight, out of mind.
Better late than never.
A word to the wise is sufficient.
Every rose has its thorns.
Where there's smoke there's fire.

It's never too late to learn.

Vocabulario activo

cantar *to sing*
desayunar *to have breakfast, to have for breakfast*
gustar *to please, to be pleasing*
importar *to be important, to matter*
impresionar *to impress*
terminar *to finish*
valer *to be worth;* valer la pena *to be worth the trouble*

el accidente *accident*
el arroz *rice*
el automóvil *automobile*
el biftec *steak*
los camarones *shrimp*
la catedral *cathedral*
el cristiano (la cristiana) *Christian*
la cuenta *check*
el desayuno *breakfast*
la ensalada *salad*
los frijoles *beans*
la fruta *fruit*
el gitano (la gitana) *gypsy*
el guía (la guía) *guide*
el helado *ice cream*
el huevo *egg*
el jamón *ham*
el jefe *chief, leader*
el jugo *juice*
la langosta *lobster*
la legumbre *vegetable*
el maíz *corn*
la mantequilla *butter*
la manzana *apple*
la naranja *orange*

el pan *bread*
el pastel *pie*
las patatas *potatoes*
el pescado *fish*
el pimiento *pepper*
la piña *pineapple*
el plátano *banana*
la política *politics*
el pollo *chicken*
el postre *dessert*
el queso *cheese*
la ruina *ruin*
la salud *health*
el siglo *century*
el sitio *site, place*
la sopa *soup*
el tomate *tomato*
la torta *cake*
las uvas *grapes*
la vista *view*
la voz *voice*
la zanahoria *carrot*

antiguo(-a) *ancient*
diferente *different*
magnífico(-a) *magnificent*
próximo(-a) *next*
sabroso(-a) *delicious*
tercer(-o, -a) *third*
típico(-a) *typical*

bajo *under*
sin *without*

etcétera *etc.*

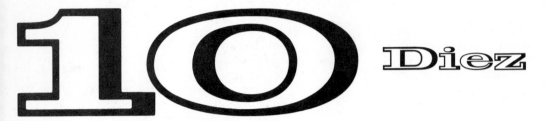

I. EXPRESSIONS OF COURTESY

You have already encountered many polite expressions in Spanish and will see a few more in the main dialogue for this chapter. Some frequently used expressions of courtesy are illustrated below. Try to match each with one of the situations described in the section that follows, then evaluate your results to see how polite you would be considered by a Hispanic person.

¡Bienvenido(-a)!
Welcome!

Gracias.
Thank you.

De nada. (No hay de qué.)
You're welcome.

Perdón.
Excuse me. I'm sorry.
(Having stepped
on someone's foot, for
instance.)

Con permiso.
Excuse me. (For some-thing I'm about to do—pass by someone, eat in front of someone, etc.)

Déjeme presentarme.
Let me introduce myself.

Juan Vargas, a sus órdenes.
Juan Vargas, at your service (an introduction).

Mucho gusto.
Glad to meet you.

¡Felicitaciones!
Congratulations!

¡Salud!
To your health!

¡Salud!
Cheers!

Pase usted.
Go ahead. *(Come in.)*

¿Qué dice usted...?

1. si alguien le da un regalo
2. si alguien le da las gracias por un favor
3. si quiere pasar enfrente de alguien
4. si usted no conoce a alguien; quiere saber cómo se llama y decirle su nombre
5. antes de beber vino o champaña
6. si usted tropieza con (*bump into*) alguien en el supermercado o en la calle
7. si alguien estornuda (*sneezes*)
8. si alguien viene a visitarle; ustedes están en el aeropuerto
9. si su mejor amigo anuncia su boda (*wedding*)
10. si alguien que usted no conoce le dice, «Me llamo Juan Vargas, a sus órdenes.»
11. si usted va a entrar en un banco; cerca de usted hay una señora que lleva muchas cosas y que también quiere entrar
12. después de decir, «Me llamo (su nombre)».
13. si usted está en un ascensor (*elevator*) lleno de (*full of*) gente y quiere salir

Evaluación

Respuestas correctas:

10–13 Usted es muy cortés: es una persona bien educada (*well brought up*).

6–9 Usted es bastante cortés, pero...

0–5 ¡Qué horror! Usted tiene mucho que aprender, ¿no?

UNA CHURRERÍA

II. THE IMPERFECT TENSE

(1) INÉS: Elena, ¿*sabías* que el semestre pasado José *trabajaba* y *estudiaba* al mismo tiempo?

(2) ELENA: ¿En serio, Inés?

(3) INÉS: Sí, *trabajaba* por la mañana y *asistía* a clases por la tarde. Por la noche *iba* a la biblioteca.

(4) ELENA: ¿Y qué *hacía* los fines de semana?

(5) INÉS: *Jugaba* al fútbol—*era* capitán del equipo.

(6) ELENA: ¡Qué muchacho más admirable! ¿Y por qué lo dejaste?

(7) INÉS: ¡Porque no *tenía* tiempo para novias!

1. ¿Qué hacía José los días de semana?   2. ¿Adónde iba por la noche?
3. ¿Qué hacía los fines de semana?   4. ¿Por qué dejó Inés a su novio?

A. The imperfect tense of regular -ar verbs is formed by adding the endings **-aba, -abas, -aba, -ábamos, -abais,** and **-aban** to the stem of the infinitive.

hablar

habl**aba**	habl**ábamos**
habl**abas**	habl**abais**
habl**aba**	habl**aban**

B. To form the imperfect of regular -er and -ir verbs, the endings **-ía, -ías, -ía, -íamos, -íais,** and **-ían** are added to the stem.

comer		**vivir**	
com**ía**	com**íamos**	viv**ía**	viv**íamos**
com**ías**	com**íais**	viv**ías**	viv**íais**
com**ía**	com**ían**	viv**ía**	viv**ían**

C. Only three verbs are irregular in the imperfect: **ir, ser,** and **ver.**

ir		**ser**		**ver**	
iba	íbamos	era	éramos	veía	veíamos
ibas	ibais	eras	erais	veías	veíais
iba	iban	era	eran	veía	veían

(1) Elena, did you know that last semester José was working and studying at the same time? (2) Really (seriously), Inés? (3) Yes, he worked in the morning and attended classes in the afternoon. In the evenings he went to the library. (4) And what did he do on weekends? (5) He played soccer—he was the captain of the team. (6) What a guy! And why did you leave him? (7) Because he didn't have time for girlfriends!

D. The imperfect tense is used:

1. To express a customary or habitual past action.

Ustedes comían en la cafetería todos los días. *You used to eat in the cafeteria every day.*

Ellos me visitaban cada verano. *They visited me every summer.*

2. To express a progressive past action.

Hablábamos con nuestros amigos. *We were talking with our friends.*

Su padre leía el periódico. *His (her, your) father was reading the newspaper.*

3. To describe a situation or condition that existed for a prolonged period of time.

La chica trabajaba más el semestre pasado. *The girl worked more last semester.*

Yo pensaba que ella quería ir a España.* *I thought that she wanted to go to Spain.*

Tenía veinte años en 1915. *She was twenty years old in 1915.*

4. To tell time in the past, with **ser.**

Eran las ocho de la mañana. *It was eight o' clock in the morning.*

E. There are several possible translations of the imperfect in English.

Ellos estudiaban juntos.
$$\begin{cases} \textit{They used to study together.} \\ \textit{They were studying together.} \\ \textit{They would study together.} \\ \textit{They studied together (often, or} \\ \quad \textit{from time to time).} \end{cases}$$

* Note the use of subject pronouns with first- and third-person singular forms in the imperfect for clarification.

Ejercicios

1. Create new sentences, substituting the words in the list for those in italics.

    a. *Él* estudiaba los domingos.
       1. yo 2. Luis y Elena 3. nosotros 4. tú 5. ustedes

    b. ¿Qué decían *Carmelita y Carlos?*
       1. los turistas 2. tú 3. mis hermanos 4. ellas 5. Ramón

    c. *Ellos* tenían mucho dinero.
       1. la chica 2. nosotros 3. tú 4. sus primos 5. yo

    d. *Nosotros* íbamos a la playa cada verano.
       1. yo 2. usted 3. Roberto y yo 4. tú 5. los Arreola

2. Restate, changing the verbs to the imperfect.

    1. El fútbol me gusta muchísimo.
    2. Hablas y escribes muy bien en la clase de español.
    3. Isabel vive en un barrio de Los Ángeles; es estudiante.
    4. Pienso ir de vacaciones a Sevilla.
    5. Vamos a las montañas en el invierno.
    6. Yo nunca desayuno mucho.
    7. No tenemos dinero.
    8. Nadie quiere ir a la playa.
    9. ¿A qué hora salen de la oficina?
    10. Ella canta y yo bailo.

3. Replace the nouns in italics with the words from the list, and make all necessary changes.

    El señor García era rico. Iba *al teatro* todos los días. Allí veía a sus *amigos.*

    1. Los candidatos / parque / admiradores
    2. Nosotros / ciudad / primos
    3. La venezolana / ópera / amigas
    4. Tú / centro / hermanos
    5. Yo / playa / chicas

Preguntas

1. ¿Trabajaba o estudiaba usted el año pasado?   2. ¿Qué hacía usted los fines de semana?   3. ¿Veía usted mucho a sus amigos?   4. ¿Iba usted mucho al cine?   5. ¿A qué hora del día prefería usted estudiar?   6. ¿Le gustaba a usted algún deporte en el pasado? ¿Cuál?   7. ¿Tenía usted tiempo para novios (novias) el semestre pasado? ¿Tenía usted un novio (novia) con quién salía mucho?   8. Cuando usted era niño (niña), ¿era usted obediente? ¿Era usted feliz (*happy*)? ¿Era más feliz que ahora? ¿Por qué o por qué no?

III. THE IMPERFECT VS. THE PRETERITE

(1)   SUSANA: ¡Hola, Marta! ¡Hola, Patsy!
(2)   MARTA: ¡Qué sorpresa, Susana! ¿Ya *conocías* a Patsy?
(3)   SUSANA: Sí, la *conocí* anoche en el baile. ¿*Sabías* que Patsy *bailó* toda la noche?
(4)   MARTA: Sí, y esta noche vienes a mi fiesta, ¿verdad, Patsy?
(5)   PATSY: ¡Otro baile! ¿Pero cuándo duermen ustedes los latinos?

1. ¿Cuándo conoció Susana a Patsy?   2. ¿Dónde la conoció?   3. ¿Quién bailó toda la noche en el baile?

A.   The imperfect emphasizes indefinite duration of time, while the preterite reports a past completed action or event, or limits an action or event in the past by indicating when it began or ended.

Todos los días Pedro llegaba de la oficina a las seis.	*Pedro arrived from the office at six o'clock every day.*
Pedro llegó tarde a la fiesta.	*Pedro arrived at the party late.*
Estudiaba mucho el año pasado.	*I studied a lot last year.*
Empecé a estudiar a las ocho.	*I began to study at eight o'clock.*

(1) Hi, Marta! Hi, Patsy! (2) What a surprise, Susana! You already knew Patsy? (3) Yes, I met her last night at the dance. Did you know that Patsy danced all night? (4) Yes, and tonight you're coming to my party—right, Patsy? (5) Another dance! But when do you Latins sleep?

B. Often the preterite and imperfect are used in the same sentence to report that an action that was in progress in the past (expressed with the imperfect) was interrupted by another action or event (expressed with the preterite).

Paco miraba la televisión cuando
   Teresa lo llamó.

Paco was watching television
   when Teresa called him.

Encontré las joyas que buscaba.

I found the jewelry I was looking
   for.

Mirabel tenía treinta años cuando
   fue a España.

Mirabel was thirty years old
   when she went to Spain.

Había* una exhibición de arte en el
   museo, y muchos pintores
   famosos fueron a verla.

There was an art exhibition in the
   museum, and many famous
   painters went to see it.

C. The imperfect of **conocer** means *to know, to be acquainted with*, while the preterite means *to meet, to make the acquaintance of*. The imperfect of **saber** means *to know*, while the preterite means *to find out*. Again, the imperfect emphasizes indefinite duration of time in the past, while the preterite indicates a completed action.

Esta mañana supe que usted
   conocía a mi hermano. ¿Dónde
   lo conoció?

This morning I found out that
   you knew my brother. Where
   did you meet him?

* **Había** (*there was, there were*) is the imperfect form of **hay. Hubo** is the preterite form of **hay.**

VELÁZQUEZ

Ejercicios

1. Complete each passage with the appropriate preterite or imperfect form of the verb in parentheses.

   1. Nosotros _____ (llegar) tarde al partido porque no _____ (saber) cómo llegar al estadio y _____ (tener) que preguntar.
   2. Mario _____ (comprar) el periódico que _____ (necesitar), pero Isabel no _____ (comprar) nada porque no _____ (tener) dinero.
   3. Anoche fui al centro y _____ (comer) tarde. En el restaurante _____ (haber) mucha gente y el mozo no _____ (poder) servirme en seguida.
   4. Lucía no _____ (encontrar) los libros que _____ (buscar) y por eso no _____ (escribir) la composición que su profesor le _____ (pedir).

GOYA

2. Change the following passage to the past tense, using forms of the imperfect and preterite as appropriate.

El robo

Es una noche de invierno. Toda la familia González duerme: el padre, la madre, y los tres niños. Es una familia bastante rica. Su casa es muy grande. Tiene muchas puertas y ventanas.

A las doce en punto, un hombre misterioso entra en la casa. Es un criminal que la policía busca. Él va a la sala (*living room*) donde ve en la mesa unas joyas brillantísimas. Las toma y sale rápidamente de la casa. Nadie lo ve.

3. Complete the following passage with the correct imperfect or preterite forms of the verbs in parentheses.

El Greco (1541–1614)

El nombre verdadero del famoso pintor El Greco _____ (ser) Domenikos Theotokópoulos. _____ (ser) griego (de la Grecia). Cuando _____ (tener) aproximadamente veinte años, _____ (ir) a Italia para estudiar arte. Allí _____ (conocer: *to meet*) a famosos pintores italianos como Tiziano. Desde (*from*) allí _____ (viajar) a España, a la ciudad de Toledo, donde _____ (pasar) el resto de su vida. Su arte _____ (ser) expresionista y casi místico. Siempre _____ (usar) colores vibrantes. El Greco _____ (morir) en 1614.

4. Give the Spanish equivalent.

1. We used to ski.   2. They were learning to play the guitar.   3. She used to live in Los Angeles.   4. Paco visited his parents last Saturday. 5. Paco visited his parents on Saturdays.   6. The car was expensive, and I didn't buy it.   7. I always ate late when I lived in Spain.   8. Last weekend I had an accident.   9. I met Lucía in January.   10. I always went to the movies when I had the money.   11. How did he find out that we knew her?   12. It was ten o'clock in the morning.

IV. ADJECTIVES USED AS NOUNS

(1) GIOVANNI: ¿Te gusta la comida italiana, Luisa?
(2)   LUISA: Realmente, no. Prefiero *la china* o *la francesa*. Pero hoy tengo ganas de comer espaguetis.
(3) GIOVANNI: ¿Pedimos vino tinto o blanco?
(4)   LUISA: Yo prefiero *el tinto*.

1. ¿Dónde están Luisa y su amigo?   2. ¿Le gusta a Luisa la comida italiana? ¿Y la francesa?   3. ¿Prefiere Luisa vino tinto o blanco?

Adjectives used as nouns are generally preceded by a definite article or a demonstrative adjective in Spanish; equivalent English expressions usually require a noun or the word *one* or *ones*.

¿Dónde está la francesa?	*Where is the French woman?*
No me gusta esta falda verde; prefiero la roja.	*I don't like this green skirt; I prefer the red one.*
Aquí está un arete, pero ¿dónde está el otro?	*Here is one earring, but where is the other one?*

Ejercicios

Change the following sentences as shown in the example.

Los aretes amarillos son bellísimos, pero me gustan más los aretes azules.
→ **Los aretes amarillos son bellísimos, pero me gustan más los azules.**

1. La muchacha mexicana llegó tarde, pero la muchacha peruana llegó temprano.

(1) Do you like Italian food, Luisa? (2) Not really. I prefer Chinese or French. But today I feel like having spaghetti. (3) Shall we ask for red or white wine? (4) I prefer the red.

2. El vino tinto está en la mesa, pero no sé dónde está el vino blanco.
3. Los aretes pequeños son bonitos, pero prefiero los aretes grandes.
4. El chocolate español es bueno, pero el chocolate francés es mejor.
5. Este restaurante es bueno, pero el otro restaurante está más cerca.

Preguntas

1. ¿Qué vino le gusta más? ¿El blanco o el tinto?   2. ¿Qué tipo de música prefiere usted? ¿La clásica o la folklórica?   3. ¿Cree usted que los autos japoneses son tan buenos como los americanos? ¿mejores? ¿peores?

V. PREPOSITIONS

A. You have seen many prepositions so far in this text. Common prepositions in Spanish include: **a** (*to, at*), **con** (*with*), **de** (*of, from*), **en** (*in, at, on*), **para** (*for, in order to*), **por** (*for, by*), and **sin** (*without*). Pronouns which follow prepositions have the same forms as subject pronouns, except for **mí** and **ti,** as you have seen in Chapter 6.

Tengo un regalo para ella.
Ella no quiere salir sin ti.

I have a gift for her.
She does not want to leave
without you.

B. The preposition **con** combines with **mí** to form **conmigo** and with **ti** to form **contigo.**

¿Quién fue contigo? —Tu
  hermano fue conmigo.

Who went with you? —Your
  brother went with me.

TARRAGONA, ESPAÑA

C. Infinitives are often used after **antes de, después de, sin,** and **para.**

Antes de almorzar, fuimos de
compras.

*Before having lunch, we went
shopping.*

Después de almorzar, fuimos a ver
una película.

*After having lunch, we went to
see a movie.*

Sin decir nada, José salió.

*Without saying anything, José
left.*

Fue a la biblioteca para estudiar.

He went to the library to study.

Ejercicios

1. Restate, changing the preposition **sin** to **con** and making any other necessary changes.

1. Iba al cine sin ti.
2. Va al concierto sin ellos.
3. Salió para Madrid sin mí.
4. Vienen a la escuela sin ella.
5. Cenan todos los días sin nosotros.

2. Give the Spanish equivalent.

1. This guitar is for you (**usted**).   2. They are traveling with me.   3. Are these jewels for her?   4. They came without us.   5. Did Elena go with you (**tú**)?   6. We left before having breakfast.   7. Without looking at me, he left.   8. What do you need in order to work well?

EL ALCÁZAR, SEGOVIA

TOLEDO: UN IMPORTANTE CENTRO CULTURAL

Un autobús lleno de turistas latinoamericanos entra a la ciudad de Toledo, España.

GUÍA: . . . los romanos, visigodos,° árabes y cristianos que hicieron estos muros y puentes.[1] En la época° del rey cristiano, «El Sabio»,[2] la ciudad era un importante centro cultural. En la famosa Escuela de Traductores° trabajaban juntos los maestros árabes, judíos y cristianos . . . 5

SR. BLANCO: ¡Cómo habla el tipo!°

SRTA. DIENER: Pero es interesante.

SRA. VEGA: Para usted, quizás. Yo tengo ganas de ir a comprar joyas.[3]

SRTA. DIENER: Es interesante para mí porque soy judía y . . .

SR. ROSENSTEIN: ¡Ah! ¿Es usted judía? Déjeme presentarme. Carlos Rosenstein, de Buenos Aires, a sus órdenes. 10

SRTA. DIENER: Mucho gusto. Carmelita Diener. Soy de Colombia.

GUÍA: . . . importancia. Todos los días iban y venían por estas calles los sabios° de toda Europa.

SR. BLANCO: Señor, con permiso, ¿cuántos años tenía El Greco cuando pintó *Vista de Toledo?*[4] 15

GUÍA: No sabemos exactamente. Pero voy a hablar de él más tarde. Ahora, señores, pueden salir, pero el autobús sale en dos horas, a las once en punto.

SR. ROSENSTEIN: ¿Tiene usted prisa, Carmelita? 20

SRTA. DIENER: Sí, quiero visitar la Sinagoga del Tránsito.[5]

SR. ROSENSTEIN: Está por aquí. Venga usted conmigo.

Dos horas después.

SRA. VEGA: ¡Miren los aretes que compré!

SR. BLANCO: Me gustan los amarillos. Y los azules son bellísimos. 25

GUÍA: ¡Hora de salir!° ¿Dónde están la señorita Diener y el señor Rosenstein?

SRA. VEGA: Los vi en una churrería.[6] Tomaban chocolate y estaban muy juntos.°

SR. BLANCO: ¡Qué barbaridad! Esta nueva generación no tiene vergüenza. 30

SRA. VEGA: Perdón, señor. ¿No hacíamos lo mismo° nosotros cuando éramos jóvenes? Entonces veíamos el mundo de manera diferente, ¿no?

SR. BLANCO: Yo, señora, nunca fui tan joven. 35

SRA. VEGA: ¡Ya lo creo!°

---

visigodos *Visigoths*   época *era*   Traductores *Translators*   tipo *guy*
sabios *wise men*   ¡Hora de salir! *Time to leave!*   juntos *close together*
lo mismo *the same thing*   ¡Ya lo creo! *That's for sure!*

VISTA AÉREA DE TOLEDO

Notas culturales

1. Parts of the defensive walls around Toledo and the two bridges across the Tajo River were built by each of the successive conquerors of Spain: Romans, Visigoths, Arabs, and Christians.

2. Alfonso X of Castile was known as **El Sabio** (*the wise man*) because he devoted most of his energies to scholarly projects such as poetry, law codes, and the writing of a history of the world. Many ancient manuscripts would have been lost to the Western world, had not the School of Translators, greatly encouraged by Alfonso X, employed Arab, Jewish, and Christian scholars to translate ancient texts into Latin.

3. The jewelry and metal work of Toledo have been distinctive and famous for centuries. In many shops the visitor can enter and watch as the craftsman works with the fine strands of yellow and green gold which characterize authentic jewelry of Toledo.

4. Though many of El Greco's paintings are on display in Toledo, the famous *View of Toledo* is to be seen at the Metropolitan Museum of New York.

5. The synagogue called **El Tránsito,** located in the Jewish Quarter (**la Judería**) of Toledo, is considered one of the most beautiful in the world: a fine example of the **mudéjar** style of architecture perfected by Arab craftsmen living under Christian rule.

6. A **churrería** is a small shop or stand which sells **churros,** a doughnut-like pastry used for dunking in coffee or in the thick, frothy hot chocolate called **chocolate especial.** This is typical fare for breakfast or the **merienda.**

Preguntas

1. ¿Qué ciudad visitan los turistas? 2. ¿Quiénes hicieron los muros y puentes de Toledo? 3. ¿Cómo era Toledo en la época del rey Alfonso? 4. ¿Qué quiere comprar la señora Vega? 5. ¿De dónde son Carlos y Carmelita? 6. ¿Quién pintó *Vista de Toledo*? 7. ¿Cuándo va a salir el autobús? 8. ¿Por qué tiene prisa Carmelita? 9. ¿Qué compró la señora Vega? 10. ¿Qué hacían Carlos y Carmelita en la churrería? 11. Según el señor Blanco, ¿cómo es la nueva generación?

ACTIVIDADES

Entrevista

Ask a classmate the following questions, then report the information to the class.

1. ¿Dónde vivías cuando tenías diez años?
2. ¿Cuál era tu programa favorito en la televisión cuando eras niño (niña)?
3. ¿Qué querías ser cuando eras niño (niña)?
4. ¿Tenías un auto el año pasado? ¿Lo usabas mucho? ¿Todavía tienes este auto?
5. Antes de venir a la universidad, ¿eras más idealista que ahora? ¿más práctico(-a)? ¿menos serio(-a)? ¿más prudente?

Mi vida

Complete the following paragraph with the appropriate imperfect forms of the verbs in parentheses.

Cuando yo _____ (tener) siete años mi papá nunca me _____ (dejar) salir solo. Siempre _____ (salir) con mi hermana. Ella siempre _____ (querer) visitar a sus amigas. Cada vez que _____ (protestar), mi papá no me _____ (escuchar). ¡Qué vida tan dura (*difficult*) _____ (llevar) yo!

Now write a similar paragraph describing yourself or the things you did when you were seven years old. You may want to use some of the following verbs:

pintar	gustar	llevar
vivir	creer	tener
comer	jugar	importar
preferir	correr	impresionar

GOYA

Situación

En la joyería.
Greet the jeweler and admire the jewels. Say you want to buy some earrings for a friend. Look at several and ask him how much they are. Tell him you like the little ones better than the big ones. Tell him you'll take the yellow ones. Pay him and say good-by.

Vocabulario activo

había, hubo *there was, there were*
pintar *to paint*
presentar *to introduce, to present*

el **árabe** (la **arabe**) *Arab*
el **arete** *earring*
el **autobús** *bus*
el **fin** *end;* **el fin de semana** *weekend*
la **joya** *jewel*
la **joyería** *jewelry store*
el **judío** (la **judía**) *Jew*
el **maestro** (la **maestra**) *master, teacher*
el **muro** *wall*
la **novia** *girlfriend*
el **novio** *boyfriend*
el **periódico** *newspaper*
el **pintor** (la **pintora**) *painter*
el **puente** *bridge*
el **rey** *king*
la **sorpresa** *surprise*
la **vergüenza** *shame;* **no tener vergüenza** *to be shameless, to have no shame*

cortés *polite, courteous*
feliz *happy*

junto(-a) *together, close*
lleno(-a) de *filled with, full of*
práctico(-a) *practical*
tinto(-a) *red (wine)*

casi *almost*
quizás *perhaps*

antes (de) *before*

A sus órdenes. *At your service.*
al mismo tiempo *at the same time*
Con permiso. *Excuse me. (With your permission.)*
Déjeme presentarme. *Let me introduce myself.*
De nada. *You're welcome.*
en serio *seriously*
¡Felicitaciones! *Congratulations!*
No hay de qué. *You're welcome.*
Pase usted. *Go ahead. Come in.*
Perdón. *Excuse me.*
por la mañana (tarde, noche) *in the morning (afternoon, evening)*
¡Qué barbaridad! *Good grief!*
¡Salud! *Cheers!; To your health!*
tener prisa *to be in a hurry*

LA ESPAÑA DEL PASADO

La historia de España es una historia de muchas razas y culturas. Los primeros habitantes de España fueron los celtíberos (*Celtiberians*), de origen europeo. Después vinieron los fenicios (*Phoenicians*), los griegos, y los cartagineses del norte de África. Una guerra larga y terrible entre los cartagineses y los romanos terminó en 218 (doscientos dieciocho) con el triunfo de los romanos. Podemos ver la influencia cultural de Roma en la lengua española (el latín vulgar formó la base del español moderno), en el sistema de leyes, y en la religión católica, proclamada como religión oficial por Teodosio, un emperador romano. Los romanos construyeron (*constructed*) puentes, caminos (*roads*), y acueductos por todo el país. En la foto vemos el famoso acueducto de Segovia.

En el año 711 (setecientos once) los moros invadieron la península ibérica, y en siete años la conquistaron. Establecieron en España una cultura que durante mucho tiempo fue la más espléndida del mundo occidental. En el siglo X los sabios de toda Europa viajaban a Córdoba, Granada y otros centros para aprender de los moros nuevas ideas en las ciencias, matemáticas, agricultura, medicina y poesía. En la foto vemos la Mezquita (*mosque*) de Córdoba; los arcos y columnas simbolizan el poder (*power*) infinito de Alá.

Desde (*from*) el norte de España los reinos (*kingdoms*) cristianos empezaron la guerra de la Reconquista (*Reconquest*), que duró (*lasted*) casi ocho siglos. En 1492 (mil cuatrocientos noventa y dos) las fuerzas militares de Isabel de Castilla y Fernando de Aragón conquistaron Granada, el último reino de los moros. En el mismo año Cristóbal Colón descubrió (*discovered*) un Nuevo Mundo en nombre de España. Ahora los españoles podían utilizar la disciplina militar de la Reconquista para la colonización del Nuevo Mundo. En la foto vemos la tumba de Isabel y Fernando en Granada.

Prepare a brief talk or report on a topic relating to the history of Spain—for instance, on one of the ethnic groups that settled Spain (the Celts, Greeks, Moors, Carthaginians, Romans, Jews, etc.), or on a famous figure of Spanish history (El Cid, a hero of the Reconquest; Ferdinand and Isabella; Columbus; etc.).

11 Once

I. THE REFLEXIVE

Rutinas diarias

Me llamo Jorge.

Me despierto a las siete y cuarto.

Me levanto a las siete y media.

Me lavo.

Me visto.

Tomo el desayuno.

Voy a la universidad.

Almuerzo a las doce.

Por la tarde, me quedo en casa y estudio.

Ceno a las nueve.

A las once me acuesto.

1. ¿A qué hora se levanta Jorge?   2. ¿Qué hace por la mañana? ¿Y por la tarde?   3. ¿A qué hora cena?   4. ¿A qué hora se acuesta?

Describe your own **rutina diaria.**

A. Reflexive verbs in Spanish are conjugated with the reflexive pronouns **me, te, se, nos, os,** and **se.** The pronoun **se** attached to an infinitive indicates that the verb is reflexive.

levantarse
(to get up)

me levanto	nos levantamos
te levantas	os levantáis
se levanta	se levantan

B. In a reflexive construction, the verb reflects back to and acts upon the subject of the sentence: *I enjoy myself, he dresses himself.* The following verbs are reflexive, with stem changes indicated in parentheses.

acostarse (ue)	*to go to bed*	llamarse	*to be named*
despertarse (ie)	*to wake up*	mudarse	*to move (change*
divertirse (ie)*	*to enjoy oneself,*		*residence)*
	to have fun	quedarse	*to remain, to stay*
irse	*to leave, to go away*	sentarse (ie)	*to sit down*
lavarse	*to wash*	vestirse (i)*	*to get dressed*

C. Like object pronouns, reflexive pronouns precede a conjugated verb, but follow and are attached to an infinitive. They follow affirmative commands.

¿Nos sentamos aquí?	*Shall we sit here?*
Me divertía mucho en las fiestas.	*I always enjoyed myself at parties.*
¿Ya te acuestas?	*Are you going to bed already?*
¿No vas a quedarte?	*Aren't you going to stay?*
Levántate, niña.	*Get up (stand up), child.*
Siéntense, por favor.	*Sit down, please.*
No te vas.	*Don't go away.*

D. Reflexive pronouns precede direct object pronouns: **Se lava las manos. Se las lavó.**

---

* Conjugated like **servir** (p. 337).

E. Most reflexive verbs are also used nonreflexively. In some cases the use of the reflexive pronoun changes the meaning of the verb.

Se llama Conchita.	*Her name is Conchita.*
José llama a Conchita.	*José calls Conchita.*

Nos lavamos todos los días.	*We wash (ourselves) every day.*
Lavamos el auto todos los días.	*We wash the car every day.*

F. The reflexive pronouns **nos** and **se** may be used with a first- or third-person plural verb form, respectively, in order to express a reciprocal action. This construction corresponds to the English *each other, one another.*

Todos se miran.	*They all look at one another.*
No nos vemos mucho.	*We don't see each other often.*

Ejercicios

1. Create new sentences, substituting the words in the list for those in italics.

   a. *Yo* me quedo aquí.
   1. tú   2. usted   3. nosotros   4. María   5. Fernando y José

   b. *Tú* debes irte a casa.
   1. yo   2. ustedes   3. los niños   4. tu novia   5. nosotras

   c. *Los muchachos* se divirtieron mucho.
   1. yo   2. todo el mundo   3. María y yo   4. tú   5. ustedes

   d. *Ella* se sienta.
   1. Fernando   2. nosotros   3. Carmen   4. yo   5. tú

   e. *Nosotros* nos acostábamos temprano.
   1. mis hijos   2. yo   3. ustedes   4. tú   5. ellos

   f. *Él* va a levantarse a las siete.
   1. yo   2. ustedes   3. nosotros   4. tú   5. Susana y yo

2. Restate, changing the verbs from the plural to the singular.

   1. ¿Nos sentamos aquí?
   2. Nos vamos ahora.
   3. Se van a mudar a Barcelona.
   4. Se divierten en el baile.
   5. ¿Cómo se llamaban?

3. Make informal **tú** commands from the following sentences.

La niña se levanta. → **Niña, levántate.**

1. Enrique se despierta.
2. Pablo se lava las manos.
3. Susana se queda con Ana.
4. Mi hijo se acuesta.
5. María se sienta aquí.

4. Make formal **usted** or **ustedes** commands from the following sentences.

La señora se sienta. → **Señora, siéntese.**

1. Los niños se van a casa.
2. El señor se queda con nosotros.
3. Los niños se acuestan.
4. El señor se sienta cerca de la puerta.
5. Las señoras se levantan.

5. Change the verbs in Exercises 3 and 4 to the preterite. Then change them to the imperfect.

6. Give the Spanish equivalent.

1. Sit down, Ana.   2. Go to bed, my daughter.   3. Don't get up, Enrique.   4. Alonso called Catalina, but she wasn't home.   5. Please sit down, ma'am.   6. Go to bed, children.   7. I always get up early. 8. When did you (**tú**) go to bed?   9. He went away.   10. She got dressed.   11. Are we staying here?   12. We don't enjoy ourselves much at parties.   13. Her name was Carmen.   14. I'm washing the car.

7. Write the love story of Juan and Juanita, using the reciprocal reflexive as in the example.

mirar → **Se miran.**

1. hablar
2. enamorar (*to fall in love*)
3. querer mucho
4. querer menos
5. aburrir (*to bore*)
6. decir adiós

Preguntas

1. ¿A qué hora se levanta usted? ¿A qué hora se levantó el sábado pasado?
2. ¿A qué hora se acuesta? Y anoche, ¿cuándo se acostó? 3. ¿Va a quedarse en casa esta noche? ¿Se quedó en casa ayer por la noche? 4. ¿Nos vemos aquí en la clase de español cada día? 5. Cuando usted era niño (niña), ¿vivió en la misma casa durante muchos años o se mudó frecuentemente?

II. *HACER* WITH EXPRESSIONS OF TIME

(1)	JANE:	¡Por fin llegas!
(2)	FERNANDO:	¿«Por fin»? ¿*Cuánto tiempo hace* que me esperas?
(3)	JANE:	*Hace una hora* que estoy aquí. ¿Dónde estabas?
(4)	FERNANDO:	En casa, hasta que salí *hace media hora.* ¿Por qué?
(5)	JANE:	¿No teníamos que encontrarnos a las cinco? *Hacía media hora* que estaba aquí cuando tú saliste.
(6)	FERNANDO:	Tú y tu puntualidad yanqui. Estás en América Latina, Jane, ¿recuerdas?
(7)	JANE:	Pero Fernando, si tienes una cita a las cinco, ¿a qué hora llegas generalmente?
(8)	FERNANDO:	Un poco más tarde, por supuesto. A las cinco y media, o a las seis, o . . .

1. ¿Cuánto tiempo hace que Jane espera a Fernando? 2. ¿Cuándo salió Fernando de casa? 3. ¿A qué hora tenían que encontrarse? 4. ¿Cuánto tiempo hacía que Jane estaba allí cuando Fernando salió? 5. Generalmente, ¿llega Fernando tarde, a tiempo, o temprano a una cita? ¿Y Jane?

A. **Hace** + time period + **que** expresses an action or event that began in the past and continues into the present.

Hace tres años que vivo aquí.	*I have been living (have lived) here for three years (and still do).*
Hace seis meses que asisto a la universidad.	*I've been attending the university for six months.*

(1) So you got here at last! (2) "At last?" How long have you been waiting for me? (3) I've been here for an hour. Where were you? (4) At home, until I left a half hour ago. Why? (5) Weren't we supposed to meet at five o'clock? I had been here a half hour when you left. (6) You and your Yankee punctuality. You're in Latin America, Jane, remember? (7) But Fernando, if you have an appointment at five o'clock, when do you generally arrive? (8) A little later, of course. At five-thirty or six o'clock, or . . .

The verb in the main clause is in the present tense, since the action is still in progress. If the action had been completed in the past, the preterite would have been used instead.

Viví aquí tres años.   *I lived here three years (but no longer do).*

Asistí a la universidad durante seis meses.   *I attended the university for six months.*

B. This construction, **hace** + time period + **que,** can be used in the imperfect, too. Then it expresses an action or event that began at some point in the past and continued up to some other point in the past.

Hacía tres años que vivía allí cuando te conocí.   *I had been living (had lived) there for three years when I met you.*

Hacía seis meses que asistía a la universidad.   *I had been attending the university for six months (and was still there at that moment I'm thinking of).*

C. The clause in the present or imperfect can be placed at the beginning of the construction; in this case, **que** is omitted.

Vivo aquí hace tres años.   *I have been living here for three years.*

Vivía aquí hacía tres años.   *I had been living here for three years.*

D. **Hace** can also mean *ago.*

Hablé con Juan hace dos meses.   *I spoke with Juan two months ago.*

Ella fue a Europa hace un año.   *She went to Europe a year ago.*

Ejercicios

1. Answer the following questons according to the examples.

  a. ¿Cuándo llamó Eugenio? → **Hace una semana que llamó.**

   1. ¿Cuándo escribió Amparo?
   2. ¿Cuándo vino tu hermana?
   3. ¿Cuándo fue Luisa al mercado?
   4. ¿Cuándo murió don Arturo?

b. ¿Miras la televisión todos los días? → **No, hace tres días que no la miro.**

1. ¿Tocas la guitarra todos los días?
2. ¿Ves a tu novia todos los días?
3. ¿Comes chocolates todos los días?
4. ¿Escuchas ese programa todos los días?

c. Anoche viste a tu prima, ¿verdad? → **Sí, pero hacía un mes que no la veía.**

1. Anoche le escribiste a tu novio, ¿verdad?
2. Anoche bailaste mucho, ¿verdad?
3. Anoche fuiste al cine, ¿verdad?
4. Anoche leíste el periódico, ¿verdad?

2. Give the Spanish equivalent.

1. We saw my sister three weeks ago.   2. She started to work here seven months ago, right?   3. They had been in Toledo for eight days when they met Pablo.   4. My brother has not played the guitar for years. 5. When they arrived, I had been living here for a week.

Preguntas

1. ¿Cuánto tiempo hace que sus padres viven en la misma casa? ¿Dónde vivían hace diez años?   2. ¿Cuántos meses hace que usted estudia español? 3. ¿Cuántas horas hace que usted está en la universidad?   4. ¿Dónde estaba hace tres horas? ¿cinco horas?   5. ¿Fuma usted? ¿No? ¡Felicitaciones! ¿Sí? ¿Fuma usted hace muchos años? ¿Cuántos?

III. THE RELATIVE PRONOUNS *QUE* AND *QUIEN*

A. **Que** is the most commonly used equivalent for *that, which, who,* and *whom,* when referring to both people and things.

Vista de Toledo es el cuadro que me gusta más.	View of Toledo *is the painting (that) I like the best.*
El jugador que ganó es mi primo.	*The player who won is my cousin.*
¿Quién era la mujer que tocaba la guitarra?	*Who was the woman (who was) playing the guitar?*

Relative pronouns are often omitted in English, but in Spanish they are always used.

B. **Quien** (**quienes**) refers only to people. It is usually used as the object of a preposition. When used as an indirect object, **quien** (**quienes**) must be preceded by the preposition **a.**

Es el artista de quien hablaba,
  ¿verdad?

He's the artist you were talking about, right?

Esos son los amigos a quienes
  pedí un favor.

Those are the friends I asked a favor of.

Ejercicios

1. Complete each of the following sentences with a form of **que** or **quien.**

1. Esos son los aretes _____ compré en España.
2. La señorita de _____ hablo va a cantar.
3. La señora Melendez es la mujer _____ tiene cuatro hijos.
4. El jerez _____ me gusta más es muy caro.

2. Complete the second blank in each sentence with **que** or **quien** and the first one with a personal statement.

1. _____ es la ciudad _____ me gusta más.
2. _____ es una persona _____ yo admiro mucho.
3. _____ es un libro _____ leí dos veces.
4. _____ son unas personas con _____ hablo cada día.

IV. LONG FORMS OF THE POSSESSIVES

mío (-a, -os, -as) *mine, of mine*	nuestro (-a, -os, -as) *our, of ours*
tuyo (-a, -os, -as) *yours, of yours*	vuestro (-a, -os, -as) *yours, of your*
suyo (-a, -os, -as) *his, hers, yours, theirs, of his, of hers, of yours, of theirs*	

In addition to the possessive adjectives presented on pp. 82-83 the preceding long forms can be used; they agree with the noun possessed in gender and in number. They follow nouns like standard pronouns.

los ojos tuyos (tus ojos)
los tuyos

those eyes of yours (your eyes)
yours

la casa suya (su casa)
la suya

his, her, your, their house
his, hers, yours, theirs

Ejercicio

Supply the forms of the possessive following the model.

Nuestro apartamento → **el apartamento nuestro, el nuestro**

1. su periódico
2. tus aretes
3. mis joyas
4. nuestros boletos
5. su guitarra
6. tus basos
7. mi pasaporte
8. mis camisas

MÉXICO, D.F: ANTIGUA CAPITAL AZTECA

En una oficina cerca del Zócalo,[1] México, D.F., dos agentes de la compañía Gigante° Universal hablan con John Thompson, uno de los agentes norteamericanos en viaje de negocios.

HÉCTOR: ¡Bienvenido, John! Siéntese. ¿Cómo está?

JOHN: Muy bien, gracias. Hace mucho tiempo que no nos vemos.

HÉCTOR: Es cierto, John, unos tres años, ¿no? Quiero presentarle a Alonso Rodríguez.

JOHN: Ya nos conocemos. ¿Recuerda, Alonso? Nos conocimos hace dos 5 años en Tampico.

ALONSO: ¡Cómo no! Ahora recuerdo.

JOHN: No sabía que usted vivía en la capital.

ALONSO: Estoy aquí con la familia desde marzo. La compañía nos trasladó.°

JOHN: ¿Hacía muchos años que vivía en Tampico? 10

ALONSO: Cinco años. Teníamos muchos amigos allá. No queríamos mudarnos, pero la compañía . . .

HÉCTOR: Claro. ¡Así es la vida! ¿Es su primer viaje a la capital, John?

JOHN: Sí, es muy interesante.

HÉCTOR: La ciudad está construida° sobre las ruinas de la antigua° capital 15 azteca, que estaba situada° en medio de un gran lago.[2]

ALONSO: Un poco al estilo de Venecia, ¿no?

HÉCTOR: Así es. Aquí cerca, en el sitio de la catedral, los aztecas tenían su gran templo.°

Pasan unas horas. Los tres señores hablan de los negocios. Por fin John se 20 levanta.

JOHN: Como salgo a las seis para Panamá, tengo que irme.

HÉCTOR: ¿Ya se va? ¿No puede quedarse una hora más, para tomar una copa?

ALONSO: Sí, hay un buen café en la Calle Noreelección[3] . . . y otro aún 25 mejor en la Torre Latinoamericana,[4] a unas siete cuadras de aquí.

JOHN: Bueno, si ustedes tienen tiempo . . .

Gigante *Giant*   trasladó *transferred*   construida *constructed*
antigua *former*   situada *situated*   templo *temple*

LA CATEDRAL, MÉXICO D.F.

Notas culturales

1. **El Zócalo** (officially called **Plaza de la Constitución**) is one of the biggest squares in the world and the center of Mexico City (**México, Distrito Federal**). One side is occupied by the cathedral, one of the largest in America, built on the site of a former Aztec temple. Another side is occupied by the **Palacio Nacional,** which contains the offices of the president and other government officials. It was built over the site of Moctezuma's palace. Moctezuma was the emperor of the Aztecs, who had conquered most of the other Indians of Mexico by the time the Spanish arrived. They worshipped the sun and believed that the sun had to be fed human blood to maintain its energy. Human sacrifices were performed regu-

larly; the usual procedure was to tear open the victim's chest with an ornate knife and rip out the still-beating heart as an offering to the sun. It's no wonder that the other Indians in Mexico hated the Aztecs and cooperated with the Spaniards to overthrow them.

2. The subsoil of Mexico City is like a giant sponge: about 85 percent of it is water, much of which is extracted from time to time for use in the growing city. For this reason many of the older public buildings have been thrust upward and must be entered by stairways added later to the original structure, while others have sunk and must now be reached by descending a stairway.

3. The street called **la Calle Noreelección** (*Street of No Re-election*) proclaims an extremely important tenet of modern Mexican politics. **«No**

MERCADO DE CANASTAS, MÉXICO

reelección» was the slogan of the liberals who in 1910 opposed the "re-election" of Porfirio Díaz, the eighty-year-old dictator who for twenty-six years had ruled Mexico; a revolution followed. Today Mexico is governed by the "revolutionary-reformist" PRI (**Partido Revolucionario Institucional**). The PRI candidate is always elected president and enjoys immense power, but he is in office for six years only and must never attempt to violate the principle of **«no reelección»**.

4. The **Torre Latinoamericana** is a forty-four story skyscraper, one of the tallest in Latin America. It literally floats on its foundation, which consists of piers sunk deep into the clay beneath Mexico City. An observatory on top is popular with tourists.

DIEGO RIVERA

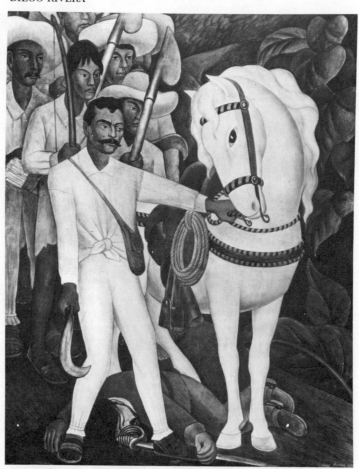

MONUMENTOS TOLTECAS, TULA, MÉXICO

Preguntas

1. ¿Cuánto tiempo hace que John y Héctor no se ven?   2. ¿Dónde y cuándo se conocieron John y Alonso?   3. ¿Desde cuándo están Alonso y su familia en la capital?   4. ¿Cuánto tiempo vivió Alonso en Tampico? 5. ¿Por qué se mudó?   6. ¿Sobre qué está construida la ciudad?   7. ¿Qué tenían los aztecas en el sitio de la catedral?   8. ¿Quién tiene que irse? ¿Por qué?   9. ¿Quiere usted algún día trabajar para una compañía como Gigante Universal? ¿Por qué o por qué no?

ESCULTURA EN ÓNIX

ACTIVIDADES

Intercambios

Using the reflexive verbs listed on the right, give an appropriate command to each of the persons or groups listed on the left. Use the **tú** or **usted**(es) form as necessary.

¿Qué dice usted a...?

1. un amigo que tiene sueño (*is sleepy*)
2. unas personas que están de vacaciones
3. un niño sucio
4. unos amigos a quienes no les gusta la casa en que viven
5. una amiga que va a salir temprano de una fiesta
6. una persona que lo molesta (*is bothering you*) muchísimo
7. unos turistas que entran en el restaurante de usted en bikini
8. un señor a quien usted invita a entrar en su oficina

divertirse
lavarse
quedarse
sentarse
irse
acostarse
despertarse
vestirse
levantarse
mudarse

Situación

Bumping into an old friend in Mexico City, you ask him if he remembers you—you met each other three years ago at the university. He says of course, and asks how you are. You say fine, and ask what he's doing in Mexico City. He says he's working for (**para**) **Productos Colosales.** You ask how long he's lived here; he says seven years. He asks if you're having fun in the city. You say yes, a lot. He asks if you want to have a drink. You say yes, if he has time.

Un Chiste

Write a different caption to this cartoon, using **hace** or **hacía** plus a period of time.

Isabel, te creí hace cuatro semanas cuando me dijiste que estabas enferma y no pudiste venir a clase. Te creí hace dos semanas cuando me dijiste que tu auto no funcionaba y que no se puede venir en autobús. ¡Pero cinco funerales en un semestre!

enferma *sick*

Vocabulario activo

acostarse (**ue**) *to go to bed*
despertarse (**ie**) *to wake up*
divertirse (**ie**) *to enjoy oneself, to have fun*
irse *to leave, to go away*
lavarse *to wash (oneself)*
levantarse *to get up, to stand up*
llamarse *to be named*
mudarse *to move (change residence)*
quedarse *to remain, to stay*
sentarse (**ie**) *to sit down*
vestirse (**i**) *to get dressed*

el **artista** (la **artista**) *artist*
la **cita** *appointment*
la **copa** *drink;* tomar una copa *to have a drink*
el **cuadro** *painting*
el **estilo** *style*
el **lago** *lake*
el **negocio** *business;* **en viaje de negocios** *on a business trip*
la **rutina** *routine*

cierto(-a) *right, correct; certain*
diario(-a) *daily*
enfermo(-a) *ill, sick*

allá *there*
aún *even*
ya *already*

desde *since*
durante *for, during*

como *since*

Así es. *That's right.*
¡Así es la vida! *That's life!*
Claro. *Of course. Sure.*
en medio de *in the middle of*
hace *ago;* hace dos años *two years ago*
por fin *finally, at last*
por supuesto *of course*
tener sueño *to be sleepy*

I. THE IMPERSONAL *SE*

En la librería se venden libros.

En la panadería se vende pan.

En la zapatería se venden zapatos.

En la carnicería se vende carne.

1. ¿Qué se vende en la joyería? ¿en la cervecería? ¿en la frutería? ¿en la lechería?
2. ¿Dónde se puede comprar aspirinas? ¿Dónde se puede cambiar (*change*) dinero? ¿comer? ¿ver una película?

The pronoun **se** followed by a verb in the third person is a construction frequently used when it is not important to identify the agent or doer of an action. Often the English equivalent is in the passive voice or is a verb with an impersonal subject like *they* or *one*.

Aquí se habla español.	*Spanish is spoken here.*
Se dice que él es inocente.	*They (people) say he is innocent.*
¿A qué hora se abren las tiendas aquí?	*What time do the stores open here?*
Se abren a las nueve y se cierran* a las siete.	*They open at nine and close at seven.*

Ejercicios

1. Create new sentences by substituting the words in the list for those in italics.

   a. En *Inglaterra* se habla *inglés.*
      1. España/español 2. Francia/francés 3. Portugal/portugués
      4. Japón/japonés 5. Italia/italiano

   b. Se abren *las tiendas* a las nueve.
      1. panaderías 2. biblioteca 3. farmacias 4. cafés
      5. supermercado

2. Give the Spanish equivalent.

   1. Spanish is spoken here. 2. You can't sing in class. 3. Wine is not served there. 4. One can't do everything. 5. Here the stores close early. 6. They say it's not true.

Preguntas

1. ¿Sabe usted cómo se dice «*Cheers!*» en español? ¿en alemán? ¿en francés? 2. ¿Qué lenguas se hablan aquí diariamente? 3. Según su opinión, ¿qué se necesita para tener una vida feliz? ¿Dinero? ¿Aventura? ¿Salud? ¿Poder? ¿Amor? ¿Libertad? 4. En los suburbios de hoy, ¿se puede

---

* **Cerrar** (**ie**), *to close.*

vivir sin automóvil? ¿sin televisión? ¿sin miedo (*fear*)? ¿sin dinero? ¿sin discriminación?   5. En las ciudades grandes de hoy, ¿se puede vivir sin barrotes (*bars*) en las ventanas? ¿sin contaminación? ¿sin ruido? ¿sin corrupción?   6. ¿A qué hora se cierran las tiendas aquí? ¿Se abren los domingos? ¿Se abrían los domingos hace diez años?

II. THE PAST PARTICIPLE USED AS AN ADJECTIVE

La farmacia está abierta ahora.

Los bancos están cerrados.

En esta librería
se venden libros usados.

En esta casa de música
se venden guitarras
hechas en México.

A. Many adjectives are derived from verbs. Past participles are often used as adjectives and agree in gender and number with the nouns they modify. In this case they are normally used with a form of **estar**.

B. To form the past participle of regular **-ar** verbs, add **-ado** to the stem of the infinitive. For **-er** or **-ir** verbs, add **-ido**.

habl**ado** *spoken*   com**ido** *eaten*   viv**ido** *lived*

If the stem of an **-er** or **-ir** verb ends in **-a, -e,** or **-o,** the **-ido** ending takes an accent.

tra**ído** *brought*
cre**ído** *believed*
o**ído** *heard*

The past participle of **ser** is **sido,** and of **ir, ido.**

C. Some irregular past participles are:

abierto	(abrir)	*open, opened*
cubierto	(cubrir)	*covered*
descubierto	(descubrir)	*discovered*
dicho	(decir)	*said*
escrito	(escribir)	*written*
hecho	(hacer)	*made, done*
muerto	(morir)	*died, dead*
puesto	(poner)	*put*
visto	(ver)	*seen*
vuelto	(volver)	*returned*

Cronica del muy esforçado cauallero el Cid ruy diaz campeador.

Ejercicios

1. Create new sentences, substituting the words in the list for those in italics.

    a. ¿Tienes *algo* hecho en México?
      1. un sombrero   2. unos zapatos   3. una guitarra   4. las blusas
      5. la falda

    b. ¿Encontraste *al niño* perdido?
      1. a los turistas   2. el dinero   3. las maletas   4. los aretes   5. a la niña

2. Using each phrase in italics as a subject, create new sentences with **estar** and a past participle.

    La chica escribió *la carta*. → **La carta está escrita.**

    1. Juan hizo *el trabajo*.
    2. Alberto terminó *el trabajo*.
    3. Los niños abrieron *los regalos*.
    4. Cerraron *la tienda*.
    5. El agente pidió *los sándwiches*.
    6. Cristóbal Colón descubrió *el Nuevo Mundo*.

Preguntas

1. ¿Está usted sentado(-a) cerca de la ventana? ¿cerca de la puerta?
2. ¿Está abierta la puerta o está cerrada? 3. ¿Conoce usted algunos cuadros pintados por artistas españoles: El Greco, Goya, Picasso, Dalí...?
4. ¿Conoce usted un libro escrito por un español? ¿Cómo se llama? ¿Quién lo escribió? 5. ¿Conoce usted algunos países descubiertos por exploradores y navegantes españoles? ¿Cuáles?

III. THE PRESENT PERFECT AND PAST PERFECT TENSES

(1) PRIMER SEÑOR: Perdón, señor. *¿Ha visto* usted a algún policía por este camino?

(2) SEGUNDO SEÑOR: Por aquí, no, pero *he pasado* a unos policías en la Avenida Central.

(3) PRIMER SEÑOR: ¿No *se ha encontrado* con nadie?

(4) SEGUNDO SEÑOR: No, antes de encontrarme con usted, no *había visto* a nadie.

(5) PRIMER SEÑOR: Entonces, ¡arriba las manos!

1. ¿Ha visto el segundo señor a algún policía por el camino? 2. ¿Y en la Avenida Central? 3. ¿Se ha encontrado con alguien? 4. ¿Qué le dice el bandido después de todas las preguntas?

(1) Excuse me, sir. Have you seen a policeman on this street? (2) Not around here, but I passed some policemen on Central Avenue. (3) You haven't come across (met) anyone? (4) No, before meeting you, I hadn't seen anyone. (5) Then, hands up!

A. The present perfect tense is formed with the present tense of the auxiliary verb **haber** plus a past participle.

haber

he	hemos	
has	habéis	+ past participle
ha	han	

It is used to report an action or event that has recently taken place or been completed and that still has a bearing upon the present.

¿Dónde has estado hoy?	*Where have you been today?*
María ha estado enferma recientemente.	*María has been sick recently.*
Hemos estado muy ocupados esta semana.	*We have been very busy this week.*
Ellos ya han hablado conmigo.	*They have already spoken with me.*
¿Has visto a Juan?	*Have you seen Juan (recently)?*

The past participle always ends in **-o** when used to form a perfect tense; it does not agree with the subject in gender or number.

B. The past perfect tense is formed with the imperfect of **haber** plus a past participle.

haber

había	habíamos	
habías	habíais	+ past participle
había	habían	

It is used to indicate that a completed action or event had taken place at some time in the past prior to another past event, stated or implied. If the other past event is stated, it is usually in the preterite or imperfect.

Leí que usted había tenido un accidente.	*I read that you had had an accident.*
Ramón y Teresa ya habían salido (cuando llamé).	*Ramón and Teresa had already gone out (when I called).*

C. The auxiliary form of **haber** and the past participle are seldom separated by another word. Negative words and pronouns normally precede the auxiliary verb.

No hemos recibido la carta.   *We haven't received the letter.*
¿Ya me has dado el libro?   *Have you already given me the book?*

No, no te lo he dado todavía.   *No, I haven't given it to you yet.*

Ejercicios

1. Create new sentences, substituting the words in the list for those in italics.

    a. ¿*Usted* nunca había comido tamales antes?
       1. él   2. ustedes   3. tu novio   4. Fernando   5. tú

    b. Y *usted,* ¿por qué no ha venido a vernos?
       1. ustedes   2. tú   3. él   4. su hermana   5. doña Rosario

    c. *Nosotros* ya le habíamos pedido el dinero.
       1. mis padres   2. Ramona   3. yo   4. ellas   5. el agente

2. Complete the sentences with the present perfect form of the verbs in parentheses.

    1. (perder)   Federico _____ el dinero.
    2. (ir)   Mis hermanos _____ al cine.
    3. (ver)   Nosotros _____ una película magnífica.
    4. (traer)   Carmen y Federico _____ el vino.
    5. (asistir)   Y usted, señor, ¿_____ a clases todos los días?
    6. (terminar)   Yo no _____ todavía.
    7. (decir)   El político me _____ que debo apoyarlo.
    8. (acostarse)   Juana ya _____.

3. Complete the sentences with the past perfect form of the verbs in parentheses.

    1. (cenar)   Ellos ya _____ cuando llegué.
    2. (llamar)   Juan me dijo que tú _____.
    3. (mudarse)   No sabía que ustedes _____ a una casa más grande.
    4. (ser)   Supe que tú y Jacinto _____ novios.
    5. (estar)   Isabel ya _____ en Buenos Aires antes.
    6. (encontrar)   No lo busqué porque Emilio ya lo _____.
    7. (hacer)   ¿Por qué no me dijeron que ustedes lo _____?
    8. (desayunar)   Nosotros ya _____ cuando vino Pepe.

4. Give the Spanish equivalent.

1. Pedro returned today from Spain.   2. We have lost the election.
3. Fernando had said that you were coming.   4. Juana had put the glasses on the table.   5. We have already written the letter.

Preguntas

1. ¿Qué ha hecho usted esta mañana? ¿Algo interesante? ¿útil? ¿original?
2. ¿Ha ido usted a Europa? ¿Cuándo? ¿Nunca había ido antes?   3. ¿Ha perdido usted algo importante recientemente? ¿Qué ha perdido? ¿libros? ¿dinero? ¿amigos? ¿ilusiones?   4. ¿Ha encontrado usted algo importante recientemente? ¿trabajo? ¿amor? ¿la Verdad?

IV. THE CHANGE OF THE CONJUNCTIONS *Y* TO *E* AND *O* TO *U*

(1) UN SEÑOR: ¿Está en casa el señor o la señora González?
(2) UNA NIÑA: ¿Qué señor y qué señora González? ¿Mis padres o mis tíos Juana *e* Ignacio?
(3) UN SEÑOR: Unos *u* otros, no me importa.
(4) UNA NIÑA: Bueno, mamá y papá salieron, y mis tíos están pero hoy no reciben.
(5) UN SEÑOR: Pues en este caso no deben recibir, sino dar. Vengo por el alquiler.

1. ¿Quiénes están en casa, los padres o los tíos de la niña?   2. ¿Cómo se llaman sus tíos?   3. ¿Reciben hoy?   4. ¿Qué quiere el señor?

The conjunction **y** becomes **e** before **i** or **hi.** The conjunction **o** becomes **u** before **o** or **ho.**

Ejercicios

1. Create new sentences, substituting the words in the lists for those in italics.

a. Carlos e *Inés* han hablado de ellos.
   1. Ana 2. Gloria 3. Isabel 4. Teresa 5. Ignacio

b. No sé si Anita u *Ofelia* me ha dicho eso.
   1. Oliverio 2. Silvia 3. Orlando 4. Olivia 5. Héctor

(1) Is Mr. or Mrs. González home? (2) Which Mr. and Mrs. González? My parents or my aunt and uncle, Juana and Ignacio? (3) Either one, it doesn't matter. (4) Well, Mom and Dad went out, and my aunt and uncle are in, but they're not receiving visitors today. (5) Well, in this case, they don't have to receive, but give. I've come for the rent.

2. Give the Spanish equivalent.

1. seven or eight   2. to live and to die   3. French and Italian   4. black or white   5. silver (**plata**) or gold   6. Mary or another girl   7. happy and intelligent   8. mathematics and history   9. ten or eleven 10. father and son

Preguntas

1. ¿Habla usted español e inglés? ¿francés e italiano?   2. ¿Era Rembrandt inglés u holandés?

PENTECOSTÉS, DE EL GRECO

GUATEMALA: LOS VALORES RELIGIOSOS

LA SEMANA SANTA EN ANTIGUA, GUATEMALA

Don Pepe, un viudo guatemalteco° que vive en la capital,¹ recibe en su casa a unos amigos de los Estados Unidos.

DON PEPE: Siéntense, por favor. ¿Tienen hambre?
ALAN: No, hemos comido, gracias.
DON PEPE: Ya han visto Tikal,² ¿eh? ¿Cómo fue el viaje?
LESLIE: ¡Estupendo! En medio de la selva hay cinco pirámides con templos que se ven desde° lejos. ¡Son magníficos! 5

guatemalteco = de Guatemala   desde *from*

LAGO ATITLÁN, GUATEMALA

ALAN: Y los mayas los abandonaron. ¿Por qué?

DON PEPE: Es un misterio.° No lo sabe nadie.

LESLIE: Pasamos la Semana Santa° en un pueblo pequeño y allí vimos las ceremonias° del Maximón.³ Yo había estado allí antes, pero en el otoño. Nunca he visto una costumbre tan fascinante. 10

ALAN: Es una extraña combinación de elementos paganos° y cristianos.

DON PEPE: Sí, los indios creen en el Dios cristiano y en los ídolos° antiguos al mismo tiempo. Pero eso no significa° para ellos ninguna contradicción. 15

ALAN: Son muy supersticiosos,° ¿no? En el mundo moderno la religión no es necesaria.

DON PEPE: Eso depende de° la cultura. Los indios encuentran en la religión un gran consuelo y una manera de afirmar° su identidad cultural. 20

LESLIE: ¿Y los ladinos?⁴

DON PEPE: La Iglesia Católica es muy importante para ellos, sobre todo en la educación moral de los hijos.

LESLIE: Pero la Iglesia ha prohibido el aborto° y el control de la natalidad. Creo que ha hecho mal° en eso. ¿No estás de acuerdo? 25

DON PEPE: No. Creo que ha hecho bien. Para mí, el aborto es un verdadero asesinato.

LESLIE: Pero a veces es necesario para la salud física o psicológica de la mujer.

misterio *mystery*   Semana Santa *Holy Week*   ceremonias *ceremonies*
paganos *pagan* ídolos *idols*   significa *signify*   supersticiosos *superstitious*
depende de *depends on*   afirmar *affirm*   aborto *abortion*
ha hecho mal *has been wrong*

ALAN: Y el control de la natalidad es importante a causa de la explo- 30
sión demográfica.

DON PEPE: Los expertos han exagerado° eso.

ALAN: ¿Y el divorcio?

DON PEPE: ¡Es muy malo eso!

LESLIE: Pero a veces es la mejor solución, ¿no? 35

DON PEPE: Es siempre difícil para los niños. Pero tengo amigos que piensan como ustedes.

ALAN: Y nosotros tenemos amigos que piensan como tú.

DON PEPE: En esta casa sólo hay una verdad absoluta: que el café de Guatemala es el mejor del mundo. ¿No quieren probarlo 40 ahora?

exagerado   *exaggerated*

Notas culturales

1. Founded in 1775, Guatemala City is the largest city in Central America and the political, cultural, and economic heart of Guatemala. Destroyed by earthquakes in 1917 and 1918, it was largely rebuilt. There was another serious earthquake in 1976.

2. **Tikal** is a partially restored ancient Mayan city in the **Petén**, the northern jungle area of Guatemala. It flourished until around 900 A.D., when, like other great Mayan cities, it was abandoned for reasons unknown.

3. The **Maximón** is an idol honored during Holy Week by the Mayans of the village of **Santiago Atitlán.** It is composed of many layers of clothing bundled around a mysterious core which may be a Mayan statue; its face in public is a wooden mask which always appears with a large cigar in its mouth. A special brotherhood is responsible for keeping the **Maximón,** dressing it, and officiating at various ceremonies to honor it. Though prayers and gifts are offered to it, **Maximón** is publicly hanged at the height of the celebration. Later it is brought down and hidden until the next year. Some think there may be a connection between the **Maximón** and the effigies of Judas, Christ's betrayer, that are hanged in many towns of Guatemala during Holy Week, except that the **Maximón** is the object of devotion, not derision. Only the members of the Indian brotherhood know the true contents and significance of the draped figure, but it is thought to have been derived from ancient Mayan religious practices.

4. **Ladino** is the term used to designate those Guatemalans who are Europeanized in culture and usually of mixed Spanish-Indian ancestry, as opposed to the pure-blood Indians who speak Quiché or other Indian languages. The distinction is much more cultural than racial, for an Indian becomes a **ladino** by learning to speak Spanish and adopting European dress and customs.

Preguntas

1. ¿Han visto Alan y Leslie a Tikal? ¿Les gustó? 2. ¿Por qué abandonaron los mayas Tikal? 3. ¿Qué vieron Alan y Leslie en un pueblo pequeño durante la Semana Santa? 4. ¿En qué creen los indios? 5. ¿Es importante la religión para Alan y Leslie? 6. ¿Qué encuentran los indios en la religión? 7. ¿Qué cree don Pepe del aborto? ¿del divorcio? 8. ¿Piensa usted como don Pepe o como Alan y Leslie? 9. ¿Cuál es la única verdad absoluta en casa de don Pepe?

SAN MARTÍN

ACTIVIDADES

Entrevista

Ask a classmate the following questions, then report the information to the class.

1. ¿Has estado muy ocupado este trimestre (semestre)? ¿Por qué?
2. ¿Has tenido tiempo de visitar un museo de arte recientemente? ¿Qué has visto allí? ¿Cuáles son los pintores que te gustan más?

3. ¿Es importante la Semana Santa en los Estados Unidos? ¿Hay aquí ceremonias y procesiones como en Guatemala y España? ¿Te parece que estas culturas son similares o muy diferentes?
4. En Guatemala los indios encuentran en la religión una manera de afirmar su identidad cultural. ¿Cómo afirman los norteamericanos de los Estados Unidos su identidad cultural? ¿Es por la religión? ¿la política? ¿los deportes? ¿la tecnología? ¿la publicidad?
5. En los Estados Unidos, ¿hay costumbres que deben parecer extrañas a los visitantes extranjeros (*foreign visitors*)? ¿Cuáles son?

Un anuncio

Write a newspaper classified ad beginning with **se necesita(n)**, **se compra(n)**, or **se vende(n)**, and at the end ask the reader to call a given phone number. **Llame al teléfono 42-61-12,** for example.

You may want to advertise for:
    un auto italiano
    un apartamento en el centro
    guías para turistas americanos
    un novio (una novia) bilingüe

Diálogo

Complete the following dialogue with the correct present-tense form of the verbs in parentheses.

JANET: ¿A qué hora se _____ (abrir) las tiendas aquí, Patricia?
PATRICIA: Generalmente se _____ (abrir) a las nueve de la mañana. Se _____ (cerrar) a las siete de la tarde.
JANET: Esta mañana he visto una zapatería aquí cerca. ¿Quieres ir conmigo para comprar zapatos?
PATRICIA: Sí, pero ahora no se _____ (poder) comprar nada.
JANET: ¿Por qué? Son sólo las dos.
PATRICIA: Casi todo se _____ (cerrar) entre las doce y las tres de la tarde.
JANET: Ah sí, alguien me ha dicho eso—¡la famosa siesta hispana!

1. ¿A qué hora se abren las tiendas en la ciudad donde están Janet y Patricia?   2. ¿Se cierran allí las tiendas a las cinco de la tarde?   3. ¿Qué quiere comprar Janet?   4. En general, ¿se puede comprar algo entre las doce y las tres de la tarde? ¿Por qué?   5. Cuando hace calor, ¿prefiere usted quedarse en casa por la tarde? ¿Le gusta echar una siesta (*take a nap*) después del almuerzo?

Vocabulario activo

cambiar *to change*
cerrar (ie) *to close*
cubrir *to cover*
descubrir *to discover*
encontrarse con *to meet, to come across*
probar *to try*
recibir *to receive*

el asesinato *murder*
el camino *road, highway*
la carnicería *meat market*
la casa de música *music store*
el consuelo *consolation*
el control de la natalidad *birth control*
la costumbre *custom*
el dios *god*
el divorcio *divorce*
el elemento *element*
el experto (la experta) *expert*
la explosión demográfica *population explosion*
la frutería *fruit store*
la identidad *identity*

el ídolo *idol*
la iglesia *church*
la lechería *dairy (store)*
la manera *manner, way*
la panadería *bakery*
el pariente (la pariente) *relative*
el pueblo *town*
la siesta *nap*
la tienda *store*
el valor *value*
la viuda *widow*
el viudo *widower*
la zapatería *shoe store*

extraño(-a) *strange*
fascinante *fascinating*
ocupado(-a) *busy*
religioso(-a) *religious*

sólo *only*

a causa de *because of, on account of*
sobre todo *especially, above all*

PIZARRO

HISPANO-AMÉRICA: ANTES Y DESPUÉS DE LA CONQUISTA

Antes del siglo dieciséis, cuando llegaron los españoles al Nuevo Mundo, había varias civilizaciones indígenas (*native*). La antigua civilización de los mayas era muy avanzada (*advanced*). Los mayas sabían mucho de las matemáticas, la astronomía y el arte. También tenían un sistema de escribir, con símbolos jeroglíficos (*hieroglyphic*).

Otra civilización bastante avanzada fue la civilización de los toltecas (*Toltecs*). Los toltecas construyeron (*built*) pirámides como la que (*the one that*) se ve en la fotografía. Ésta es la Pirámide del Sol en Teotihuacán, México. Cuando el conquistador español Hernán Cortés llegó a México en 1519 (mil quinientos diecinueve), Teotihuacán estaba en manos de los aztecas. Era una ciudad magnífica, con templos, palacios, mercados y escuelas. Los aztecas tenían un gran imperio (*empire*), pero también tenían muchos enemigos (*enemies*). Con la ayuda de las otras tribus de indios de la región, Cortés conquistó fácilmente a los aztecas.

Otra gran cultura de Hispanoamérica era la cultura de los incas, que vivían en la región de los Andes (hoy Perú, Ecuador, Bolivia y Chile). Las muchachas de la foto son descendientes de los incas. Tenían una estructura social piramidal, con un jefe supremo (el Inca) y varias clases sociales. La gente común trabajaba en tierras colectivas y solamente recibían la comida necesaria para vivir. Los nobles eran muy ricos. Los viejos y enfermos recibían ayuda del estado, un sistema bastante «comunista». Los incas sabían mucho de medicina—usaban anestesia y hacían operaciones delicadas. Construyeron excelentes caminos, puentes, acueductos y ciudades, como se puede ver en la foto.

Durante los tres siglos de la Colonia—desde (*from*) el siglo dieciséis hasta el siglo diecinueve—la estructura social en Hispanoamérica era básicamente feudal. Los indios trabajaban para los españoles y para los criollos (*Creoles*) —los blancos nacidos (*born*) en América. Eventualmente, los mestizos formaron un puente social entre los otros grupos. Los españoles (nacidos en España) tenían casi todo el poder, porque el gobierno español les daba a ellos todos los puestos políticos. Los criollos resentían esta discriminación, y la revolución fue inevitable. En México, el Padre Miguel Hidalgo empezó la revolución mexicana; el General José de San Martín era el jefe de las fuerzas (*forces*) revolucionarias que liberaron a Argentina y Chile, y Simón Bolívar ganó la liberación del norte de Sudamérica. Ya en 1825 (mil ochocientos veinticinco) toda Hispanoamérica era independiente. Aunque (*although*) Bolívar quería unir (*unite*) todos los países de la América Española en un solo país poderoso, los países permanecieron (*remained*) como estados separados. Muchas naciones pasaron a manos de dictadores, y parece que la independencia de España no fue una verdadera liberación para la mayoría de las naciones de Hispanoamérica. En la foto se ve el Padre Miguel Hidalgo de México.

Ejercicio

Match the people or groups on the left with the appropriate item on the right.

a. sabían mucho de la medicina y tenían
   un sistema social bastante «comunista»

1. Simón Bolívar
2. los toltecas
3. los incas
4. Padre Hidalgo
5. los aztecas
6. los criollos
7. José de San Martín
8. los mayas

b. jefe de las fuerzas revolucionarias
   que liberaron a Argentina y Chile
c. tenían un sistema de escribir
   con símbolos jeroglíficos
d. blancos nacidos en América
e. tenían un gran imperio cerca de Teotihuacán
   y tenían muchos enemigos
f. construyeron la Pirámide del Sol
g. una persona muy importante en la
   revolución mexicana
h. ganó la liberación del norte de Sudamérica
   y quería unir todos los países de Sudamérica
   en una sola nación

BOLÍVAR

SELF-TEST II

I. Commands

Convert the following statements into commands.

Tú haces el trabajo. → **Haz el trabajo.**
Usted me lo pide. → **Pídamelo.**

1. Ustedes hablan lentamente.
2. Tú hablas español.
3. Usted no los apoya.
4. Tú no te vas ahora, Rosa.
5. Tú no eres tonto.
6. Usted me pasa la sal.
7. Tú le dices la verdad.
8. Tú me llamas a las ocho.
9. Tú vienes al partido.
10. Usted me trae una cerveza.
11. Tú tienes cuidado.
12. Ustedes me esperan.

II. The Past Tenses

A. Change the verbs in the following sentences from the present to the preterite.

Felipe va al centro. → **Felipe fue al centro.**

1. Tienen que aprender inglés.
2. ¿Qué pides?
3. Ya los veo.
4. Se lo damos gratis.
5. ¿Quién pierde? ¿Quién gana?
6. No tienes tiempo para ver el partido.
7. El verdadero nombre del Cid es Ruy Díaz de Vivar.
8. Los árabes traen a España una rica cultura.
9. Salgo temprano.
10. Fernando se va a casa a acostarse.
11. Se divierten mucho.
12. No nos quiere ver.
13. Conocen a María.
14. Sabe la verdad.
15. Me levanto a las ocho.

B. Change the verbs in the following sentences of Exercise A to the imperfect: 1, 5, 6, 9, 11, 12, 13, 14, and 15.

Felipe va al centro. → **Felipe iba al centro.**

C. Change the verbs in the following sentences of Exercise A to the present perfect: 1, 3, 4, 5, 6, 10, and 11.

Felipe va al centro. → **Felipe ha ido al centro.**

D. Choose the correct Spanish equivalent of the sentences or phrases in italics.

1. *He used to come at eight o'clock.*
   a. Vino a las ocho.   b. Venía a las ocho.   c. Había venido a las ocho.
2. *They haven't yet bought the house.*
   a. No han comprado la casa todavía.   b. No habían comprado la casa todavía.   c. Ya no compraron la casa.
3. We were dining *when he came in.*
   a. cuando entraba   b. cuando ha entrado   c. cuando entró
4. *She was leaving.*
   a. Salió.   b. Ha salido.   c. Salía.
5. *He began to study* at seven o'clock and finished at ten.
   a. Empezó a estudiar   b. Empezaba a estudiar   c. Había empezado a estudiar
6. *What have you done!*
   a. ¡Qué había hecho!   b. ¡Qué hice!   c. ¡Qué has hecho!
7. I believed her because *she had spoken* to my mother about it.
   a. habló   b. había hablado   c. ha hablado
8. He played the guitar while *he waited for dinner.*
   a. ha esperado la comida   b. esperaba la comida   3. esperó la comida

E. Complete the paragraph with the appropriate form of the verbs in parentheses.

Ayer cuando yo _____ (esperar) el ómnibus, _____ (ver) a mi amigo Juan. No lo _____ (haber) _____ (ver) hacía tres años y _____ (haber) _____ (cambiar) mucho. Creo que ahora _____ (ser) muy rico. Cuando lo _____ (ver), _____ (llevar) un traje elegante y unos zapatos nuevos. Yo le _____ (decir) que _____ (estar) muy contento de verlo. Le _____ (preguntar) qué clase de trabajo _____ (tener). Él me _____ (contestar) que no _____ (trabajar), que su nueva esposa _____ (tener) mucho dinero. Me _____ (decir) que _____ (pensar) ir a otra ciudad, porque a su esposa no le _____ (gustar) Lima. Yo le _____ (decir), «Pero tú nunca _____ (haber) _____ (vivir) en otro sitio. ¿Quieres ir de veras?» Me _____ (contestar) que no, pero que _____ (tener) que hacerlo porque su esposa _____ (estar) enferma (*sick*). Pobre Juan, yo _____ (creer) que ya no _____ (ser) un hombre feliz.

III. *The Reflexive*

Restate, changing the pronouns and verbs from the plural to the singular.

¿Nos sentamos aquí? → **¿Me siento aquí?**

1. Siempre nos divertimos con Andrea y Tomás.
2. Ellos se van de aquí por última vez.
3. ¿Os laváis la cara?
4. Nos levantamos de la mesa.
5. Ustedes se llaman Alberti, ¿verdad?
6. ¿Os quedáis en Madrid?
7. Nos acostamos a las once.
8. Se despiertan temprano.

IV. *Useful Expressions*

Give the Spanish equivalent of the following expressions.

1. What's new?   2. Excuse me (with your permission).   3. Congratulations! 4. Can you tell me how to get to the Hotel Internacional?   5. Cheers! 6. You're welcome.   7. Where are shoes sold?   8. What time do the stores open?   9. Bring me a (cup of) coffee, please.   10. What do you recommend to us?   11. The check, please.   12. Excuse me (I beg your pardon).

I. THE PRESENT SUBJUNCTIVE OF REGULAR VERBS

Here are some signs (**letreros**) you might see in a Spanish-speaking country. Notice that the infinitive is used for written directives in Spanish; sometimes **Favor de ...** precedes it, as in **Favor de no fumar:** *No smoking.*

Here now is a list of places where the signs might be found. Following the example, use items in the list to complete the sentences below.

en el parque zoológico
en un cruce (una intersección) de
    calles
en una calle muy estrecha (*narrow*)
en el museo de arte
en una calle de una vía (*one-way*)
en un compartimiento de un tren
    (*train*)

_____ el policía prohibe que doblemos; el letrero dice «No doblar».
→ **En un cruce de calles el policía prohibe que doblemos; el letrero dice «No doblar».**

1. _____ el policía nos manda que no entremos; el letrero dice «No entrar».
2. _____ el guardia prohibe que demos comida a los animales; el letrero dice «No darles comida a los animales».
3. _____ el guardia nos pide que no toquemos los cuadros; el letrero dice «No tocar los cuadros».
4. _____ el conductor nos pide que no fumemos; el letrero dice «No fumar».
5. _____ el policía prohibe que estacionemos (*park*); el letrero dice «No estacionar».

A. The sentences in the preceding exercise all contain examples of the subjunctive mood. Until now, all the tenses presented in this book have been in the indicative mood, which is used to state facts or ask direct questions. The subjunctive mood is used after certain expressions that imply emotion, doubt, improbability, or unreality; it is also used for indirect commands or requests. In this chapter we will limit the use of the subjunctive to indirect requests with **pedir, querer, prohibir,** and **mandar.** Examples of the subjunctive in English with indirect requests are:

Mary's mother asks that she **spend** *more time at home.*
My boss requests that I **be** *at work at eight o'clock.*

To form the present subjunctive of regular **-ar** verbs, drop the ending **-o** from the first person singular (**yo**) of the present indicative and add the endings **-e, -es, -e, -emos, -éis, -en.** For **-er** and **ir** verbs, add the endings **-a, -as, -a, -amos, -áis, -an.**

hablar		comer		vivir	
hable	hablemos	coma	comamos	viva	vivamos
hables	habléis	comas	comáis	vivas	viváis
hable	hablen	coma	coman	viva	vivan

Notice that the **usted** and **ustedes** forms of the present subjunctive are the same as the **usted** and **ustedes** command forms and that the **tú** form is like the negative **tú** command form.

Mis padres quieren que yo estudie literatura.	My parents want me to study literature (want that I study literature).
Te pido que hables más despacio.	I'm asking you to speak more slowly.
¿Me manda usted que escriba eso?	Are you telling (ordering) me to write that down?
¿Nos prohibe el gobierno que viajemos por China?	Does the government forbid us to travel in China?

B. The infinitive is often used in English where the subjunctive must be used in Spanish. However, the infinitive is used in Spanish where there is no change of subject.

Quiero viajar por Rusia.	I want to travel in Russia.
Quiero que Juan viaje por Rusia.	I want Juan to travel in Russia.

Ejercicios

1. Create new sentences, substituting the words in the lists for those in italics.

 a. Don Antonio quiere que *nosotros* estacionemos aquí.
  1. ellos 2. yo 3. tú 4. ustedes 5. su madre

 b. El doctor no quiere que *tú* comas mucho.
  1. usted 2. ellas 3. Marta 4. yo 5. nosotros

 c. Mi hermano me prohibe que *yo* escriba la carta.
  1. tú 2. ustedes 3. nosotros 4. ellas 5. José

 d. Ella pide que *nosotros* nos levantemos.
  1. mis hermanos 2. yo 3. tú 4. los niños 5. Pedrito

2. Restate, adding the request as in the example.

 Hablo muy despacio. Me pide que ... → **Me pide que hable muy despacio.**

  1. Pedro mira la televisión ahora. No quiere que ...
  2. Visitamos a nuestros abuelos. Nos mandan que ...
  3. Pintas un cuadro abstracto. Te pide que ...
  4. Vivo con Margarita. Me prohiben que ...
  5. Usted lee mucho. No quiere que ...
  6. Les hablamos por teléfono. Nos prohibe que ...
  7. Los niños comen a las cinco. Quiero que ...
  8. Ellas viven contigo. Prohibo que ...
  9. Ustedes contestan en seguida. Les mando que ...
  10. Tomamos una copa. No quieren que ...

3. Following the examples, answer the questions.

 ¿Debo ayudarte? → **Sí, quiero que me ayudes.**
 ¿Debo abrir la ventana? → **Sí, quiero que la abres.**

  1. ¿Debo llamarte esta noche?
  2. ¿Debo leerte la carta de Esteban?
  3. ¿Debo comprarte una coca?
  4. ¿Debo esperarte?
  5. ¿Debo asistir al concierto?
  6. ¿Debo tocar la guitarra?
  7. ¿Debo escribirle al senador?
  8. ¿Debo vender el auto?

4. Give the Spanish equivalent.

1. We want you (**ustedes**) to buy the food.   2. She is asking us to read the book.   3. The president is ordering us to work more.   4. Mrs. Sánchez wants you (**tú**) to arrive early.   5. They always prohibit us from writing in the books.   6. They request that Ana learn to play the guitar.

Preguntas

1. ¿Quiere usted que sus padres le escuchen más?   2. ¿Qué hace usted cuando un amigo le pide que le dé dinero?   3. ¿Quieren sus padres que usted les escriba cada semana? ¿que les visite cada semana? ¿que pase todas sus vacaciones con ellos?

II. THE PRESENT SUBJUNCTIVE OF IRREGULAR, ORTHOGRAPHIC-CHANGING, AND STEM-CHANGING VERBS

(1)   ANTONIO: Mamá, quiero que *conozcas* a John, mi amigo de California.
(2) SRA. LÓPEZ: Mucho gusto.
(3)   ANTONIO: John, ¿quieres que *salgamos* ahora para que *conozcas* la ciudad?
(4)   JOHN: Sí, Antonio. Sabes, tengo que volver el viernes.
(5)   ANTONIO: ¡Imposible! Te prohibo que *pienses* volver tan pronto.
(6)   JOHN: Mis padres quieren que *vuelva*, Antonio.
(7) SRA. LÓPEZ: Pues, queremos que los llames y les *digas* que vas a pasar unos días más con nosotros.

1. ¿A quién quiere Antonio que su mamá conozca?   2. ¿De dónde es John?
3. ¿Qué quiere hacer John?   4. ¿Cuándo debe volver John? ¿Por qué?
5. ¿Qué dice Antonio?   6. ¿Qué quiere la señora López que John diga a sus padres?

(1) Mom, I want you to meet John, my friend from California. (2) Glad to meet you. (3) John, do you want to go out now so that you can get acquainted with city? (4) Yes, Antonio. You know I have to return Friday. (5) Impossible! I forbid you to think about returning so soon. (6) My parents want me to return, Antonio. (7) Well, we want you to call them and tell them that you're going to spend a few more days with us.

A. Verbs that are irregular in the first-person singular of the present indicative carry this irregularity over into the subjunctive. The endings are regular.

decir		conocer		tener	
diga	digamos	conozca	conozcamos	tenga	tengamos
digas	digáis	conozcas	conozcáis	tengas	tengáis
diga	digan	conozca	conozcan	tenga	tengan

Other verbs that follow this pattern are:

hacer	**hag-**
oír*	**oig-**
poner	**pong-**
salir	**salg-**
traer	**traig-**
venir	**veng-**
ver	**ve-**

B. The following verbs are irregular:

dar		estar		haber	
dé	demos	esté	estemos	haya	hayamos
des	deis	estés	estéis	hayas	hayáis
dé	den	esté	estén	haya	hayan

ir		saber		ser	
vaya	vayamos	sepa	sepamos	sea	seamos
vayas	vayáis	sepas	sepáis	seas	seáis
vaya	vayan	sepa	sepan	sea	sean

C. Most stem-changing -ar and -er verbs retain the same pattern of stem change in the present subjunctive that they have in the indicative.

encontrar		poder	
encuentre	encontremos	pueda	podamos
encuentres	encontréis	puedas	podáis
encuentre	encuentren	pueda	puedan

entender		pensar	
entienda	entendamos	piense	pensemos
entiendas	entendáis	pienses	penséis
entienda	entiendan	piense	piensen

* **Oír** (*to hear*) is irregular in the present indicative: **oigo, oyes, oye, oímos, oís, oyen.** The preterite forms are: **oí, oíste, oyó, oímos, oísteis, oyeron.**

D. Stem-changing **-ir** verbs that change from **e** to **ie, e** to **i,** or **o** to **ue** in the present indicative follow the same pattern in the subjunctive, with one additional change: in the **nosotros** and **vosotros** forms, the **e** of the stem is changed to **i** and the **o** is changed to **u.**

preferir		**pedir**		**dormir**	
prefiera	prefiramos	pida	pidamos	duerma	durmamos
prefieras	prefiráis	pidas	pidáis	duermas	durmáis
prefiera	prefieran	pida	pidan	duerma	duerman

Ejercicios

1. Create new sentences, substituting the words in the list for those in italics. Change the verbs as necessary also.

   a. Quiero que *tú* conozcas a Juan.
      1. esta señora   2. mis padres   3. ustedes   4. mis primas   5. él

   b. ¿Quieres que *nosotros* salgamos a ver la ciudad?
      1. los niños   2. yo   3. tus primos   4. Isabel   5. tú y yo

   c. Prohibo que *usted* diga eso.
      1. ustedes   2. tu amiga   3. tú   4. los profesores   5. don Antonio

   d. Mandan que *ustedes* les den dinero.
      1. el gobierno   2. tú   3. nosotros   4. yo   5. usted

   e. Pido que *tú* vayas con nosotros.
      1. usted   2. mi hermana   3. el guía   4. María y José   5. ustedes

   f. Quiero que *los doctores* me entiendan.
      1. mi hijo   2. tú   3. ellas   4. el señor presidente   5. todos

   g. Mandan que *nosotros* sirvamos la cena.
      1. tú   2. ustedes   3. la chica   4. yo   5. el mozo

2. Restate, adding the request as in the example.

   Vuelve temprano. Quiero que ... → **Quiero que vuelva temprano.**

   1. Le dice buenos días. Pide que ...
   2. Salen esta noche. Les mando que ...
   3. Sabemos la historia. Quieren que ...
   4. Me pide perdón. Su mamá manda que ...
   5. Hacen tonterías. No quiero que ...

3. Complete the sentences with the appropriate form of the verbs in parentheses.

1. Quieren que nosotros _____ (ir) a su casa.
2. Te pido que _____ (traer) a tu novio a mi fiesta.
3. Los médicos me prohiben que _____ (pensar) en las consecuencias posibles.
4. El profesor quiere que yo _____ (seguir) su curso.
5. Queremos que tú nos _____ (hacer) un favor.
6. ¿Me pides que te _____ (dar) la dirección?
7. Quiero que Carlos me _____ (encontrar) a la una.
8. ¡No puedes prohibirme que _____ (volver) tarde!
9. La policía quiere que nosotros _____ (estar) aquí a las doce.
10. El gobierno prohibe que _____ (haber) corrupción política y que los candidatos _____ (ser) deshonestos.

4. Give the Spanish equivalent.

1. I want you to be good, Miguelito.   2. Carla, ask your mother to give you ten dollars.   3. Why do they want us to learn all that?   4. Her mother prohibits her from going out at night!   5. Are you (**usted**) asking him to bring his guitar?   6. The doctor asks him to get dressed.   7. Do you want it to be a nice day tomorrow?   8. They want us to tell the truth.

Preguntas

1. ¿Debe la administración de esta universidad prohibir que haya huelgas (*strikes*) estudiantiles? ¿huelgas de los profesores?   2. Si hay huelgas estudiantiles violentas, ¿debe la administración prohibir que la policía venga?
3. En esta universidad, ¿quieren los profesores que los estudiantes vengan a clase todos los días? ¿Quieren que los estudiantes oigan bien sus conferencias (*lectures*) sin participar, o que hablen mucho en clase?   4. ¿Deben los profesores prohibir que los estudiantes lean periódicos o hagan otra cosa sin ruido (*noise*) en clase, si la conferencia no les interesa?   5. ¿Deben los profesores mandar que los estudiantes sepan la lección cada día, o solamente para los exámenes finales?

III. ADDITIONAL COMMAND FORMS

En la gasolinera.

(1) SEÑOR PAREDES: Buenos días. Cincuenta litros de gasolina corriente, por favor.
(2) MECÁNICO: ¿Necesita agua o aceite?
(3) SEÑOR PAREDES: No sé.
(4) MECÁNICO: *Abramos* el capó y *miremos* el motor. [. . .] Todo está en orden. *¡Que le vaya bien!*

1. ¿Qué quiere el señor Paredes? 2. ¿Qué abre el mecánico? ¿Para qué? 3. ¿Está todo en orden?

A. The **nosotros** form of the present subjunctive is used as the first-person plural (*let's*) command form.

Hablemos. (No hablemos.)	*Let's speak. (Let's not speak.)*
Comamos. (No comamos.)	*Let's eat. (Let's not eat.)*
Escribamos. (No escribamos.)	*Let's write. (Let's not write.)*

One exception is the affirmative **Vamos** (*Let's go*). The negative, however, is **No vayamos** (*Let's not eat*). **Vamos a** + infinitive can also be used: **Vamos a comer** (*Let's eat*). Pronouns are added to the **nosotros** command forms just as they are added to other command forms. When **nos** is added to an affirmative command, the final **-s** of the verb is dropped.

Levanémonos. (No nos levantemos.)	*Let's stand up. (Let's not stand up.)*
Vámonos. (No nos vayamos.)	*Let's go. (Let's not go.)*
Mirémoslos. (No los miremos.)	*Let's look at them. (Let's not look at them.)*

B. The subjunctive is also used for indirect commands, introduced by **que.**

Que hable él. (Quiero que hable él.)	*Let him speak. (I want him to speak.)*
Que les vaya bien.	*May all go well with you.*

At the filling station.
(1) Hello. Fifty liters of regular gasoline, please. (2) Do you need water or oil? (3) I don't know. (4) Let's open the hood and look at the motor. [. . .] Everything is fine. Good luck to you (may all go well with you)!

Ejercicios

1. Create new sentences, substituting the words in the list for those in italics.

   a. En este caso, *comamos* ahora.
   1. salgamos   2. levantémonos   3. vámonos   4. hablemos
   5. durmamos

   b. No lo *hagamos*.
   1. digamos   2. veamos   3. busquemos   4. pidamos   5. apoyemos

   c. Que *duerma* bien.
   1. oiga   2. estén   3. aprenda   4. salga   5. canten

2. Answer the questions in the affirmative, following the example.

   ¿Escuchamos la música? → **Sí, escuchémosla.**

   1. ¿Compramos el cuadro?
   2. ¿Pedimos la torta?
   3. ¿Nos vamos ahora?
   4. ¿Comemos los huevos?
   5. ¿Salimos?

3. Answer the questions in the negative, following the example.

   ¿Nos sentamos aquí? → **No, no nos sentemos aquí.**
   ¿Hacemos la sopa? → **No, no la hagamos.**

   1. ¿Escribimos la carta ahora?
   2. ¿Vamos a las ruinas?
   3. ¿Tomamos el tren de las seis?
   4. ¿Comemos temprano?
   5. ¿Abrimos el libro?

DULCES

IV. VERBS ENDING IN -UCIR

A. Verbs that end in **-ucir** have the ending **-zco** in the first-person singular of the present tense. The other present-tense forms are regular, as is the imperfect.

traducir		**conducir**	
(to translate)		*(to drive)*	
tradu**zco**	traducimos	condu**zco**	conducimos
traduces	traducís	conduces	conducís
traduce	traducen	conduce	conducen

Si quieres, te traduzco el cuento.	*If you want, I'll translate the story for you.*
No tomo vino porque esta noche conduzco.	*I'm not drinking wine because tonight I'm driving.*
Conducía un coche viejo cuando tuve el accidente.	*I was driving an old car when I had the accident.*

B. The preterite forms are:

traducir		**conducir**	
traduje	tradujimos	conduje	condujimos
tradujiste	tradujisteis	condujiste	condujisteis
tradujo	tradujeron	condujo	condujeron

Ejercicios

1. Create new sentences, substituting the words in the list for those in italics.

   a. *José* conduce un coche nuevo.
      1. Eduardo   2. Irma y yo   3. ustedes   4. yo   5. la esposa del senador

   b. *Tú* traduces un libro.
      1. Paco   2. yo   3. mi novio   4. tú   5. nosotros

2. Restate, changing the verbs to the singular.

   1. Conducen un auto usado.
   2. Conducimos bien.
   3. Te traducimos la carta.
   4. ¿Traducen ustedes la lección?
   5. ¿Adónde conducen ellas?

3. Change the verbs in Exercise 2 to the preterite.

Preguntas

1. ¿Sabe usted conducir? ¿Le gusta? ¿Qué tipo de coche conduce?
2. ¿Conducía usted el mismo coche el año pasado? 3. ¿Conducen los hombres mejor que las mujeres? ¿Conducen las personas más viejas mejor que los jóvenes? ¿Por qué o por qué no? 4. Si traducimos literalmente la expresión *con permiso*, ¿qué quiere decir? ¿Y la expresión *Que le vaya bien*? ¿Y *mucho gusto*? 5. Cuando usted habla español, ¿traduce literalmente del inglés? ¿Quiere su profesor que traduzca literalmente o que piense en español?

EL NACIMIENTO

QUERÉTARO: LAS POSADAS

Don Antonio, un español de setenta y cinco años, está en el pueblo de Querétaro, México, con su hija, que vive en México con su esposo mexicano. Es época de Navidad, y varias familias celebran las posadas. Están en casa de unos vecinos.[1]

LA VECINA:	Buenas noches. Entren, por favor. Están en su casa.[2]
DON ANTONIO:	Muy buenas.
LA HIJA:	¡Qué bonitas están las decoraciones!
DON ANTONIO:	¡Esta noche voy a ver las famosas posadas de México!
MIGUELITO:	Mamá, ¿puedo comer unos chocolates ahora?
LA HIJA:	No, Miguelito, no quiero que comas ahora. Vamos a cenar más tarde. Quiero que te sientes aquí y escuches las canciones.
LA VECINA:	Siéntese, Don Antonio, por favor.
DON ANTONIO:	Gracias. Y como no sé mucho de las posadas, les pido que me digan el origen de esta celebración.
LA HIJA:	Bueno, es una costumbre muy típica de México. Se cree que viene de la época de los aztecas . . .

Dos hombres cantan. Uno hace el papel° de San José y el otro hace el papel del dueño de casa.

SAN JOSÉ:	En nombre del cielo,
	danos posada.
	Ábrele la puerta
	a mi esposa amada.
EL DUEÑO:	Aquí no hay mesón.
	Sigan adelante.
	Ya no me hables más,
	¡ladrón o tunante!³

Una hora después. Las canciones han terminado.

EL VECINO:	Bueno, pasen al comedor. La comida está en la mesa.
LA VECINA:	Sí, entremos y comamos. ¡Que traigan la piñata!⁴
MIGUELITO:	¿Tienen piñatas en España, abuelo?
DON ANTONIO:	No, precioso.
MIGUELITO:	¡Pobres niños españoles!

hace el papel   *takes the role*

Notas culturales

1. The **posadas** (literally, *the inns*) are Christmas celebrations in Mexico commemorating the search of Joseph and Mary for lodging during their journey to Bethlehem. The festivities are held on nine consecutive nights, beginning on December 16 and ending on Christmas Eve. Nine families usually participate, with each family sponsoring one evening. Each evening, after prayers and songs, the company divides into two groups, one acting as Joseph and Mary, and the other as the innkeepers; they converse in rich, traditional poetry sung to haunting folk melodies. At the end of each evening the identity of those seeking shelter is revealed, they are admitted to the inn, and there is much celebrating. Perhaps nowhere else in the world is Christmas observed with such enthusiasm and pageantry. The custom is said to derive from an Aztec ceremony which a Spanish priest adapted to Christian purposes. This deep cultural heritage contributes to a strong community life.

2. This traditional greeting—*you are in your own house*—is used by a host in the Hispanic world to welcome a guest, usually for the first time, into his home.

3. *In the name of Heaven,*
   give us shelter.
   Open the door
   to my beloved wife.

   There is no inn here.
   Continue (on your search).
   Speak to me no further,
   thief or rogue.

4. A **piñata** for the children is part of every night of the **posadas.** The **piñata** is a brightly colored figure made of tissue paper, usually in the shape of an animal or toy, which contains a clay jug full of fruits, candies, and coins. The children take turns at being blindfolded and trying to break the **piñata** with a bat. When it is finally broken, the contents spill out and all the children scramble for them happily.

DECORACIONES DE NAVIDAD

Preguntas

1. ¿De dónde es Don Antonio? ¿Cuántos años tiene? 2. ¿Dónde está Don Antonio? ¿A quiénes visita? 3. ¿Qué celebran? 4. ¿Qué quiere decir, «Están en su casa»? 5. ¿Qué quiere Miguelito? ¿Qué le dice su mamá? 6. ¿Qué pide Don Antonio que le digan? 7. ¿De qué época viene la costumbre de las posadas? 8. ¿Qué papeles hacen los dos hombres que cantan? 9. ¿Qué quiere San José que le den? 10. Las canciones terminan y todo el mundo se va a casa, ¿verdad? 11. ¿Celebra usted las Navidades con una gran cena? ¿con una piñata? ¿Cómo las celebra?

ACTIVIDADES

Entrevista

Ask a classmate the following questions, then report the information to the class.

1. ¿Crees que el gobierno debe pedirnos que conservemos energía? ¿que no compremos gasolina? ¿que usemos menos gasolina? ¿que conduzcamos a menos de 55 millas (*miles*) por hora? ¿que conduzcamos coches pequeños?
2. ¿Debe el gobierno mandar que apoyemos a un candidato presidencial con dinero? ¿mandar que votemos en cada elección?
3. ¿Celebras las Navidades en tu casa? ¿Qué hace tu familia? ¿Tienen ustedes un árbol (*tree*) de Navidad? ¿una piñata? ¿Van a la misa del gallo (*midnight mass*)?
4. ¿Celebras tu cumpleaños con un pastel? ¿con una fiesta? Por lo general, ¿qué haces el día de tu cumpleaños?
5. ¿Celebras el Día de Gracias (*Thanksgiving*) en tu casa con una gran cena? ¿Visitas a tus tíos o abuelos? ¿Qué comes?

Y usted, ¿qué cree?

Complete each of the following sentences.

1. La administración de esta universidad debe pedir a los profesores que _____.
2. Los estudiantes de esta universidad deben prohibir que _____.
3. Los estudiantes de esta universidad deben mandar que _____.

Situación

Complete the following dialogue.

En la gasolinera.

(1)   MECÁNICO: ¿En qué puedo servirle, señor?
(2) SEÑOR GARCÍA: Quiero que usted _____ (mirar) el motor, para ver si este auto funciona bien.
(3)   MECÁNICO: Bueno, _____ (abrir) el capó y miremos el motor. ¿Quiere que _____ (mirar) el aceite (*check the oil*)?
(4) SEÑOR GARCÍA: No, creo que está bien. Pero quiero que _____ (poner) agua en el radiador, por favor.
(5)   MECÁNICO: Por supuesto, y en la batería también.
(6) SEÑOR GARCÍA: Y _____ (llenar: *to fill*) el tanque con gasolina corriente.
(7)   MECÁNICO: [. . .] Su auto está listo (*ready*) ahora. ¡Que le _____ (ir) bien!

Vocabulario activo

conducir   *to drive*
estacionar   *to park*
mandar   *to order, to command*
oír   *to hear*
tocar   *to touch*
traducir   *to translate*

el **aceite**   *oil*
la **canción**   *song*
el **coche**   *car*
el **comedor**   *dining room*
la **conferencia**   *lecture*
el **dueño** (la **dueña**)   *owner*
la **época**   *era, epoch, time*
la **gasolina**   *gasoline*
la **gasolinera**   *filling station*
la **huelga**   *strike*

el **letrero**   *sign*
el **litro**   *liter*
el **mecánico**   *mechanic*
la **Navidad**   *Christmas*
el **tren**   *train*

deshonesto(-a)   *dishonest*
estrecho(-a)   *narrow*
precioso(-a)   *darling, precious*
varios(-as)   *several*

despacio   *slowly*

Que le vaya bien.   *May all go well with you.*
Todo está en orden.   *Everything is fine (in order).*

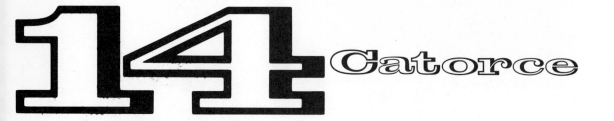

I. THE SUBJUNCTIVE WITH CERTAIN VERBS EXPRESSING EMOTION, NECESSITY, WILL, AND UNCERTAINTY

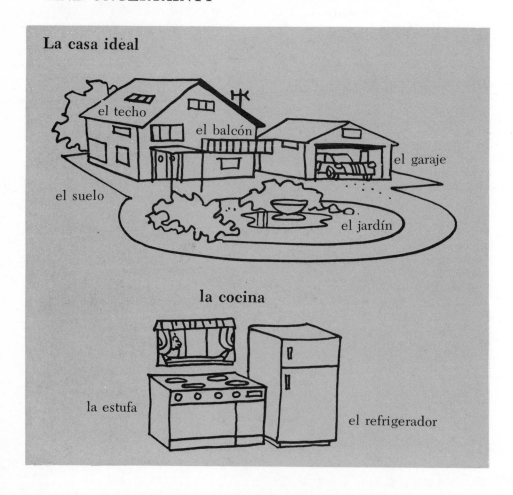

La casa ideal

el techo

el balcón

el garaje

el suelo

el jardín

la cocina

la estufa

el refrigerador

el comedor

la mesa

las sillas

la sala

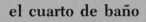

el sofá

el televisor

la alcoba

la cama

el armario

el cuarto de baño

la tina

Mr. and Mrs. López are planning to buy a new house—a dream house. They are on their way to look at a house being sold nearby. Complete each sentence of the following dialogue according to the model. **Ojalá que** means *I hope.*

Espero que la casa tenga tres alcobas.
Sí, ojalá que _____.
→ **Sí, ojalá que tenga tres alcobas.**

1. La señora López: Espero que haya un jardín bonito.
   El señor López: Sí, ojalá que _____.
2. La señora López: Es necesario que la cocina sea moderna.
   El señor López: Sí, ojalá que _____.
3. La señora López: Espero que los armarios sean grandes.
   El señor López: Sí, ojalá que _____.
4. La señora López: Es importante que tenga dos cuartos de baño con tinas enormes.
   El señor López: Sí, ojalá que _____.
5. La señora López: Espero que la venda a buen precio.
   El señor López: Sí, ojalá que _____.
6. La señora López: Espero que haya un comedor grande.
   El señor López: Sí, ojalá que _____.
7. La señora López: Es necesario que tenga un refrigerador.
   El señor López: Sí, ojalá que _____.
8. La señora López: Espero que el garaje sea bastante grande.
   El señor López: Sí, ojalá que _____.

A. The subjunctive is used in Spanish after certain verbs expressing:

1. expectations and feelings

Espero que vengan.	*I hope they are coming.*
Tengo miedo de que haya una crisis económica.	*I'm afraid there'll be an economic crisis.*
Ojalá que los jóvenes lleguen pronto.	*I hope that the young people arrive soon.*
Me alegro de que ganen el partido.	*I'm glad they're winning the game.*
Siento que Juan no pueda venir.	*I'm sorry Juan can't come.*

2. an order, request, or plea

Les pido a ellos que me lo traigan.	*I am asking them to bring it to me.*
¡Te digo que te sientes!	*I'm telling you to sit down!*
El presidente prohibe que fumen durante la reunión.	*The president forbids them to smoke during the meeting.*

3. will, desire, or preference

Quiero que usted lo haga.	*I want you to do it.*
Desean que tú vuelvas a casa pronto.	*They want you to come back home soon.*
José prefiere que Elena lo diga.	*José prefers that Elena tell it.*

4. approval or permission

Me gusta que digas la verdad.	*I'm pleased (it pleases me) that you are telling the truth.*
El profesor permite que llegue tarde hoy.	*The teacher is permitting me to arrive late today.*

5. necessity

Necesitamos que alguien nos traiga la comida.	*We need someone to bring us the meal.*

6. doubt or uncertainty

Dudo que ellos estén en casa.	*I doubt if they are home.*
No estoy seguro que José sepa hacerlo.	*I'm not sure that José knows how to do it.*

B. The verbs **creer** and **pensar** require the subjunctive in interrogative or negative sentences when surprise or doubt is implied. The indicative is used in affirmative sentences or when there is no uncertainty in the speaker's mind.

¿Crees (piensas) que Alicia venga mañana? — *Do you believe that Alicia is coming tomorrow? (doubt implied)*

¿Crees (piensas) que Alicia viene mañana? — *Do you think Alicia is coming tomorrow? (a simple question)*

No creo (pienso) que Alicia venga mañana. — *I don't believe that Alicia is coming tomorrow.*

C. Notice that **que** is always used in these expressions, although in English *that* can be omitted or an infinitive can be used.

Espero que ellos hablen con Pablo. — *I hope (that) they talk to Pablo.*

Quiero que Juan lo haga. — *I want Juan to do it.*

Ejercicios

1. Create new sentences, substituting the words in the lists for those in italics.

a. *Me alegro que* seas feliz.
   1. dudo que 2. no creo que 3. ojalá que 4. espero que 5. deseo que

b. *No creo que* me lo traigan.
   1. mando que 2. prefiero que 3. pido que 4. dudo que 5. quiero que

c. *Quiere que* usted lo haga ahora.
   1. manda que 2. espera que 3. necesita que 4. prefiere que 5. tiene miedo de que

d. *Esperamos que* nos des el dinero.
   1. ojalá que 2. necesitamos que 3. queremos que 4. nos alegramos que 5. me gusta que

2. Complete the sentences with the correct form of the verb in parentheses.

1. (llegar)   Dudo que él _____ mañana.
2. (conocer)   Queremos que tú _____ a Alejandro.
3. (dar)   Te pido que no le _____ consejos.
4. (volver)   ¿Piensas que Ramón _____ pronto?
5. (saber)   Esperamos que ellas _____ hacerlo.
6. (venir)   Antonia no cree que María _____ esta noche.
7. (tener)   Siento que ustedes _____ tantos problemas.
8. (ser)   ¿Crees que Alejandro _____ comunista?
9. (estar)   No estoy seguro que Marta _____ en casa.
10. (ganar)   Me alegro de que el Real Madrid _____ el partido.

3. Give the Spanish equivalent.

1. I hope he helps the family.   2. I want him to help the family.   3. I believe he is helping the family.   4. I doubt that he helps the family. 5. You don't believe he helps the family, do you?

4. Write three sentences about your dream house, using **Ojalá que . . .** If you don't want a dream house, write three sentences about a car or a trip that you dream of.

Preguntas

1. ¿Cree usted que el presidente dice generalmente la verdad, mentiras (*lies*), o un poco de las dos?   2. ¿Duda usted que las noticias (*news*) que se ven en la televisión sean auténticas? ¿Por qué o por qué no?   3. Se dice que cada año muchas personas mueren de hambre. ¿Tiene usted miedo de que haya una crisis mundial a causa del hambre? ¿Necesitamos que los países ricos ayuden a los países pobres con más alimentos (comida)?

II. THE SUBJUNCTIVE WITH IMPERSONAL EXPRESSIONS

(1) SEÑOR ÁLVAREZ: Si piensa casarse con mi hija, *es importante que me diga* cuánto dinero tiene.

(2) EL NOVIO: Pues mire, señor Álvarez, *es mejor que ella sea* feliz y no rica. Yo gano ochenta pesos al mes.

(3) SEÑOR ÁLVAREZ: Entonces *no es posible que yo permita* que se case con mi hija. *Es necesario que usted cambie* de empleo o de novia.

1. ¿Qué quiere saber el señor Álvarez? 2. ¿Cuánto gana el novio? 3. ¿Va a permitir el señor Álvarez que se casen? ¿Por qué o por qué no?

A. The subjunctive is used after many impersonal expressions which express doubt, emotion, expectation, or personal judgment. Some of the more common impersonal expressions which require the subjunctive in affirmative, negative, or interrogative sentences are:

Es bueno.	*It's good.*	Es imposible.	*It's impossible.*
Es malo.	*It's bad.*	Es posible.	*It's possible.*
Es mejor.	*It's better.*	Es importante.	*It's important.*
Es una lástima.	*It's a pity.*	Es necesario.	*It's necessary.*
Es probable.	*It's probable.*	Es ridículo.	*It's ridiculous.*

¿Es bueno que el garaje sea grande?	*Is it good that the garage is big?*
Es mejor que me vaya.	*It's better for me to leave.*
Es importante que no pierdas el tiempo.	*It's important that you not waste time.*
No es posible que él lo haga hoy.	*It's not possible for him to do it today.*

(1) If you intend to marry my daughter, it's important that you tell me how much money you have. (2) Well (look), Mr. Álvarez, it's better for her to be happy, not rich. I earn eighty pesos a month. (3) Then it's not possible for me to permit you to marry my daughter. You must change your job or your girlfriend.

B. The following expressions require the subjunctive when used in the negative or interrogative if doubt is strongly implied.

Es verdad.   *It's true.*   Es claro.   *It's clear.*
Es cierto.   *It's certain.*   Es seguro.   *It's certain.*

No es verdad que él sea rico.   *It's not true that he's rich.*
¿Es verdad que él sea rico?   *Is it true that he's rich? (doubt implied)*

¿Es verdad que él es rico?   *Is it true that he's rich? (a simple question)*

Es verdad que él es rico.   *It's true that he's rich.*
No es cierto que él se case.   *It's not true that he's getting married.*

Es cierto que él se casa.   *It's true that he's getting married.*

C. The expressions **tal vez** and **quizás,** which both mean *perhaps,* require the subjunctive when doubt is strongly implied.

Quizás tengas razón.   *Perhaps you are right (but it's doubtful).*

Quizás Enrique lo sabe.   *Maybe Enrique knows about it (he probably does).*

Tal vez no paguen las deudas.   *Perhaps they're not paying their debts (they probably aren't).*

Ejercicios

1. Create new sentences, substituting the words in the lists for those in italics. Use the subjunctive or indicative, as required by the impersonal expression.

   a. *Es ridículo* que Jesusito pierda el tiempo.
      1. es una lástima   2. es verdad   3. no es cierto   4. es imposible
      5. es seguro

   b. *Es mejor* que se levanten a las cinco de la mañana.
      1. es posible   2. es claro   3. es imposible   4. es importante   5. es verdad

2. Create new sentences, replacing the words in italics with **que** + a clause. Use the word or words in parentheses as subjects.

Es ridículo *perder el tiempo*. (José) → **Es ridículo que José pierda el tiempo.**

1. Es una lástima *no llegar temprano*. (Marta y Félix)
2. Es importante *no trabajar demasiado*. (tú)
3. Es posible *tener fiebre*. (la muchacha)
4. Es mejor *no hacerlo*. (nosotros)
5. Es ridículo *vender todos los libros*. (tú)

3. Restate each of the following sentences, using **Es necesario que.**

Yo encuentro una casa ideal. → **Es necesario que yo encuentre una casa ideal.**

1. La casa tiene un buen techo y muros sólidos.
2. Hay un refrigerador enorme y una estufa modernísima.
3. Se puede ver el televisor desde (*from*) el sofá.
4. La mesa y las sillas del comedor son elegantes.
5. Las vistas desde los balcones me gustan mucho.
6. Yo puedo dormir toda la noche en una cama cómoda (*comfortable*) en medio de una alcoba bellísima.
7. Yo tomo posesión de la casa prontísimo.
8. Todo el mundo admira de lejos mi casa ideal.
9. Vivo muchos años allí sin ruido (*noise*) y sin problemas.
10. Vuelvo a la realidad.

4. Write three sentences using **quizás** or **tal vez.**

Preguntas

1. ¿Es probable que vayamos a Venus en unos años?   2. ¿Es posible que no tengamos guerras en el futuro?   3. ¿Es bueno que haya mucho progreso industrial en este país, o es una lástima para las futuras generaciones? 4. ¿Es importante que una mujer se case y tenga muchos hijos? ¿O es mejor que ella busque un empleo interesante?   5. ¿Es necesario que todo el mundo trabaje en esta sociedad?

III. CARDINAL NUMBERS 100 AND ABOVE

En la agencia de viajes.

(1)   ENRIQUE: Buenas tardes.
(2) EL AGENTE: Buenas tardes, señor.
(3)   ENRIQUE: ¿Cuánto cuesta un pasaje a Mazatlán en avión?
(4) EL AGENTE: *Ochocientos* pesos, ida y vuelta.
(5)   ENRIQUE: ¿Y en tren?
(6) EL AGENTE: *Quinientos* pesos.
(7)   ENRIQUE: ¿Y en ómnibus?
(8) EL AGENTE: *Doscientos cincuenta* pesos. Y si usted va a pie, no le cuesta nada.

1. ¿Adónde quiere ir el señor? 2. ¿Cuánto cuesta un pasaje de ida y vuelta en avión? ¿en tren? ¿en ómnibus? ¿a pie?

100	cien(to)	600	seiscientos
101	ciento uno	700	setecientos
200	doscientos	800	ochocientos
300	trescientos	900	novecientos
400	cuatrocientos	1.000	mil*
500	quinientos		

A. Before all nouns and before the number **mil** (*one thousand*), **cien** is used to mean *one hundred.*

cien chicos   *100 boys*   cien mil hombres   *100,000 men*
cien puertas *100 doors*   cien mil promesas *100,000 promises*

B. **Ciento** is used in all other cases. **Ciento** does not have a feminine form. However, the numbers 200–900 do agree with a noun in gender; thus **doscientos** becomes **doscientas** before a feminine noun.

ciento una casas   *101 houses*
ciento un dólares   *101 dollars*
ciento cincuenta muchachas   *150 girls*
doscientas ciudades   *200 cities*
cuatrocientos diez aviones   *410 airplanes*
quinientas cuatro personas   *504 people*

At the travel agency.
(1) Good afternoon. (2) Good afternoon, sir. (3) How much does a ticket to Mazatlán cost by plane? (4) Eight hundred pesos, round trip. (5) And by train? (6) Five hundred pesos. (7) And by bus? (8) Two hundred fifty pesos. And if you go by foot, it won't cost you anything.

* Notice that periods are used in Spanish numbers where commas are used in English.

C. To express numbers above 1,000, **mil** is always used.

mil novecientos ochenta y cuatro   *1984*
mil sesenta y seis   *1066*
dos mil uno   *2001*

In expressing dates, the month and year are connected by **de.**

el trece de enero de mil   *January 13, 1863*
   ochocientos sesenta y tres
el cuatro de julio de 1990   *July 4, 1990*

Ejercicios

1. Read the following in Spanish:

250 + 150 = 400 → **doscientos cincuenta más ciento cincuenta son cuatrocientos**
300 − 100 = 200 → **trescientos menos cien son doscientos**

  1. 50 + 50 = 100
  2. 320 + 210 = 530
  3. 960 − 605 = 355
  4. 1.000 − 875 = 125
  5. 9.000 − 7.000 = 2.000
  6. 425 + 201 = 626

2. Read the following sentences aloud; then write them out, spelling out the numbers. The verb **nacer** means *to be born.*

  1. Los fenicios (*Phoenicians*) llegaron a España (la península ibérica) en 1100 A.C. (antes de Cristo).
  2. Julio César nació en 100 A.C. y murió en 44 A.C.
  3. En el año 101 D.C. (después de Cristo), casi todo el mundo en la península ibérica hablaba latín; las lenguas de otras culturas desaparecieron (desaparecer: *to disappear*). Pero hoy día más de 750.000 vascos (*Basques*) viven en España, y muchos de ellos hablan vasco, una lengua pre-romana.
  4. En 711 los moros invadieron la península ibérica.
  5. En 1492 Cristóbal Colón descubrió América.
  6. Hernán Cortés nació en 1485 y murió en 1547.
  7. Francisco Pizarro llegó al Perú en 1531.
  8. Miguel de Cervantes, autor del *Quijote*, nació en 1547 y murió en 1616.

9. El autor Miguel de Unamuno nació en 1864 y murió en 1936.
10. De 1936 a 1939 hubo en España una guerra civil muy sangrienta; los fascistas ganaron.
11. En 1975 murió el dictador fascista de España, Francisco Franco.
12. Se dice que hubo dos verdaderas revoluciones en Hispanoamérica: la mexicana de 1910 y la cubana de 1959 (con Fidel Castro); las otras «revoluciones» fueron golpes de estado (*coups d'état*) y la estructura política no cambió mucho.

Preguntas

1. ¿En qué año nació su madre? ¿su padre?   2. ¿En qué año vinieron sus antepasados (*ancestors*) a las Américas? ¿De dónde vinieron? (¿En qué año vino usted a las Américas? ¿De dónde?)   3. ¿Recuerda usted la fecha (*date*) de la revolución francesa? ¿de nuestra revolución?   4. ¿Ha comprado usted algo caro recientemente? Por ejemplo, ¿ha comprado un auto nuevo? ¿Cuánto cuesta un auto nuevo?   5. ¿Ha viajado usted a otro país—por ejemplo, a México? ¿Cuánto le costó? ¿Cuánto cuesta un pasaje en avión a Europa hoy? ¿al Japón?

PESCADORES, COLOMBIA

COLOMBIA: EN LA COSTA DEL CARIBE

Un rancho en la costa del Caribe.

ANTONIA: ¡Jesús, ven acá!¹ Necesito que me traigas agua.

JESÚS: Aquí estoy, mamá. Voy a ir por el agua y después voy a pescar.

ANTONIA: Está bien. Ojalá que regreses con un buen pescado.

El niño sale, pero pronto regresa.

JESÚS: Mamá, por el río llega gente en canoa.° [. . .]   5

ANTONIA: Ah, creo que son Félix y Marta. ¡Bienvenidos!

FÉLIX: Buenos días, comadre² Antonia.

ANTONIA: Muy buenos días, compadres. Me alegro de verlos. Pasen adelante.

EZEQUIEL: Siéntense. Deben tener hambre.   10

ANTONIA: Sí, y quiero que almuercen con nosotros. Voy a prepararles un buen plato de ropa vieja.³

FÉLIX: En estos momentos, es mejor que nos haga una burundanga.⁴

ANTONIA: Pero, ¿por qué?

MARTA: Tenemos muchos problemas. El señor Álvarez nos ha quitado° 15
el rancho porque no podíamos pagar las deudas.° Ya no tenemos nada.

FÉLIX: La señora Álvarez quiere que trabajemos para ella en su casa. Pero, ¡qué va!° No queremos ser sirvientes.

ANTONIA: Claro. Es mejor ser pobres pero libres. ¿Por qué no viven con 20
nosotros?

MARTA: Mil gracias, comadre, pero no creo que haya suficiente° tierra para dos familias. Además, como usted puede ver, estoy embarazada.°

ANTONIA: No lo sabía. ¡Felicitaciones! ¡Qué contenta estoy!   25

EZEQUIEL: No vamos a permitir que se vayan. Es verdad que no tenemos mucha tierra, pero con ustedes tenemos más manos para el trabajo.

ANTONIA: Sí, ¡no se preocupen! Todo va a salir° bien.

canoa *canoe*   quitado *taken away*   deudas *debts*   ¡qué va! *Oh, come on!*
suficiente *enough*   embarazada *pregnant*   salir *turn out*

Notas culturales

1. **Jesús** is a common proper name in the Hispanic world; it is used for both males and females, often in compound names like **María de Jesús** or **Roberto de Jesús**. Other common proper names for women that are derived from Catholic tradition are Concepción (*Conception*), Consuelo (*Consolation*), Rosario (*Rosary*), Dolores (*Sufferings*), and Amparo (*Refuge*).

2. The words **comadre** and **compadre** are used in many areas of the Hispanic world to mean *good friend*, particularly among families joined together by the system of **compadrazgo**. This often means that the husband and wife of each of the families are godparents to the children of the other family, and so are bound to help them in times of trouble. The system serves some of the same purposes as insurance policies do for wealthier classes, since it provides for the children in the event of sickness or death of the parents.

3. **Ropa vieja** is a common dish in many parts of the Caribbean. It means literally *old clothes*, and derives its name from the fact that the meat is cut into shreds. The following recipe is one of many variations:

Ropa vieja

Ingredients: 5 lbs. beef cut into thin slices
½ lb. onions
½ lb. green pimentos
1 clove garlic
4–5 tomatoes with or without seeds
salt and pepper
tomato purée or any other sauce of your choice

Directions: Boil the meat until tender. Leave it to cool, then shred it. Fry the onions, pimentos, tomatoes and garlic until cooked. Mix the meat and vegetables with the sauce and spices and cook it all for another 15 minutes. Serve with green bananas which have been sliced and fried in olive oil until crisp.

4. A **burundanga** is a drink made from herbs; it is supposed to cause certain spiritual changes in the person who drinks it. The word is of African origin, as are many of the words used in the Caribbean and the coastal areas of Colombia, since many of the people there are of African ancestry, often mixed with Indian and Caucasian. The African influence is also evident in many of the customs and religious practices and in much of the music. Close to thirty percent of the population of Colombia is black or mulatto.

Preguntas

1. ¿Dónde vive esta familia?   2. ¿Qué quiere Antonia que le traiga Jesús?
3. ¿Qué va a hacer Jesús después de ir por el agua?   4. ¿Regresa Jesús con
un pescado? ¿Por qué regresa?   5. ¿Quiénes llegan? ¿Cómo viajan?
6. ¿Cómo se dice en español «Come in»?   7. ¿Qué va a preparar Antonia
para el almuerzo?   8. ¿Qué problemas tienen Félix y Marta? ¿Cree usted
que hay gente que tienen problemas similares en nuestro país?   9. ¿Por
qué Antonia felicita a Marta?   10. Es mejor ser pobre pero libre. ¿Está
usted de acuerdo? ¿O es necesario tener dinero para ser verdaderamente libre?   11. ¿Están contentos Antonia y su familia?

ACTIVIDADES

Intercambios

Use the **usted** form of the verbs in asking and answering the following
questions.

Señor Miranda, pregúntele a la señorita Batista:

1. si duda que haya gente pobre en
   los Estados Unidos

2. si cree que los pobres son pobres
   porque no quieren trabajar
3. si es posible que una persona sea
   pobre y feliz
4. si sus padres esperan que usted
   tenga muchos hijos

Señorita Batista, contéstele:

1. que no, pero que es una lástima
   que un país tan rico tenga gente
   pobre
2. que no, que duda que los pobres
   puedan encontrar trabajo
3. que sí, pero que cree que no es
   posible que sea egoísta y feliz
4. que no, que prefieren que sólo
   tenga dos o tres hijos

Entrevista

Ask a classmate the following questions, then report the information to the
class.

1. ¿Estás de acuerdo con el refrán «Querer es poder»? ¿Cómo se traduce
   en inglés? ¿Es posible que una persona haga todo lo que (all that)
   quiera hacer?
2. ¿Es posible que una persona pobre y sin instrucción universitaria pueda
   ser presidente de este país? ¿Ya ha pasado (happened) eso? ¿Qué presidentes eran pobres y sin instrucción?

3. ¿Tienes miedo de que haya una crisis económica en este país? ¿que haya una guerra nuclear en el futuro?
4. ¿Es necesario que nuestro gobierno dé dinero o ayude a los países extranjeros (*foreign*)? ¿Por qué o por qué no?

Opiniones

Complete the following sentences, stating a personal opinion.

1. Es posible que yo . . .
2. Es imposible que yo . . .
3. A veces tengo miedo de que . . .
4. Me alegro mucho de que . . .
5. ¡Ojalá que mis profesores . . .
6. Dudo que mis padres . . .
7. Siento mucho que mis amigos . . .
8. Es necesario que las mujeres . . .
9. Espero que los capitalistas . . .
10. Es probable que el comunismo . . .

Vocabulario activo

alegrarse (de) *to be happy (about);*
  alegrarse de que *to be happy that*
casarse *to get married;* **casarse con** *to marry (someone)*
dudar *to doubt*
ojalá que *I hope that*
permitir *to permit*
pescar *to fish*
preocuparse (de) *to worry (about)*
regresar *to return*
sentir (ie) *to be sorry*

la **alcoba** *bedroom*
el **armario** *closet*
el **baño** *bath;* el **cuarto de baño** *bathroom*
la **cama** *bed*
el **Caribe** *the Caribbean*
la **costa** *coast*
la **estufa** *stove*
el **garaje** *garage*
el **jardín** *garden*
el **miedo** *fear*
el **moro** *Moor*
el **pasaje** *ticket*
el **pie** *foot;* **ir a pie** *to go on foot*

el **rancho** *ranch*
el **refrigerador** *refrigerator*
la **reunión** *meeting*
la **sala** *living room*
la **silla** *chair*
el **sirviente** (la **sirvienta**) *servant*
el **sofá** *sofa, couch*
el **suelo** *floor*
el **televisor** *television (set)*
la **tina** *bathtub*

egoísta *selfish*
ridículo(-a) *ridiculous*

demasiado *too much, too*
quizás *perhaps*
tal vez *perhaps*

desde *from*

ida y vuelta *round-trip*
Pase(n) adelante. *Come in.*
perder el tiempo *to waste time*
por ejemplo *for example*
tener miedo de *to be afraid of;*
  tener miedo de que *to be afraid that*

LAS FIESTAS

A los hispanos también les gustan las fiestas y los espectáculos. Celebran muchas fiestas religiosas y nacionales. En este pueblo de Guatemala los indios se visten de conquistadores o de jefes indios, y participan en una representación de la conquista. Así pueden olvidar (*forget*) su vida de trabajo y pobreza y recordar las ricas tradiciones del pasado.

Como la mayoría de la gente hispana es católica, las fiestas católicas son muy importantes—en España y en Hispanoamérica. Así, cada pueblo o ciudad celebra el día de su santo patrón. Generalmente, cada persona celebra también el día de su santo: por ejemplo, una persona que se llama Teresa celebra el día de Santa Teresa de Jesús, el 15 de octubre. Pero una de las festividades religiosas más importantes en el mundo hispánico es la celebración de la Semana Santa. En Sevilla, España, se adornan las casas, y hay procesiones lentas y silenciosas de enormes «pasos»: plataformas decoradas con estatuas que representan escenas religiosas. Después de la Pascua (*Easter*), hay una gran celebración con bailes, música y fuegos artificiales (*fireworks*). En la foto se ve una procesión en Sevilla durante la Semana Santa.

En las fiestas religiosas de los pueblos pequeños de la América Hispana se encuentra, muchas veces, una mezcla (*mixture*) curiosa de cristianismo y paganismo. Así, por ejemplo, en algunas partes del Perú y de Bolivia, la gente honra (*honor*) simultáneamente a la Virgen María y a la Pachamama, o Madre-Tierra. Los indios bolivianos de la foto llevan máscaras (*masks*) que representan el bien y el mal: los ángeles y los diablos, o los antiguos demonios de los Andes. Hay bailes dramáticos, y la ceremonia termina con un servicio religioso.

Ejercicio

Pretend that a Spanish-speaking person is visiting you; you want to ask about his or her favorite holiday. Prepare a list of six questions you might ask, beginning with **¿Qué día de fiesta te gusta más?**

15 Quince

I. THE INFINITIVE

Itinerarios al interior de España (por tren)

Barcelona · Tarragona · Valencia

	Talgo	Exp.	Exp.	Exp.
Barcelona	1015	1310	1805	2345
Tarragona	1126	1500	1950	0136
Valencia	1441	1930	2350	0728

Rap. = Rápido (standard train that runs during the daytime)
Exp. = Express (a fast train that runs at night and has a sleeper)
Talgo = ultra-modern and very fast train that is air-conditioned and runs during the day

* Train schedules in Spain are on a twenty-four-hour system.

Complete the following dialogue using these infinitives: **salir, ver, dormir, perder, ir, tomar, viajar.** Some of them may be used more than once. A translation of the dialogue and questions on it follow.

De Barcelona a Valencia.

(1) LA PASAJERA: Señor, ¿es posible _____ a Valencia en tren?
(2) EL AGENTE: Sí, señorita. Puede _____ el Talgo si desea _____ de día o el Expreso si prefiere _____ de noche. ¿Cuándo quiere _____?
(3) LA PASAJERA: Ahora mismo.
(4) EL AGENTE: Pues a _____. Son las seis y diez. ¡Qué lástima! Acaba de _____ un Expreso para Valencia. Salió hace cinco minutos.
(5) LA PASAJERA: ¡Qué mala suerte! ¡ _____ lo por cinco minutos! ¿A qué hora sale el próximo?
(6) EL AGENTE: A las doce menos cuarto. Lleva un coche-cama, en caso de que quiera _____ bien esta noche.
(7) LA PASAJERA: ¡Qué bien! Voy a _____ en ése. Deme un pasaje de ida y vuelta, por favor.
(8) EL AGENTE: Aquí tiene. ¡Buen viaje!

1. ¿Se puede viajar de Barcelona a Valencia en tren? 2. ¿Sale de noche el Talgo? ¿Y el Expreso? 3. ¿Perdió la señorita el Expreso de las seis y cinco? ¿Y el Expreso de las doce menos cuarto? 4. ¿Qué tipo de pasaje quiere ella: de ida sólo o de ida y vuelta?

A. You have seen that in Spanish the infinitive has many uses. Most Spanish verbs can be followed by an infinitive, and many verbs normally take one, as for example **tener que.** Another such verb is **acabar de:** *to have just (done something).*

Acabo de comer.   *I have just eaten.*
El avión acaba de salir.   *The plane just left.*

From Barcelona to Valencia.
(1) Sir, is it possible to go to Valencia by train? (2) Yes, miss. You can take the Talgo if you want to travel by day or the Expreso if you prefer to travel at night. When do you want to leave? (3) Right away. (4) Well, let's see. It's 6:10. What a shame! An Expreso just left for Valencia. It left five minutes ago. (5) What bad luck! To miss it by five minutes! When does the next one leave? (6) At 11:45. It has a sleeping car, in case you want to sleep well tonight. (7) Fine! I'll go in that one. Give me a round-trip ticket, please. (8) Here you are. Have a good trip!

B. The infinitive can also be used as a noun.

Querer es poder.   *Where there's a will there's a way.*
(To want to do something is to be able to.)

El esquiar es peligroso, ¿verdad?   *Skiing is dangerous, right?*

C. Infinitives are often used as objects of prepositions.

Después de cenar, ellos fueron al cine.   *After eating dinner, they went to the show.*

En vez de trabajar, él va a la playa todos los días.   *Instead of working, he goes to the beach every day.*

D. Infinitives are used with **al** to express *on (upon) doing something.*

Al llegar a casa, empezamos a preparar la comida.   *On arriving home (when we arrived home), we began to prepare the meal.*

Al oír la noticia, estábamos muy alegres.   *Upon hearing the news, we were very happy.*

Ejercicios

1. Answer the following questions in the negative, using the verb in parentheses as in the example.

¿Lo hace Ernesto? (querer) → **No, él no quiere hacerlo.**

    1. ¿Va María? (pensar)
    2. ¿Lo dice Concepción? (querer)
    3. ¿Se acuesta Julia? (querer)
    4. ¿Sale Amparo? (tener ganas de)
    5. ¿Se queda Julio con nosotros? (ir a)

2. Answer the questions according to the example.

¿Viste a tu prima? → **Sí, acabo de verla.**

    1. ¿Encontraste tu camisa nueva?
    2. ¿Terminaron ellos el trabajo?
    3. ¿Te lavaste el auto?
    4. ¿Les habló Lucía a ustedes?
    5. ¿Recibiste mi carta?

3. Give the Spanish equivalent.

1. I have to call Pedro.   2. I hope to go to that party.   3. They prefer to stay here.   4. We left before eating.   5. We studied instead of playing tennis.   6. Without looking at me, he went away.   7. The plane just arrived.   8. Seeing is believing.   9. We just sold the house.   10. Upon waking up, Marta looked at the clock (**reloj**). It was 7:00 o'clock.   11. He just moved to Spain.   12. I went to bed upon returning.

Preguntas

1. ¿Qué hizo usted anoche al llegar a casa?   2. ¿Qué necesita usted para poder estudiar bien?   3. ¿Qué se necesita para poder viajar inteligentemente? ¿para ser (*become*) médico? ¿capitalista? ¿artista?   4. ¿Qué debe uno decir al encontrarse con un amigo? ¿al recibir un regalo? ¿después de tropezar con (*bump into*) alguien en la calle?

II. THE SUBJUNCTIVE IN DESCRIPTIONS OF THE UNKNOWN OR INDEFINITE

(1) SEÑOR MÉNDEZ: ¿Es usted la persona que busca empleo de profesor?
(2) SEÑOR GÓMEZ: Sí, señor, yo soy profesor y necesito un empleo *que pague bien.* Puedo enseñar historia, literatura . . . cualquier curso *que usted mande.*
(3) SEÑOR MÉNDEZ: Bueno, como usted sabe tanto, dígame, ¿quién mató a Julio César?
(4) SEÑOR GÓMEZ: Pero señor, eso pregúnteselo a alguien *que sea detective.*
(5) SEÑOR MÉNDEZ: ¡Bruto!
(6) SEÑOR GÓMEZ: Por favor, señor, sin ofender.

1. ¿Quién busca un empleo que pague bien?   2. ¿Qué puede enseñar él?
3. ¿A quién hay que preguntarle quién mató a Julio César?

(1) Are you the person who is looking for a job as a teacher? (2) Yes, sir, I am a teacher, and I need a job that pays well. I can teach history, literature . . . any course you like (order). (3) Okay, since you know so much, tell me, who killed Julius Caesar? (4) But sir, ask that of someone who's a detective. (5) Brutus! (also, Brute! Ignoramus!) (6) Please, sir, there's no need to be insulting.

The subjunctive is used in certain clauses which modify a noun or pronoun that is unknown or indefinite, as for instance some person or thing that one needs but may not find, or some person or thing whose existence one denies. However, the indicative is used if the person or thing is definitely known to exist (including sentences with the pronouns **alguien, alguno,** and **algo**). Compare the following examples.

Busco un empleo que me guste.	*I'm looking for a job I like.*
Tengo un empleo que me gusta.	*I have a job that I like.*
No hay nadie aquí que pueda hacerlo.	*There is no one here who can do it.*
Hay alguien aquí que puede hacerlo.	*There is someone here who can do it.*
¿Hay alguien allí que comprenda francés?	*Is there anyone there who understands French?*
Sí, hay alguien allí que comprende francés.	*Yes, there is someone there who understands French.*

Ejercicios

1. Create new sentences, substituting the words in the lists for those in italics.

   a. Necesito *una persona* que sepa inglés.
      1. unos trabajadores 2. un profesor 3. un médico 4. una recepcionista 5. una secretaria

   b. Espero que encuentres *algo* que te guste.
      1. algún trabajo 2. unos zapatos 3. una casa 4. una camisa 5. una falda

2. Create new sentences by substituting the words in parentheses for the italicized words, and by changing the verb to the present subjunctive.

   Quiero tomar *la clase* que empiece a las seis. (una clase)
   → **Quiero tomar una clase que empieza a las seis.**

      1. Busco *la tienda* que vende ponchos. (una tienda)
      2. Quiero ver *la casa* que tiene cinco baños. (una casa)
      3. *Hay alguien* aquí que sabe hablar ruso. (no hay nadie)
      4. Vamos *al restaurante* donde sirven «ropa vieja». (un restaurante)
      5. *Compré* la camisa que usted dijo. (voy a comprar)

6. Queremos ver *las faldas* que no cuestan mucho. (unas faldas)
7. *Hay algo* aquí que yo puedo llevar. (no hay nada)
8. Voy a buscar *el hotel* que tiene cuartos grandes. (un hotel)

3. Give the Spanish equivalent.

1. I'm looking for some jewelry which is not expensive.
   I have some jewelry which is not expensive.
2. Let's go to the restaurant that serves Mexican food.
   Let's go to a restaurant that serves Mexican food.
3. There's someone here who knows me.
   There's no one here who knows me.

Preguntas

1. ¿Conoce usted algún país donde se pueda ver desierto, montañas y selva tropical? ¿Cuál? ¿Lo ha visitado usted?   2. ¿Hay ciudades norteamericanas donde mucha gente hable español? ¿Cuáles?   3. En los Estados Unidos, ¿hay políticos y funcionarios (*officials*) que hacen muchos viajes innecesarios a expensas del gobierno? ¿que sean millonarios pero no paguen impuestos (*taxes*)?   4. ¿Es importante tener amigos que sean buenos? ¿Es útil tener amigos que sean ricos?   5. ¿Hay alguien en esta clase que sepa hablar árabe? ¿japonés?

III. THE SUBJUNCTIVE WITH CERTAIN ADVERBIAL CONJUNCTIONS

(1) DOÑA RAMONA: Dime, Jane, ¿quieres aprender algunas palabras en guaraní* *antes de que vuelvas* a tu país?
(2)   JANE: Sí, puede empezar a enseñarme *cuando quiera.* ¿Cómo se dice «yo te quiero», doña Ramona? Quiero decírselo a Teddy *cuando regrese.*
(3) DOÑA RAMONA: Pues eso se dice «che ro jaijú».

1. ¿Qué quiere Jane aprender antes de que vuelva a su país?   2. ¿Qué quiere decirle Jane a Teddy cuando regrese?   3. ¿Cómo se dice «yo te quiero» en guaraní?

* **Guaraní** is an Indian language of Paraguay.

(1) Tell me, Jane, do you want to learn a few words in guaraní before you go back to your country? (2) Yes, you can begin teaching me whenever you want. How does one say "I love you," doña Ramona? I want to say it to Teddy when I return. (3) You say, "che ro jaijú."

A. The following adverbial conjunctions always require the subjunctive:

antes (de) que *before*
a menos que *unless*
para que *so that*
sin que *without*

Vamos a Toledo a menos que llueva.**	*We're going to Toledo unless it rains.*
Pon los billetes en tu bolso para que no los perdamos.	*Put the tickets in your purse so that we don't lose them.*
Siempre lo hago sin que ellos lo sepan.	*I always do it without their knowing it.*

B. The conjunctions listed below can be followed by either the subjunctive or the indicative.

aunque *although, even though*
como *as*
cuando *when*
después (de) que *after*

donde, adonde *where, wherever*
hasta que *until*
mientras (que) *while*
tan pronto como *as soon as*

The indicative is used if the clause that follows expresses a fact or a definite event: for instance, a customary or completed action. However, if there is uncertainty in the speaker's or writer's mind about the veracity of the statement, or he/she is expressing an opinion or hypothetical situation, the subjunctive is used. If the action is one that may not necessarily take place, or that will probably take place at an indefinite time in the future, the subjunctive is used. Compare the following examples:

Vamos al mercado cuando mamá vuelve de la oficina.	*We go to the market when Mom returns from the office (customarily).*
Vamos al mercado cuando mamá vuelva de la oficina.	*We are going to the market when Mom returns from the office (indefinite time in the future).*
Le voy a comprar este auto aunque cueste mucho.	*I'm going to buy him (her) this car even though it may cost a lot.*
Le voy a comprar este auto aunque cuesta mucho.	*I'm going to buy him (her) this car even though it costs a lot.*
Espero aquí hasta que Pedro sale de su trabajo.	*I (usually) wait here until Pedro gets off work.*
Espero aquí hasta que Pedro salga de su trabajo.	*I'm waiting here until Pedro gets off work.*

** **Llover** (*to rain*) is an **o** to **ue** stem-changing verb.

Ejercicios

1. Create new sentences, substituting the words in the lists for those in italics.

    a. Me quedo aquí hasta que *ellos* vuelvan.
        1. tú 2. usted 3. doña Ramona 4. sus padres 5. mi hermana

    b. Vamos a comer antes de que *ustedes* salgan.
        1. Pedro 2. ellos 3. tú 4. usted 5. yo

    c. Lo voy a hacer sin que *él* lo sepa.
        1. ellas 2. la profesora 3. Marta 4. la policía 5. los niños

2. Complete the following sentences with the correct subjunctive form of the verb in parentheses.

    1. (entender)   El profesor habla despacio para que nosotros _____.
    2. (saber)   Voy a decírselo para que él _____ todo.
    3. (acostarse)   Salgo temprano para que todos _____ antes de las once.
    4. (volver)   Puedes ir al cine cuando _____ tu papá.
    5. (llover)   Vamos a Asunción a menos que _____.
    6. (encontrar)   Tráeme el periódico tan pronto como lo _____.
    7. (ser)   Llame aunque _____ tarde.
    8. (salir)   Quiero irme antes que _____ el sol.

3. Give the Spanish equivalent.

    1. I'll go with you wherever you want. 2. I'm staying home unless the weather is good. 3. We are going to park, although that sign forbids it. 4. Call me when they get here. 5. Talk to him as soon as you can.

Preguntas

1. ¿Adónde va usted a ir cuando termine la clase? 2. ¿Qué va usted a hacer después que terminemos este curso? 3. ¿Qué cree usted que debe hacer un estudiante para que le sea más fácil aprender español? 4. ¿No puede usted estar alerta por las mañanas a menos que tome café?

ASUNCIÓN: EL HOMBRE Y LA MUJER

Dos señoras se encuentran en una peluquería de Asunción,[1] Paraguay.

GLORIA: ¡Hola, Elena! ¿Qué tal?

ELENA: Muy bien, Gloria. ¿Qué hace usted aquí?

GLORIA: Vengo todas las semanas para que me tiñan° el pelo.

ELENA: ¿De veras?

GLORIA: Sí, de veras. Hay una muchacha aquí que me lo hace muy bien, 5
sin que nadie pueda notarlo.

ELENA: ¿Por qué hace usted eso?

GLORIA: Para que mi marido no descubra mi secreto: que no soy rubia
natural.

Entra María, la peluquera.° 10

MARÍA: Buenas tardes, señora Martínez. Tan pronto como termine con la
señora Ospina, la atiendo.

GLORIA: Gracias, María. No tengo prisa.

MARÍA: ¿Y usted, señorita? ¿Puedo ayudarla?

ELENA: Sí, quiero un peinado° que sea más elegante. 15

MARÍA: No hay problema. Alicia la puede atender.

ELENA: Está bien. Francamente, Gloria, me parece triste que una mujer le
tenga que mentir a su esposo.

GLORIA: Pues ellos nos mienten a nosotras, y sobre cosas más importantes.
Hace algunos días Olga me llamó por teléfono y me dijo que su 20
esposo tiene una amante.°

ELENA: ¡Qué barbaridad! ¿Y qué va a hacer?

GLORIA: Nada. ¿Qué puede hacer?

ELENA: Puede divorciarse.

GLORIA: Pero Olga todavía quiere a su esposo. Es trabajador y cariñoso. 25
Cuando usted se case, Elena, va a hablar de otra manera.°

ELENA: Es difícil que me case aquí.[2]

GLORIA: ¿No conoce a muchos hombres en su trabajo?

ELENA: Hay muchos, pero no hay ninguno que me guste. Casi todos son
extranjeros y no hablan ni español ni guaraní.[3] Además, busco un 30
hombre que me trate con toda igualdad. Aunque pasen cincuenta
años, sé que mis ideales van a ser los mismos.

GLORIA: Entonces va a morir soltera.

ELENA: Soltera, tal vez, pero contenta.

---

tiñan *dye*   peluquera *hairdresser*   peinado *hairdo*   amante *lover, mistress*
de otra manera *differently (in another way)*

ASUNCIÓN, PARAGUAY

Notas culturales

1. **Asunción,** one of the oldest cities of South America (founded in 1537), is the capital city and port of Paraguay, on the eastern bank of the Paraguay River. It is the center of trade and government of the nation.

2. In Paraguay the ratio of men to women is rather low because many men emigrate to nearby Brazil and Argentina, where there is a higher standard of living and more opportunities for work. The scarcity of males dates from the War of the Triple Alliance (1865–1870), when President Solano López waged a war against Argentina, Brazil, and Uruguay that killed half of Paraguay's population; only 13 percent of the survivors

¿DE COMPRAS?

were male, mostly old men and very young boys. It took many years for the sex ratio of young people at a marriageable age to return to an approximately even balance. It is said that some of the priests in those times went so far as to advocate polygamy.

3. Paraguay is the only Latin American country that has officially adopted an Indian language: though Spanish is the official language, **el guaraní,** the soft and expressive language of the Indians who inhabited Paraguay before the Spanish conquest, is favored for social discourse in all levels of society. Almost all Paraguayans are mestizo and bilingual, and street signs, newspapers, and books appear in both languages.

Preguntas

1. ¿Dónde se encuentran Gloria y Elena? 2. ¿Por qué viene Gloria todas las semanas a la peluquería? ¿Por qué hace eso? 3. ¿Qué quiere Elena?
4. ¿Qué le parece triste a Elena? ¿Le parece triste a usted? ¿Por qué?
5. ¿Qué le dijo su amiga Olga a Gloria cuando la llamó por teléfono?
6. ¿Qué va a hacer Olga? ¿Por qué no va a divorciarse? ¿Qué cree usted que ella debe hacer? 7. ¿Qué busca Elena? ¿Es mejor que muera soltera o que cambie sus ideales?

ACTIVIDADES

Entrevista

Ask a classmate the following questions, then report the information to the class.

1. ¿Cuánto tiempo deben un hombre y una mujer conocerse antes de que se casen?
2. ¿Crees que una mujer debe divorciarse si su marido no le es fiel (*faithful*)? ¿O viceversa?
3. ¿Pueden ser felices, sin casarse, un hombre y una mujer que viven juntos?
4. ¿Se visten las mujeres para impresionar a los hombres? Y los hombres, ¿se visten ellos para impresionar a las mujeres?
5. ¿Son más femeninas las faldas largas (*long*) que las cortas?
6. ¿Crees que una mujer nunca debe invitar a un hombre a salir?
7. ¿Es posible que una mujer tenga hijos y trabaje al mismo tiempo—y que ella sea una buena madre? ¿Crees que es mejor que una mujer con familia se quede en casa en vez de trabajar?
8. ¿Quiénes son más felices—las mujeres casadas o las solteras? ¿Los hombres casados o solteros? ¿Por qué?
9. ¿Quiénes son más celosos (*jealous*)—las mujeres o los hombres? ¿Quiénes son más infieles (*unfaithful*)?
10. ¿Crees que en este país las mujeres son tratadas con igualdad? ¿Son tan libres las mujeres como los hombres?

Refranes

Here are some Spanish proverbs on the subject of «el hombre y la mujer». What does each one mean? Can you give an English equivalent?

Donde hay amor, hay dolor. (amor: *love;* dolor: *sorrow*)
El amor es un egoísmo entre dos.
Ni el que ama ni el que manda quieren compañía. (amar: *to love*)
Amores nuevos olvidan viejos. (olvidar: *to forget*)
Ni ir a la guerra ni casar, se debe aconsejar. (aconsejar: *to advise*)
La mujer hermosa y el vidrio siempre están en peligro. (vidrio: *glass;* peligro: *danger*)
Donde hay celos, hay amor. (celos: *jealousy*)

Vocabulario activo

atender (ie)   *to wait on*
divorciarse   *to get divorced*
llover (ue)   *to rain*
mentir (ie)   *to lie, to tell a lie*
notar   *to notice*
olvidar   *to forget*
tratar   *to treat*

el **amor**   *love*
el **dolor**   *sorrow*
el **extranjero** (la **extranjera**)   *foreigner*
la **igualdad**   *equality*
el **impuesto**   *tax*
el **marido**   *husband*
la **noticia**   *news*
el **pelo**   *hair*
la **peluquería**   *beauty salon, barber
   shop*
el **secreto**   *secret*
la **suerte**   *luck;* **tener suerte**   *to be
   lucky*
el **trabajador** (la **trabajadora**)   *worker*

alegre   *happy*
cariñoso(-a)   *loving, tender*
celoso(-a)   *jealous*
contento(-a)   *happy*
fiel   *faithful*
infiel   *unfaithful*
rubio(-a)   *blond*
soltero(-a)   *unmarried*

acabar de + infinitive   *to have just
   done something*
a menos que   *unless*
aunque   *although, even though*
¡Buen viaje!   *Have a good trip!*
en vez de   *instead of*
hasta que   *until*
mientras (**que**)   *while*
para que   *so that, in order that*
¿Qué tal?   *How are you? How's it
   going?*
sin que   *without*
tan pronto como   *as soon as*

I. OTHER USES OF THE DEFINITE ARTICLE

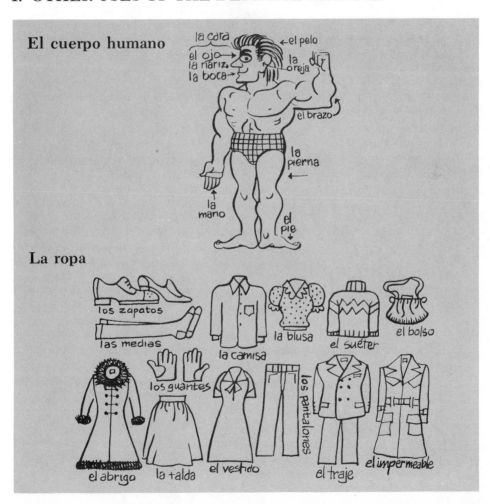

El cuerpo humano

la cara
el pelo
el ojo
la nariz
la oreja
la boca
el brazo
la pierna
la mano
el pie

La ropa

los zapatos
las medias
la camisa
la blusa
el suéter
el bolso
el abrigo
los guantes
la falda
el vestido
los pantalones
el traje
el impermeable

Miguel acaba de despertarse. Abre *los* ojos y con gran esfuerzo (*effort*) pone *los* pies en el suelo. Está cansado. Se lava *la* cara y *las* manos. Como le duele* *la* cabeza, toma una aspirina. Empieza a vestirse. Se pone *la* camisa, *los* pantalones, *un* suéter y *los* zapatos.

Cristina entiende bien *el* italiano y va a asistir a un drama de Pirandello. Se lava *el* pelo y se baña. Después de bañarse, se pone *el* vestido, *las* medias y *los* zapatos. También lleva *el* abrigo. Sale del apartamento con *el* bolso en *la* mano.

¿Qué hace Miguel al despertarse? ¿Le duele el estómago? ¿Qué ropa va a llevar?

¿Adónde va Cristina? ¿Qué se pone después de bañarse? ¿Qué lleva en la mano cuando sale?

Several uses of the definite article have already been presented, such as the article with titles (Chapter 1) and the article with dates and days of the week (Chapter 4). Other uses of the definite article are:

A. With parts of the body, personal effects, and articles of clothing, when it is clear who the possessor is. The possessive adjective is not used in these instances.

El hombre se quitó el abrigo.   *The man took off his coat.*
Dame la mano.   *Give me your hand.*

B. Before a noun used in a general sense as representative of the class or species to which it belongs. The noun can be singular or plural, concrete or abstract.

El hombre es mortal.   *Man is mortal.*
Así es el amor.   *That's love.*

C. With names of languages, except (1) after the preposition **en,** and (2) directly after the verbs **hablar, escribir, enseñar, estudiar, aprender,** and **leer,** when it is usually omitted.

El francés es una lengua muy   *French is a very subtle language.*
  sutil.
¿Por qué aprendes portugués?   *Why are you learning Portuguese?*

---

* **Doler** (*to ache, to hurt*), is an **o** to **ue** stem-changing verb. It is usually used with an indirect object pronoun: **Le duele la cabeza.** *His head aches.*

D. For rates and prices.

Se venden huevos a setenta
   centavos la docena.

*Eggs are sold for seventy cents a
   dozen.*

Compré un vino excelente a tres
   dólares el litro.

*I bought an excellent wine for
   three dollars a liter.*

Ejercicios

1. Create new sentences, substituting the words in the list for those in italics.

   a. Anita se puso *el sombrero.*
      1. los zapatos 2. la falda 3. el abrigo 4. la blusa 5. el suéter

   b. No me gusta *el chocolate.*
      1. el trabajo 2. la leche 3. las fiestas 4. las legumbres 5. los museos

   c. *El español* es una lengua muy linda.
      1. el francés 2. el japonés 3. el árabe 4. el portugués 5. el italiano

   d. *Los huevos* costaron setenta centavos la docena.
      1. las zanahorias 2. las naranjas 3. las manzanas 4. los tomates 5. los mangos

2. Complete the sentences, using a definite article if needed.

    1. Teresa abre _____ ojos.
    2. Orlando lleva el pasaporte en _____ mano.
    3. Miguel se ponía _____ pantalones.
    4. Ana se quitó _____ zapatos.
    5. Me duelen _____ orejas.
    6. _____ tiempo es precioso.
    7. A Jaime no le gusta _____ ciencia moderna.
    8. Ramón trajo _____ vasos, pero olvidó _____ vino.
    9. Andrea se lava _____ cara.
   10. _____ vidá es corta.
   11. _____ manzanas cuestan diez pesos _____ kilo.
   12. ¿Habla usted _____ alemán?

3. Give the Spanish equivalent.

1. Two very important languages are Spanish and French.　2. In the United States many people speak Spanish.　3. She put on her shoes. 4. I took off my hat.　5. Give me your hand.　6. Put on your coat. 7. Children need milk.　8. My arm hurts.

Preguntas

1. Cuándo usted se despierta por la mañana, ¿abre usted los ojos fácilmente o con gran esfuerzo?　2. ¿A usted le duele a veces el estómago? ¿la cabeza? En este caso, ¿qué toma o qué hace usted?　3. ¿Qué ropa se pone usted cuando hace frío? ¿cuando hace mucho sol? ¿cuando llueve?　4. Hoy día, ¿se quitan los hombres el sombrero cuando pasa una señora? ¿Lo hacían en el siglo diecinueve?　5. ¿Son las mujeres más corteses que los hombres? ¿más refinadas?　6. ¿Le interesa a usted el arte? ¿la ciencia? ¿la política? ¿la ecología? ¿el comercio?

ESTUDIANTES ESPAÑOLES

II. THE FUTURE TENSE

Un profesor y dos estudiantes miran el cielo con un telescopio.

(1) ESTUDIANTE 1: ¿Qué tiempo *hará* mañana, profesor?
(2) ESTUDIANTE 2: Parece que *tendremos* buen tiempo, ¿verdad?
(3)   PROFESOR: No, mañana *lloverá.* Sí, estoy seguro de que mañana el cielo *estará* nubloso y *lloverá.*
(4) ESTUDIANTE 2: ¿Cómo puede estar seguro del cambio de tiempo, profesor?
(5)   PROFESOR: Fácilmente. ¡Hoy me duelen terriblemente los huesos!

1. ¿Quién observa el cielo? ¿Con qué?   2. ¿Qué cree el estudiante 2?
3. ¿Está de acuerdo el profesor? ¿Qué dice él?   4. ¿Por qué está el profesor absolutamente seguro del cambio de tiempo?

A. To form the future tense, add to the complete infinitive the endings **-é, -ás, -á, -emos, -éis, -án.** The endings are the same for **-ar, -er,** and **-ir** verbs. Except for the first-person plural, all forms have written accents.

hablar		comer		vivir	
hablaré	hablar**emos**	comeré	comer**emos**	viviré	vivir**emos**
hablar**ás**	hablar**éis**	comer**ás**	comer**éis**	vivir**ás**	vivir**éis**
hablar**á**	hablar**án**	comer**á**	comer**án**	vivir**á**	vivir**án**

A professor and two students are carefully observing the sky with a telescope.
(1) What kind of weather will we have tomorrow, professor? (2) It looks like we'll have good weather, right? (3) No, tomorrow it will rain. Yes, I'm sure that tomorrow the sky will be cloudy and it will rain. (4) How can you be sure of the change of weather, professor? (5) Easily. Today all my bones ache terribly!

B. Some verbs are irregular in the future. However, the irregularity is only in the stem; the endings are the same as for regular verbs.

dir-	(decir)	sabr-	(saber)
habr-	(haber)	saldr-	(salir)
har-	(hacer)	tendr-	(tener)
podr-	(poder)	valdr-	(valer)
pondr-	(poner)	vendr-	(venir)
querr-	(querer)		

Jaime no podrá ir contigo.	*Jaime will not be able to go with you.*
Lo haré mañana.	*I'll do it tomorrow.*
Tendrán que esperar hasta la semana que viene.	*They'll have to wait until this coming week.*
Si van en bicicleta, estarán muy cansados y no querrán salir.	*If they go by bicycle, they'll be very tired and they won't want to go out.*
En diez años, habrá muchos problemas.	*In ten years there will be a lot of problems.*

C. The future tense can also express probability or doubt in the present.

¿Qué hora será?	*What time can it be? (I wonder what time it is.)*
Serán las ocho.	*It must be eight o'clock. (It is probably eight o'clock.)*
¿Dónde estará Tomás?	*Where can Tomás be? (Where might Tomás be?)*
Tomás estará en su cuarto.	*Tomás is probably (must be) in his room.*

Ejercicios

1. Create new sentences, substituting the words in the list for those in italics.

a. *Pepe* hablará con el jefe mañana.
   1. nosotros 2. los empleados 3. tú 4. yo 5. usted

b. El año que viene *mis padres* irán a Europa.
   1. Ana y yo 2. él 3. muchos políticos 4. nosotros 5. yo

c. *Yo* no lo haré hasta el fin del año.
   1. tú   2. ellas   3. los estudiantes y yo   4. el gobierno   5. nosotros

d. *Juan* tendrá que hacerlo para el miércoles.
   1. tú   2. Elena, Miguel y Pedro   3. nosotros   4. yo   5. ustedes

2. Restate, changing the verbs to the future.

1. El autobús viene a las cuatro.
2. No vuelven esta noche.
3. Desayunamos a las siete y media.
4. ¿A qué hora salen ustedes de la casa de Joaquín?
5. Brenda recibe regalos de todos sus amigos.
6. El tío de Carmela nos vende su auto.
7. Nadie te quiere ayudar.
8. Nunca puedo ir a Mallorca.
9. El gran Ramón canta y toca a la hora de la cena.
10. ¿Cuándo vas a ver la casa nueva?

3. Complete the following paragraph with the appropriate future forms of the verbs in parentheses.

El verano que viene mi familia y yo _____ (ir) a México. Primero _____ (visitar) la ciudad de Monterrey, donde mi padre _____ (ver) a uno de sus amigos. Después, mi madre y él _____ (ir) a Guanajuato, donde viven unos primos de ella. Al mismo tiempo, mi hermano y yo _____ (viajar) a Guadalajara, donde él _____ (poder) ver unas pinturas del famoso artista Orozco y yo _____ (escuchar) música en la Plaza de los Mariachis. Por fin nos _____ (encontrarse) en la ciudad de México; mis padres _____ (venir) de Guanajuato en auto, y mi hermano y yo _____ (llegar) de Guadalajara en avión.

4. Give the Spanish equivalent.

1. If she wins, she will receive a lot of money.   2. You (**tú**) will find the words you need in this book.   3. When will they arrive?   4. We shall have to go first to San Francisco.   5. Where will you (**usted**) stay in Madrid?   6. Hernando will buy all the food that we'll need.   7. I'll be seeing you tomorrow.   8. They're probably thinking about going to the movies tonight.   9. It must be two o'clock.   10. I wonder where Alicia is.

Preguntas

1. ¿Qué hará usted el próximo domingo? ¿Se quedará en casa o saldrá?
2. ¿A qué hora se acostará usted esta noche? ¿A qué hora se levantará mañana? 3. ¿Va usted a viajar el verano que viene? ¿Adónde viajará? Si no va a viajar, ¿qué hará? 4. ¿Qué hora será? 5. Usted tendrá unos veinte años, ¿verdad?

III. THE CONDITIONAL TENSE

(1) MARISA: ¿Recuerdas lo que me prometiste la semana pasada, José?
(2)   JOSÉ: ¿La semana pasada? Ah, te dije que *iríamos* a la corrida, ¿no?
(3) MARISA: No, dijiste que *harías* algo que me *gustaría* muchísimo.
(4)   JOSÉ: Y parece que no lo hice.
(5) MARISA: ¡Me prometiste que no *fumarías* más!
(6)   JOSÉ: ¡Y no fumo más, Marisa! Fumo exactamente lo mismo que siempre.

1. ¿Recuerda José lo que dijo que haría? 2. ¿Prometió José a su novia que irían a la corrida? 3. ¿Cuál fue la promesa de José? 4. Según la novia, ¿cuándo prometió José que no fumaría más?

A. To form the conditional tense, add to the complete infinitive the endings **-ía, -ías, -ía, -íamos, -íais, -ían.** The endings are the same for **-ar, -er,** and **-ir** verbs.

hablar		comer		vivir	
hablar**ía**	hablar**íamos**	comer**ía**	comer**íamos**	vivir**ía**	vivir**íamos**
hablar**ías**	hablar**íais**	comer**ías**	comer**íais**	vivir**ías**	vivir**íais**
hablar**ía**	hablar**ían**	comer**ía**	comer**ían**	vivir**ía**	vivir**ían**

The conditional usually conveys the meaning *would* in English.

Él no comería eso.	*He would not eat that.*
Ellos no vivirían en un apartamento tan pequeño.	*They wouldn't live in such a small apartment.*

(1) Remember what you promised me last week, José? (2) Last week? Oh, I told you we would go to the bullfight, right? (3) No, you said you'd do something that I would like very much. (4) And it seems that I didn't. (5) You promised me you wouldn't smoke any more! (6) And I'm not smoking any more, Marisa! I'm smoking exactly the same (amount) as always.

B. The verbs that have irregular stems in the future also have the same irregular stems in the conditional (see page 284). The endings are the same as for verbs with regular stems.

Lucía no diría eso.	*Lucía wouldn't say that.*
Pedro dijo que vendría temprano.	*Pedro said he would come early.*
Creo que ellos podrían ayudarte.	*I think they could (would be able to) help you.*

C. The conditional often refers to a projected or possible action in the future, viewed from a moment in the past.

Anita dijo que estaría aquí a las dos.	*Anita said she would be here at two o'clock.*
No sabíamos si José llegaría hoy o mañana.	*We didn't know if José would arrive today or tomorrow.*

D. The conditional may be used to express probability in the past.

¿Qué hora seriá cuando ellos llegaron?	*What time was it (probably) when they arrived?*
Serían las nueve.	*It must have been (was probably) nine o'clock.*
¿Qué edad tendría Pepito cuando fueron a España?	*Approximately how old was Pepito when you went to Spain?*
Tendría once o doce años.	*He was around eleven or twelve years old (he must have been eleven or twelve years old).*

Ejercicios

1. Create new sentences, substituting the words in the list for those in italics.

   a. Dijo que *tú* no fumarías más.
      1. ustedes 2. mis padres 3. nosotros 4. Adolfo 5. mi hermana

   b. *Ustedes* no venderían esta bicicleta.
      1. su hermano 2. tú 3. ella 4. yo 5. nosotros

   c. Le dije que *él* vendría a las cinco.
      1. los jóvenes 2. la policía 3. nosotros 4. yo 5. tú y yo

   d. ¿Qué haría *usted* sin mí?
      1. el jefe 2. los niños 3. ellas 4. la universidad 5. tú

   e. *Yo* tendría dos años cuando empecé a hablar.
      1. mi hermano 2. ellos 3. nosotros 4. Juanita 5. tú

2. Restate, changing the verbs to the conditional.

   1. Eso es difícil.
   2. ¿Qué hacemos?
   3. Hay mucha confusión.
   4. Yo no digo eso.
   5. Salen temprano.
   6. Lo sabe bien.
   7. Venimos en bicicleta.
   8. ¿No puede decirme la dirección?
   9. ¿Tiene usted tiempo?
   10. ¿Dónde lo pongo?

Preguntas

1. ¿Podría decirme cuál es la ciudad más grande del mundo? ¿Sería usted feliz allí? 2. ¿Le gustaría ser rico? ¿Sería más feliz? ¿menos? 3. Con tiempo y mucho dinero, ¿qué haría usted? 4. ¿Le gustaría vivir en un país hispano? 5. ¿Cuál es el nombre de mujer que más le gusta? ¿Le gustaría para una hija de usted? 6. ¿Sabe usted qué hora sería cuando llegó a la universidad? ¿cuando empezó la clase? 7. ¿Qué pensó que haríamos hoy en esta clase? 8. ¿Qué plato les prepararía usted a unos amigos españoles?

IV. *POR* AND *PARA*

(1) MANUEL: Bárbara, ¿qué te parece si vamos a Pamplona en avión?
(2) BÁRBARA: Yo preferiría ir en auto o en tren, Manuel. Dicen que el camino es muy lindo *por* los Pirineos.
(3) MANUEL: Pero sólo vamos *por* una semana. Además, cuando hablé *por* teléfono con Adolfo, le prometí que estaríamos allí *para* el jueves.
(4) BÁRBARA: Ah, no lo sabía. Entonces debemos salir mañana. ¿Compramos algún regalo *para* doña Carmen?
(5) MANUEL: Si quieres. ¿*Por* qué no vas tú a comprar algo lindo *para* ella mientras yo voy *por* los pasajes a la agencia de viajes?
(6) BÁRBARA: Buena idea. Podemos encontrarnos aquí a las ocho *para* cenar juntos, ¿de acuerdo?
(7) MANUEL: Bueno. Hasta luego, Bárbara.

1. ¿Cómo preferiría Bárbara ir a Pamplona? ¿Por qué? 2. ¿Por cuánto tiempo van Manuel y Bárbara a Pamplona? 3. ¿Para cuándo tienen que estar allí? 4. ¿Para quién van a comprar un regalo? 5. ¿Quién va por los pasajes? 6. ¿Para qué se van a encontrar a las ocho Bárbara y Manuel?

Por and **para** each have a wide variety of uses in Spanish. While both prepositions are often translated by *for* in English, there is a great difference in usage between them.

A. **Por** is generally used to express:

   1. Cause or motive (*because of, on account of, for the sake of*).

   Abro la ventana por ti.   *I'm opening the window for
                                    (on account of) you.*
   Lo hizo por amor.   *He did it for (the sake of) love.*

---

(1) Bárbara, how about going (how does it seem to you if we go) to Pamplona by plane? (2) I'd rather go by car or train, Manuel. They say the road through the Pyrenees is very pretty. (3) But we're only going for a week. Besides, when I talked to Adolfo on the phone, I promised him we'd be there by Thursday. (4) Oh, I didn't know that. Then we should leave tomorrow. Shall we buy a present for doña Carmen? (5) If you want. Why don't you buy something pretty for her, while I go to the travel agency for the tickets? (6) Good idea. We can meet here at eight o'clock to have dinner together, okay? (7) Good. See you later, Bárbara.

2. Duration, length of time.

Iremos a Lima por dos meses.	*We'll go to Lima for two months.*
Trabajo por la mañana y estudio por la tarde.	*I study in (during) the morning and work in the afternoon.*

3. Exchange (*in exchange for*).

Cambiamos nuestro auto viejo por uno.nuevo.	*We exchanged our old car for a new one.*
Pagué diez pesetas por el chocolate.	*I paid ten pesetas for the chocolate.*

4. *In place of, as a substitute for, on behalf of.*

Juan contestó la carta por Jaime.	*Juan answered the letter for (on behalf of) Jaime.*

5. The equivalent of *through, around, by,* or *along.*

José caminó por la calle principal.	*José walked along the main street.*
Pasaron por la casa a las ocho.	*They came by the house at eight o'clock.*
Tomás no podía ver mucho por la ventana.	*Tomás couldn't see much through the window.*
Hablaron por teléfono.	*They talked by telephone.*

6. The object of an errand.

Pepito fue a la panadería por pan.	*Pepito went to the bakery for bread.*
Vendré por ti a las siete.	*I'll come for you at seven o'clock.*

7. Number, measure, or frequency.

Venden los huevos por docena.	*They sell eggs by the dozen.*
Van a ochenta kilómetros por hora.	*They are going eighty kilometers an hour.*
Nos visitan tres veces por año.	*They visit us three times a year.*

B. **Para** is generally used to express:

1. An intended recipient (*for someone or something*).

Esto es para ti y aquello para Jorge.	*This is for you and that is for Jorge.*
Trabajo para el señor Suárez.	*I work for Mr. Suárez.*
Lo hizo para José.	*He (She) made it for José.*

2. Direction (*toward*).

Salieron para España ayer.	*They left for Spain yesterday.*

3. Purpose (*in order to*).

Juan vino aquí para trabajar.	*Juan came here to work.*

4. Lack of correspondence in an expressed or implied comparison.

Pedrito es muy inteligente para su edad.	*Pedrito is very intelligent for his age.*
Él es muy viejo para ti.	*He is very old for you.*

5. A specific event or point in time.

Tienen que regresar para el jueves.	*You have to return by Thursday.*
Iré a visitarte para Navidad.	*I will visit you for Christmas.*

6. The use for which something is intended.

Esta taza es para café.	*This cup is for coffee.*
Compré el vino para la fiesta.	*I bought the wine for the party.*

Ejercicios

1. Answer the following questions using **por** with the words in parentheses.

¿Por quién lo hizo? (José) → **Lo hizo por José.**

1. ¿Por quién aceptas el regalo? (Juan)
2. ¿Por dónde caminaron? (las calles de Pamplona)
3. ¿Por qué lo hizo? (el dinero)
4. ¿Por qué murió? (no comer)
5. ¿Por quién preguntaron? (la señorita)
6. ¿Cuándo trabajan? (la mañana)
7. ¿Por cuánto tiempo se va? (tres meses)
8. ¿Por cuánto la vendieron? (sesenta pesos)
9. ¿Por quién vienen? (ti)
10. ¿Por qué fue a la tienda? (huevos)

2. Answer the following questions using **para** with the words in parentheses.

¿Para quién es esta carta? (Margarita) → **Es para Margarita.**

1. ¿Para dónde van los jóvenes? (los Pirineos)
2. ¿Es grande Pedro? (su edad)
3. ¿Para qué vinieron los ingleses? (cenar con nosotras)
4. ¿Para cuándo necesita él la bicicleta? (la semana próxima)
5. ¿Para quién escribes los artículos? (el periódico)
6. ¿Para qué compró el auto? (ir al lago los domingos)
7. ¿Cuándo vendrá? (la Navidad)
8. ¿Para qué estamos en esta clase? (aprender español)

3. Complete the following sentences with **por** or **para**.

1. Me dio veinte dólares _____ comprar el abrigo.
2. Tenía fiebre. _____ eso no vino.
3. Alicia vino a Pamplona _____ ir a las corridas.
4. Estos dos pasajes son _____ Jorge.
5. La muchacha fue a la panadería _____ pan.
6. Estaremos en San Pedro _____ dos semanas.
7. No me llamaron _____ ayudarlos.
8. Pasaron _____ la casa a las cinco _____ invitarme a una fiesta.
9. ¿Cuánto pagaste _____ esa falda _____ tu hermana?
10. Esa mesa no es _____ mí; es muy grande _____ mi apartamento.
11. _____ llegar a su casa, hay que pasar _____ el parque.
12. Juan pagó _____ mí porque yo no tenía el dinero _____ el pasaje.

Preguntas

1. ¿Adónde va usted por libros? ¿por zapatos? ¿por pasajes para Las Vegas?
2. ¿Adónde va usted para divertirse? ¿para estar solo(-a)?   3. ¿Es un kilo más, o menos que una libra? ¿Qué se vende por kilo?   4. ¿Ha salido con alguien que sea muy viejo(-a) para usted? ¿muy joven? ¿Se divertió o se aburrió usted?   5. ¿Ha hecho algo estúpido por amor? ¿por orgullo (*pride*)? ¿por ambición?   6. Si tiene empleo, ¿para quién trabaja? ¿Por qué trabaja usted? ¿por dinero, por necesidad o por diversión?

PAMPLONA, LAS FIESTAS DE SAN FERMÍN

PAMPLONA: LAS FIESTAS DE SAN FERMÍN

Es el primer día de las fiestas de San Fermín en Pamplona.[1] Varios jóvenes norteamericanos, franceses y españoles se reunen en un café.

ALICE:	¿Cómo vinieron ustedes? ¿En auto o en tren?
BRIGITTE:	En bicicleta. El camino es muy lindo por los Pirineos.[2]
GEORGE:	Pero muy largo también. Yo no haría ese viaje por nada del mundo.
ADOLFO:	Estarían muy cansados por las noches.
BRIGITTE:	Sí, al principio me dolían terriblemente los músculos.
ALICE:	Tendrán mucha sed después del viaje. Tomen la bota.[3]
BRIGITTE:	Gracias. *Bebe de la bota y se la pasa a Jacques.*
ADOLFO:	¿Quiénes correrán conmigo en el encierro mañana?
GEORGE:	Yo, naturalmente.
JACQUES:	Y yo. Por eso vine.
ALICE:	A mí también me gustaría correr.
ADOLFO:	¡Bah! No es un juego para muchachas.
ALICE:	¿Por qué no? Yo no tendré miedo.
ADOLFO:	Un toro te podría matar.
BRIGITTE:	Alice, debes ser más prudente. Eres mujer.
ALICE:	¿No saben ustedes que hoy día hay mujeres que estudian para toreras?[4]
ADOLFO:	Muy pocas. ¡Qué idea más ridícula!
GEORGE:	Hablando° de toreros, ¿qué les parece si vamos a la corrida mañana?
ADOLFO:	Buena idea.
GEORGE:	Entonces, yo iré por las entradas.
JACQUES:	Y yo iré por más vino.
BRIGITTE:	No es necesario. Todavía hay media bota.
ALICE:	Entonces, hay que beberla. ¡En honor de San Fermín y de los toros bravos!°

Hablando *Speaking*   bravos *fighting, brave*

EL ENCIERRO, PAMPLONA

Notas culturales

1. **Pamplona,** a city in northern Spain, is well known for its yearly festival of **San Fermín,** beginning on July 6. During the following week there are daily bullfights, along with much eating, drinking, and celebrating. Every morning the bulls are let loose to run through the streets from the square to the arena, while the young men run ahead of them as a test of courage. This custom, called the **encierro** (literally, *the locking up* or *enclosure,* since the men are enclosed with the bulls), was made famous in Ernest Hemingway's novel, *The Sun Also Rises*; it brings much joy and excitement, and occasionally injury and death.

2. **Los Pirineos** (*the Pyrenees*) are the range of mountains that lie along the border of Spain and France.

3. A **bota** is a leather wine bag very common in Spain. To drink from it requires some practice, since one must throw back one's head, incline the **bota,** and aim the thin spray carefully so as to land it in the mouth.

UNA BOTA DE VINO

4. The Spanish word **torero** means *bullfighter* and in the past always referred to a man. However, in recent years a few women have entered the profession, creating a bit of linguistic confusion as to whether they should be called **toreros** or **toreras.**

Preguntas

1. ¿Cómo vinieron los franceses a Pamplona, en tren o en bicicleta?
2. ¿Por qué montañas pasaron? 3. ¿Están cansados? ¿Por qué? 4. ¿De qué beben los jóvenes? 5. ¿Quiénes correrán en el encierro? ¿A quién le gustaría correr? 6. ¿Es peligroso el encierro? ¿Por qué? 7. ¿Adónde van los jóvenes mañana? ¿Quién va por las entradas? 8. ¿En honor de qué beben los jóvenes?

ACTIVIDADES

Entrevista

Ask a classmate the following questions, then report the information to the class.

1. ¿Te gustaría ir a Pamplona para las fiestas de San Fermín? ¿Correrías en el encierro?
2. ¿Te gustaría viajar por Europa en tren? ¿en bicicleta? ¿en motocicleta? ¿a pie?
3. Imagínate que eres el presidente: ¿querrías tener buenas relaciones con los rusos? ¿con los chinos? ¿con los cubanos? ¿Reducirías los impuestos? ¿las fuerzas militares?
4. ¿Te casarás pronto? ¿Tendrás una gran familia?
5. Al salir de la universidad, ¿empezarás inmediatamente a trabajar, o harás otra cosa antes?
6. ¿Qué hora será? En este momento, ¿que harán tus padres? ¿tus amigos?

Mis últimos deseos

If you found out that you had only ten days to live, what would you do? Write five sentences, each one stating an **último deseo** and each one using the conditional tense. For example: **Viajaría a Hawaii. Tomaría champaña y caviar todo el día.**

Crucigrama

Complete the following crossword puzzle with a Spanish word for a part of the human body. The diagram at the beginning of this chapter should help.

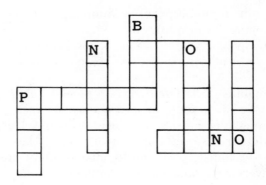

Vocabulario activo

beber *to drink*
caminar *to walk*
doler (ue) *to ache, to hurt*
interesar *to interest;* **Me interesa el arte.** *Art interests me.*
matar *to kill*
parecer *to seem*
ponerse *to put on (clothes)*
prometer *to promise*
quitarse *to take off (clothes)*
reunirse *to meet*

el **abrigo** *overcoat*
la **bicicleta** *bicycle*
la **boca** *mouth*
el **brazo** *arm*
la **cabeza** *head*
la **cara** *face*
la **docena** *dozen*
la **edad** *age;* **¿Qué edad tiene José?** *How old is José?*

la **entrada** *ticket*
el **guante** *glove*
el **hueso** *bone*
el **impermeable** *raincoat*
la **media** *stocking*
la **nariz** *nose*
la **oreja** *ear*
la **pierna** *leg*
la **pintura** *painting*
la **ropa** *clothes*
el **suéter** *sweater*
el **traje** *suit*
el **vestido** *dress*

lindo(-a) *pretty*
nubloso(-a) *cloudy*

al principio *at the beginning*
¿Qué le (te) parece si . . . ? *How about (doing something)?*

LA VIDA DIARIA

En general, la familia tiene un papel más importante en la sociedad hispana que en la anglosajona. Es muy común que en la misma casa o apartamento vivan la mamá, el papá, los niños, uno o dos abuelos, una tía soltera, etcétera. Las palabras «baby-sitter» y «rest home» casi no existen en la lengua española.

Los varios miembros de la familia pasan mucho tiempo juntos. Generalmente, el padre y los niños regresan a casa a las doce para almorzar con toda la familia. El almuerzo es la comida principal del día. Después, es costumbre conversar o dormir la siesta. Regresan al trabajo a las tres, más o menos. Después de salir del trabajo por la tarde, muchos empleados se reúnen con sus amigos a conversar o a tomar un café juntos, antes de volver a casa a cenar. Durante este tiempo se ve mucha gente en la calle. La cena se sirve generalmente a las diez en España y un poco más temprano, entre las ocho y las nueve, en Hispanoamérica.

En los pueblos pequeños del mundo hispánico, la vida de la mujer todavía se limita principalmente a la casa, a la familia y a un pequeño grupo de amigas. Entre los jóvenes, la separación de los sexos es grande y las relaciones entre muchachos y muchachas son relativamente formales. Por lo general, los futuros novios se conocen en lugares (*places*) públicos—la plaza, el mercado, la iglesia, o en alguna fiesta del pueblo. Sólo después de mucho tiempo el novio visita a su novia (su futura esposa) en casa de ella.

Hoy día muchas costumbres antiguas cambian, sobre todo en las grandes ciudades. Aquí no hay tiempo para hacer siesta. En muchos empleos comerciales y públicos, se trabaja de ocho a cuatro o de nueve a cinco y sólo hay una breve interrupción para almorzar. Ahora, más mujeres trabajan fuera de (*outside*) casa. En las grandes ciudades los jóvenes tienen más libertad,

especialmente en el ambiente (*atmosphere*) más informal de la universidad. Muchos empleados de grandes compañías tienen que mudarse con frecuencia a otra ciudad y por eso no les es posible mantener relaciones muy estrechas (*close*) con los amigos. Por estas razones, la vida de hoy en muchas ciudades hispanas—especialmente en ciudades industrializadas como Buenos Aires o Madrid—tiene mucho más en común con la vida de las ciudades de los Estados Unidos. Pero a unos cuantos kilómetros de una gran ciudad, se puede encontrar la rica variedad de costumbres hispanas.

Preguntas

1. ¿Por qué no hay equivalentes exactos de palabras como «baby-sitter» o «rest home» en español?
2. ¿A qué hora almuerza la familia hispana? ¿A qué hora cena? ¿Cuál es la comida principal del día?
3. Se dice que hay cuatro horas de movimiento (*rush hours*) en el mundo hispánico. ¿Por qué?
4. ¿Cómo es la vida de la mujer en los pueblos pequeños del mundo hispánico?
5. ¿Es común que un muchacho y una muchacha salgan solos en países hispanos? ¿Dónde se conocen?
6. En las grandes ciudades, las costumbres antiguas cambian mucho. ¿Cómo? ¿Por qué?
7. Se dice que a causa del divorcio y de otros fenómenos sociales, la familia nuclear (inmediata) de los Estados Unidos está hoy día en peligro. ¿Está usted de acuerdo? ¿Cree que es mejor el sistema social y familiar (de la familia) de los países hispanos?

17

Diecisiete

I. *LO, LO QUE, EL QUE*

el amanecer (cuando sale el sol)

la nieve

las montañas

el sol

el árbol

el pájaro

la niebla

las hojas

las flores

el pez

el lago

el anochecer (cuando salen la luna y las estrellas)

las estrellas   la luna

la nube

la lluvia

las piedras

1. ¿Cómo se llama la hora del día cuando sale el sol? ¿Sabe usted a qué hora salió el sol esta mañana?
2. Lo siguiente (lo que sigue) es una «adivinanza»: «¿Qué le dijo la luna al sol?» ¿Usted no sabe? «¿Tan grande y no te dejan salir de noche?» ¿Qué sale de noche con la luna?
3. ¿Cómo se llaman los «animales» que viven en los árboles y cantan? ¿los que viven en el agua? ¿Cuál es la diferencia entre un pez y un pescado? (Para el pez, es una diferencia muy importante.) ¿Cuál es la diferencia entre un lago y un océano? (Por ejemplo, ¿cuál es más grande? ¿Cómo es el agua: dulce (fresh) o salada?)
4. Describa el invierno donde usted vive. ¿Llueve mucho? ¿Nieva? (¿Hay nieve?) ¿Hay nubes? ¿Hay niebla? ¿Qué es lo que te gusta más del invierno? ¿menos?
5. ¿En qué estación salen las hojas en los árboles? ¿Qué es lo bueno de esta estación?
6. Describa el verano: ¿qué es lo que te gusta más del verano? ¿Y del otoño?

A. The neuter article **lo** can be used with the masculine singular form of an adjective to express an abstract quality or idea.

Lo malo de vivir en la ciudad es que hay mucho ruido, y generalmente el aire está contaminado.	*The bad thing about living in the city is that there is a lot of noise, and the air is usually polluted.*
Lo mejor de vivir en la ciudad es que hay muchas actividades culturales.	*The best thing about living in the city is that there are many cultural activities.*

B. **Lo que** can be used to express something imprecise or to sum up an idea that has been stated previously.

Lo que me gusta más de Florida es el clima.	*What I like best about Florida is the climate.*
No sé lo que quieres.	*I don't know what you want.*

C. However, **el** or **la** (**el que, la que, los que, las que**) must be used to refer to a specific person or thing, the gender of which is known.

Esta composición es la mejor de la clase.	*This composition is the best one in the class.*
¿Tienes la llave? —¿Cuál? —La que te di ayer.	*Do you have the key? —Which one? —The one I gave you yesterday.*

D. **Lo** can replace an adjective or refer to a whole idea previously stated.

¿Es aburrida la vida del campo?   *Is life in the country boring?*
—No, no lo es.   *—No, it isn't.*
¿Estás cansado? —Sí, lo estoy.   *Are you tired? —Yes, I am.*

Ejercicios

1. Create new sentences, substituting the words in the list for those in italics.

    a. *Lo bueno* es que me lo dijo.
        1. lo interesante   2. lo malo   3. lo importante   4. lo maravilloso
        5. lo mejor

    b. Lo que no me gusta es *la música clásica.*
        1. los cursos obligatorios   2. estar solo   3. ir al dentista   4. el arte
    abstracto   5. trabajar

    c. Aquel *reloj,* el que compramos ayer, no me gusta.
        1. pintura   2. zapatos   3. abrigo   4. blusas   5. vino

2. Answer affirmatively or negatively, as the case may be.

    ¿Es mejor decir la verdad? → **Sí, lo es.**
                       → **No, no lo es.**

    1. ¿Es útil decir mentiras?
    2. ¿Son brillantes sus amigos? ¿Son ambiciosos? ¿egoístas?
    3. ¿Está usted cansado(-a) hoy? ¿Está nervioso(-a)? ¿sereno(-a)?
    4. ¿Sabe usted lo que quiere hacer en la vida?
    5. ¿Sabe usted lo que va a hacer mañana?

Preguntas

1. ¿Qué es lo más interesante de la vida universitaria? ¿lo más aburrido? ¿lo más útil? ¿lo más ridículo?   2. ¿Qué es lo que le parece bueno en el sistema capitalista? ¿en el sistema comunista?   3. ¿Prefiere usted los profesores que divierten mucho a sus estudiantes o los que los hacen trabajar? 4. ¿Quién aprende más—el que lee muchos libros o el que viaja por todas partes? ¿Por qué?   5. ¿Quién tiene más contacto con la naturaleza—el que vive en el campo (*country*) o el que vive en la ciudad? Para usted, ¿qué es lo mejor de vivir en la ciudad? ¿lo peor? ¿Qué es lo mejor de vivir en el campo? ¿lo peor?   6. ¿Quién lleva una vida más serena—el que vive en la ciudad o el que vive en el campo?

II. THE PRESENT PARTICIPLE AND THE PROGRESSIVE TENSES

(1) SECRETARIA: ¿Qué *está haciendo*, señora Valdez? ¿Por qué no *está trabajando?*

(2)   JEFE: Es que me *están doliendo* todos los músculos.

(3) SECRETARIA: ¿Pero por qué? ¿Qué *estaba haciendo?*

(4)   JEFE: Nada. Estaba sentada en una de estas sillas modernas que compraron ayer.

(5) SECRETARIA: Ah, *estaba probando* los muebles nuevos. Pero señora Valdez, eso no es una silla. ¡Es un canasto de basura!

1. ¿Por qué no está trabajando la señora Valdez? 2. ¿Qué estaba haciendo ella? 3. ¿Dónde estaba sentada ella? 4. ¿Qué estaba probando?

A. To form the present participle of most Spanish verbs, add **-ando** to the stem of the infinitive of **-ar** verbs and **-iendo** to the stem of the infinitive of **-er** and **-ir** verbs.

> hablando *speaking*
> comiendo *eating*
> viviendo *living*

Hablando de la Argentina, ¿cuándo sales para Buenos Aires?	*Speaking of Argentina, when are you leaving for Buenos Aires?*

B. A form of **estar** in the present tense can be combined with a present participle to form the present progressive tense. This tense is used to emphasize that an action is in progress at a particular moment in time. This is its only use; the present tense is used otherwise.

Estoy estudiando mi lección.	*I am studying my lesson (at this very moment).*
Jorge está comiendo; no puede venir al teléfono.	*Jorge is eating; he can't come to the telephone.*
Me están doliendo los músculos.	*My muscles are aching.*

(1) What are you doing, Mrs. Valdez? Why aren't you working? (2) Because all my muscles are aching. (3) But why? What were you doing? (4) Nothing. I was sitting in one of these modern chairs that they bought yesterday. (5) Oh, you were trying out the new furniture. But Mrs. Valdez, that's not a chair. It's a wastebasket!

C. A form of **estar** in the imperfect tense can be combined with a present participle to form the past progressive tense, a tense which indicates that an action was in progress at a given moment in the past.

Estaba estudiando mi lección (cuando llamaste).	*I was studying my lesson (when you called).*
Ellos estaban comiendo (ayer a las dos).	*They were eating (yesterday at two o'clock).*
Jorge estaba escribiendo una carta (cuando llegué).	*Jorge was writing a letter (when I arrived).*

D. Present participles of verbs with a stem ending in a vowel take the ending **-yendo** rather than **-iendo,** since in Spanish an unaccented **i** between two vowels becomes a **y.**

creyendo	(creer)	oyendo	(oír)
leyendo	(leer)	trayendo	(traer)

E. Stem-changing **-ir** verbs show a change in the stem of the present participle from **e** to **i** or **o** to **u** (as they do in the third-person singular and plural of the preterite).

diciendo	(decir)	sirviendo	(servir)
pidiendo	(pedir)	durmiendo	(dormir)
prefiriendo	(preferir)	muriendo	(morir)
siguiendo	(seguir)		

MERCADO EN AMBATO, ECUADOR

Ejercicios

1. Create new sentences, substituting the words in the list for those in italics.

   a. *Marta* está mirando la televisión.
      1. tú   2. ustedes   3. yo   4. María y José   5. nosotros

   b. *Nosotros* estamos aprendiendo a esquiar.
      1. yo   2. tú   3. usted   4. Anita   5. ellos

   c. No estaba *diciendo* nada.
      1. pidiendo   2. aprendiendo   3. buscando   4. sirviendo   5. comiendo

   d. *Yo* estaba escribiendo una carta.
      1. Jorge   2. nosotros   3. tú   4. ustedes   5. Elena y yo

2. Restate, changing the verbs from the present progressive to the past progressive.

   1. Roberto está trabajando.
   2. ¿Qué estás haciendo?
   3. Están durmiendo.
   4. Los niños están escuchando el programa.
   5. Estoy perdiendo el tiempo.

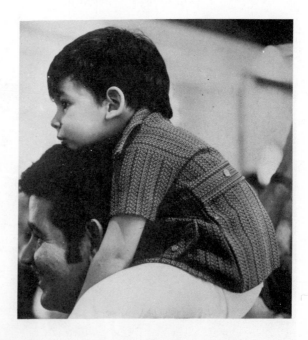

3. Restate, changing the verbs from the present to the present progressive or from the imperfect to the past progressive.

    1. Las canciones empiezan.
    2. Conchita y yo trabajamos ahora.
    3. ¿Aprenden ustedes a conducir?
    4. Los chicos dormían.
    5. Decimos la verdad.
    6. Yo regresaba a casa.
    7. Entraba a la catedral.
    8. Baila con José.
    9. ¿De qué hablaban ustedes?
    10. El hombre muere.

4. Complete the following sentences with the correct present participle of the verb in parentheses.

    1. (mirar)   ¿Qué está _____ ese señor?
    2. (conducir)   ¿Quién está _____ el autobús?
    3. (comprar)   Estamos _____ muebles.
    4. (pedir)   Enrique le estaba _____ dinero a su padre cuando llegué.
    5. (hacer)   ¿Qué estaban _____ aquellos chicos?
    6. (abrir)   ¿Estás _____ el regalo?
    7. (jugar)   No estoy _____ en este partido.
    8. (esperar)   Te está _____ tu novio.
    9. (cantar)   Estaba _____ algo bonito.
    10. (seguir)   Felipe estaba _____ al otro auto.

Preguntas

1. ¿Qué está haciendo usted ahora?   2. ¿Le están doliendo los músculos? ¿los pies? ¿la cabeza? ¿Por qué?   3. ¿Qué estaba pensando usted hoy cuando entró en la sala de clase?   4. ¿Qué estaba haciendo usted anoche a las diez? ¿a las dos de la mañana?

III. THE FUTURE PERFECT AND CONDITIONAL PERFECT TENSES

(1) LUIS: ¿Crees que ya *habrá llegado* Delia a Buenos Aires?
(2) PACO: Lo dudo, Luis. Te *habría llamado* desde allí, ¿no?
(3) LUIS: Tienes razón.
(4) PACO: No te preocupes. Para este sábado *habrá vuelto* y ustedes estarán juntos.

1. ¿A quién espera Luis?   2. ¿Por qué cree Paco que Delia no ha llegado?
3. ¿Para cuándo habrá vuelto ella?

A. The future perfect tense is formed with the future tense of the auxiliary verb **haber** plus a past participle. The past participle always ends in **-o** when used to form a perfect tense.

haber

habré	habremos		
habrás	habréis	+	past participle
habrá	habrán		

The future perfect tense expresses a future action with a past perspective —that is, an action that will have taken place (or may have taken place) by some future time.

Habré comido cuando regreses.	*I will have eaten when you return.*
Mañana a esta hora nos habremos ido.	*Tomorrow at this time we will have left.*
Mario habrá terminado para esa fecha.	*Mario will have finished by that date.*

(1) Do you think that Delia may have arrived in Buenos Aires already? (2) I doubt it, Luis. She would have called you from there, wouldn't she? (3) You're right. (4) Don't worry. By this Saturday she will have returned and you will be together.

B. The conditional perfect tense is formed with the conditional tense of the auxiliary verb **haber** plus a past participle. It often corresponds to the English *would have* plus past participle.

haber

habría	habríamos		
habrías	habríais	+	past participle
habría	habrían		

Habrían llamado. *They would have called.*
¿Qué habría hecho usted? *What would you have done?*
Habría sido interesante visitar la *It would have been interesting to*
  sinagoga. *visit the synagogue.*

Ejercicios

1. Create new sentences, substituting the words in the lists for those in italics.

a. Mañana *nosotros* habremos visto Toledo.
  1. yo 2. tú 3. nuestro grupo 4. los García 5. Inés y yo

b. *Marcelo* habrá recibido la carta.
  1. Elena y Mónica 2. nosotros 3. tú 4. el jefe 5. ustedes

c. ¿Qué habría hecho *usted?*
  1. tú 2. el gobierno 3. Teresa y yo 4. los otros 5. nosotros

2. Restate, changing the verbs from the present perfect to the future perfect.

Ha llegado a las seis. → **Habrá llegado a las seis.**

1. He regresado.
2. Hemos venido.
3. Él ya ha terminado.
4. Norma se ha divertido.
5. Se han encontrado.
6. Te has mudado.
7. Han comprado la casa.
8. He escrito diez artículos.

3. Restate, changing the verbs from the present perfect to the conditional perfect.

Ha comido antes de venir. → **Habría comido antes de venir.**

1. Ha deseado estar con nosotros.
2. Elisa ha escuchado toda la conversación.
3. Él ha llamado a la policía.
4. Los Sáenz lo han invitado.
5. He ido a la fiesta.
6. Ernesto no ha dicho nada.
7. Él no ha hecho eso.
8. ¿Qué has hecho tú?

Preguntas

1. ¿Cree que habremos terminado este capítulo para mañana?   2. ¿Se habrá usted levantado mañana antes de las siete?   3. ¿Sabe usted si se habrán quedado en casa los estudiantes que no están aquí hoy?   4. ¿Habría podido usted entender una película en español el año pasado? ¿La puede entender ahora?

MACHU PICCHU

MACHU PICCHU: LA MISTERIOSA CIUDAD DE LOS INCAS

Eva, una pintora, y su novio Juan, un abogado, están visitando las ruinas de Machu Picchu, en el Perú.¹ Ella está buscando inspiración para una nueva serie° de pinturas.

JUAN: ¿Qué haces, mi amor?

EVA: Estoy admirando la ciudad.² Parece más bella ahora, sin los turistas.

JUAN: ¿A qué hora saliste?

EVA: A las cinco. Te habría despertado, pero estabas durmiendo como una piedra. Hace dos horas que espero el amanecer, pero creo que hoy no vamos a poder ver el sol por la niebla. 5

JUAN: Mira aquella piedra. Parece una escultura moderna, una obra° de arte abstracto. Es como un altar.

EVA: O como un movimiento° de baile. Lo maravilloso del arte abstracto es que tiene un significado diferente para cada persona. 10

JUAN: Creo que ésta es la piedra que usaba el Inca para atrapar° el sol.³

EVA: Mira. Allí está el muchacho indio que trabaja en el hotel.

TANO: Muy buenos días, señores.

JUAN: Buenos días. No sabía que hablaba español.

TANO: En casa hablamos quechua,⁴ señor, pero en la escuela nos enseñan español. 15

EVA: ¿No tiene frío? No lleva zapatos.

TANO: No, señora, estoy acostumbrado° al frío. Ustedes también se habrán acostumbrado al frío después de estar aquí unas semanas.

EVA: No podemos quedarnos—en una semana habremos vuelto a Venezuela. 20

JUAN: Yo no siento mucho el frío. Esta mañana tomé un té de coca⁵ para calentarme° y para no sentir tanto la altitud.

EVA: Sí, también es difícil acostumbrarse a esta altitud. Me estoy imaginando que estamos en el cielo. 25

JUAN: No te lo estás imaginando. Esa niebla en realidad no es niebla. ¡Es una nube baja!

---

serie *series*   obra *work*   movimiento *movement*   atrapar *to catch*
acostumbrado a *accustomed to*   calentarme *to warm myself*

Notas culturales

1. **Machu Picchu** is the ancient fortress city of the Incas, located high in the Andes not far from Cuzco, Peru, which was the capital of the Inca empire when the Spanish arrived. Because it cannot be seen from the valley below, **Machu Picchu** remained unknown to the outside world until 1911, when it was discovered by the noted American explorer Hiram Bingham.

2. The city offers a unique glimpse into the life of the ancient Incas, with temples, stairways, walls, and houses still standing. The stones were precisely shaped and chiseled so that no mortar was necessary. Stones with as many as twelve sides fit so perfectly together that a razor blade cannot be inserted between them. Modern engineers are unable to explain how the Incas, who like other American Indians did not have the benefit of the wheel, were able to transport these stones over long distances.

3. According to legend, the priests would tell the Inca emperor (who at that time was the only one called **Inca**) which day was to be the shortest of the year, and on that day he would go forth at sunset and ceremonially "tie" the sun to the earth, using this stone, called "the hitching post of the sun." This was supposed to prevent the sun from continuing to slip away from the earth. The proof came, of course, when the days that followed turned out to be longer, thus corroborating the general belief that the Inca was a direct descendant of the sun and had a special power over it.

4. **Quechua,** the language spoken by the Incas, was imposed upon all new members of the Inca empire after conquest. Quechua and Aymara are the most common Indian languages in Peru, and many Peruvians learn Spanish only as a second language.

CUZCO, PERÚ

5. Coca-leaf tea is made from the leaf of the coca plant, from which cocaine is extracted. The tea is strictly for medicinal purposes and does not have the effects of cocaine; it is sometimes served to tourists to prevent altitude sickness. The leaves of the coca plant, however, in combination with some other ingredients, are chewed as a narcotic by many Indians of the Peruvian and Bolivian sierra. The coca leaves impart a temporary feeling of well-being and enable the Indians to work despite the severe discomfort of the high altitude and intense cold. The prolonged use of coca causes whitish, cracked lips and, more importantly, mental deterioration. The Indian of the Andes thus finds himself trapped by the need to work in a harsh environment and the destructive effects of the method which makes that work tolerable.

Preguntas

1. ¿Qué busca Eva en las ruinas de Machu Picchu?   2. ¿A qué hora salió del hotel? ¿Por qué no despertó a Juan?   3. ¿Por cuánto tiempo espera el amanecer?   4. ¿Qué le parece a Juan la piedra? ¿Y a Eva?   5. Según Eva, ¿qué es lo maravilloso del arte abstracto? ¿A usted le gusta más el arte abstracto o el arte realista?   6. ¿Cómo se llama el muchacho indio?   7. ¿Qué lenguas habla? ¿Dónde las habla?   8. ¿Tiene frío Tano? ¿Por qué, según él?   9. ¿Qué tomó Juan en el hotel? ¿Por qué?   10. ¿Qué se está imaginando Eva?

ACTIVIDADES

Entrevista

Ask a classmate the following questions, then report the information to the class.

1. ¿Qué estabas haciendo ayer a las cuatro? ¿anoche a las ocho?
2. ¿Estás pensando hacer un viaje? ¿Adónde?
3. En los Andes, muchos indios viven como vivían sus antepasados (*ancestors*) hace cien años. Para ti, ¿es mejor esta vida sencilla (*simple*) o es mejor la vida en los países industriales? ¿Por qué?
4. En cincuenta años, ¿habremos encontrado una manera de eliminar la contaminación del aire o del agua?
5. En veinte años, ¿habremos solucionado (*solved*) los problemas de la energía?

Un informe oral

Prepare a one-minute report, to be given aloud in class, on one of the following topics. You may read it or use notes or photos.

1. los incas
2. los aztecas
3. la Piedra del Sol
4. el arte precolombino

Un viaje imaginario

Pretend that you are going to take a trip to Machu Picchu, and make a list in Spanish of the things you want to take.

Vocabulario activo

acostumbrarse a *to get used to, to become accustomed to*
imaginarse *to imagine*
probar (ue) *to try, to test*

el **abogado** (la **abogada**) *lawyer*
el **amanecer** *dawn*
el **anochecer** *nightfall*
el **árbol** *tree*
el **campo** *country (as opposed to city)*
la **estrella** *star*
la **flor** *flower*
la **hoja** *leaf*
la **luna** *moon*

la **lluvia** *rain*
los **muebles** *furniture*
la **niebla** *fog*
la **nieve** *snow*
la **nube** *cloud*
el **pájaro** *bird*
el **pez** *fish (live)*
la **piedra** *stone*
el **significado** *meaning*

bajo(-a) *short, low*
misterioso(-a) *mysterious*
sereno(-a) *calm, serene*
siguiente *following*
tranquilo(-a) *quiet*

MUJERES PERUANAS

I. THE PASSIVE VOICE

Profesiones y carreras

1. el abogado

2. el policía

3. el ingeniero

4. la dependiente

5. la mecanógrafa

6. los comerciantes

1. El abogado contestó las preguntas. Las preguntas fueron contestadas por el abogado.
2. El policía arrestó a la agente secreta. La agente secreta fue arrestada por el policía.
3. El ingeniero construyó* el edificio. El edificio fue construido por el ingeniero.
4. La dependiente vendió dos vestidos rojos. Los vestidos fueron vendidos por la dependiente.
5. La mecanógrafa escribió una carta. La carta fue escrita por la mecanógrafa.
6. Los comerciantes abrieron una tienda nueva. La tienda fue abierta por los comerciantes.

¿Por quién fueron contestadas las preguntas? ¿Por quién fue arrestada la agente secreta? ¿Por quién fue construido el edificio? ¿Por quién fueron vendidos los vestidos? ¿Por quién fue escrita la carta? ¿Por quiénes fue abierta la tienda?

¿Tiene usted un empleo ahora? ¿Qué hace? ¿Qué quiere hacer en diez años? ¿En qué profesiones es importante o útil saber hablar español?

The passive voice is formed with a conjugated form of **ser** (usually **fue** or **fueron**) and a past participle. The past participle agrees with the subject in gender and number. If an agent or doer is expressed, it is introduced by the preposition **por**.

Ejercicios

1. Create new sentences, substituting the words in the list for those in italics.

    a. *La bicicleta* fue comprada por Marisa.
       1. este suéter 2. los aretes 3. el vestido 4. las tazas 5. la ropa

    b. *Este auto* es hecho en México.
       1. estos zapatos 2. esta piñata 3. esta mesa 4. mi abrigo 5. los trajes

---

* In conjugated forms of the verb **construir**, *to build*, a **y** is inserted before any ending that does not begin with **i**: **construyo**. An **i** changes to **y** between two vowels: **construyó**.

2. Restate, changing the verbs from the active to the passive voice.

Ramón trajo una piñata. → **La piñata fue traída por Ramón.**

1. Nosotros vendimos el edificio.
2. Miguel preparó la comida.
3. El médico publicó el artículo.
4. La señora hizo una sopa.
5. Juan Tomás cantó la canción.

Preguntas

1. ¿Cómo se llama su novela favorita? ¿Por quién fue escrita? ¿Recuerda cuándo fue escrita?   2. ¿Dónde es hecha la cerveza que usted toma?
3. ¿Por quiénes fue construido Machu Picchu?   4. ¿Por quiénes fueron conquistados los aztecas?   5. ¿Dónde es publicado el periódico que lee usted todos los días?

II. THE IMPERFECT SUBJUNCTIVE

(1) SEÑOR MORALES: ¿Dónde has estado, Marta?
(2) SEÑORA MORALES: Ana me pidió que *fuera* con ella de compras.
(3) SEÑOR MORALES: ¿Encontraste algo que te *gustara*?
(4) SEÑORA MORALES: No, no compramos nada. Pero vimos a Angelita Pérez, la hija de Ramón y Celia. ¿La recuerdas? Nos sorprendió muchísimo que *estuviera* con un joven y que *se besaran* en público.
(5) SEÑOR MORALES: ¡No me digas!
(6) SEÑORA MORALES: Sí, y eso no es todo. Nos escandalizó que no nos *hablara*—y que *llevara* una falda muy corta.
(7) SEÑOR MORALES: ¡Los jóvenes de hoy son tan descorteses! Nuestra generación nunca fue así. Pero no sabía que los Pérez permitían que su hija *saliera* con muchachos.
(8) SEÑORA MORALES: Dudo que lo sepan. ¡Qué escándalo!

1. ¿Qué le pidió Ana a la señora Morales? 2. ¿Por qué no compraron nada?
3. ¿A quién vieron ellas? ¿Qué les sorprendió? 4. ¿Qué les escandalizó?
5. ¿Qué piensa el señor Morales de los jóvenes de hoy? ¿Qué dice de su generación? ¿Y de los Pérez?

A. To form the imperfect subjunctive of any verb, remove the **-ron** ending from the third-person plural of the preterite indicative and add the appropriate imperfect subjunctive endings. There are two sets of endings for the imperfect subjunctive: **-ra, -ras, -ra, -ramos, -rais, -ran,** and **-se, -ses, -se, -semos, -seis, -sen.** The **-ra** forms are more common in Spanish America and will be used in this text. Notice that the **nosotros** form requires a written accent.

hablar		comer		vivir	
hablara	habláramos	comiera	comiéramos	viviera	viviéramos
hablaras	hablarais	comieras	comierais	vivieras	vivierais
hablara	hablaran	comiera	comieran	viviera	vivieran

(1) Where have you been, Marta? (2) Ana asked me to go shopping with her. (3) Did you find anything you liked? (4) No, we didn't buy anything. But we saw Angelita Pérez, Ramón and Celia's daughter—remember her? We were very surprised that she was with a young man and that they were kissing in public. (5) No! (6) Yes, and that's not all. I was shocked that she didn't speak to us—and that she was wearing a very short skirt. (7) The young people of today are so impolite! Our generation was never like that. But I didn't know the Perezes allowed their daughter to go out with young men. (8) I doubt that they know (about) it. What a scandal!

The imperfect subjunctive forms of all stem-changing verbs are regular:

pensar		volver		pedir	
pensara	pensáramos	volviera	volviéramos	pidiera	pidiéramos
pensaras	pensarais	volvieras	volvierais	pidieras	pidierais
pensara	pensaran	volviera	volvieran	pidiera	pidieran

The stems for the imperfect subjunctive of some verbs that have irregular third-person preterites are:

construir	construye-	morir	murie-
creer	creye-	poder	pudie-
dar	die-	poner	pusie-
decir	dije-	querer	quisie-
estar	estuvie-	saber	supie-
haber	hubie-	tener	tuvie-
hacer	hicie-	traer	traje-
ir, ser	fue-	venir	vinie-
leer	leye-	ver	vie-

B. The imperfect subjunctive is used in the same cases as the present subjunctive, except that the verb in the main clause is usually in some past tense rather than in the present. Compare the following examples:

Quiero que usted lo haga.	*I want you to do it.*
Quería que usted lo hiciera.	*I wanted you to do it.*
Es mejor que comas.	*It's better that you eat.*
Fue mejor que comieras.	*It was better that you ate.*
Quieren que haya una huelga.	*They want (there to be) a strike.*
Querían que hubiera una huelga.	*They wanted (there to be) a strike.*
Es importante que trabajemos.	*It's important that we work.*
Era importante que trabajáramos.	*It was important that we worked.*

Sometimes the verb in the main clause is in the present, but the imperfect subjunctive is used in the dependent clause to refer to something in the past.

¿Es posible que fuera Juan?	*Is it possible that it was Juan?*
No, no es posible que él viniera.	*No, it's not possible that he came.*

Ejercicios

1. Create new sentences, substituting the words in the lists for those in italics.

  a. Quería que usted lo *hiciera*.
    1. diera   2. comiera   3. pensara   4. escribiera   5. construyera

  b. No creí que *vinieras*.
    1. comieras   2. lo supieras   3. me oyeras   4. te acostaras   5. salieras

  c. Era imposible que *fuéramos*.
    1. leyéramos   2. estudiáramos   3. lo aprendiéramos   4. viniéramos   5. nos levantáramos

  d. Era importante que *él* no supiera nuestro secreto.
    1. tus padres   2. mi familia   3. tu abogado   4. esos criminales   5. la policía

  e. Alonso no creyó que *Elena* tuviera el dinero.
    1. la compañía   2. yo   3. tú   4. nosotros   5. Elvira y Felipe

2. Complete the following sentences with the appropriate imperfect subjunctive forms of the verbs in parentheses.

   1. (hacer)   Quería que tú lo _____.
   2. (fumar)   La profesora prohibió que ellos _____ en clase.
   3. (abrir)   Pidieron que nosotros _____ las ventanas.
   4. (llegar)   No le gustó al jefe que tú _____ tarde.
   5. (volver)   Marta no estaba segura de que ellos _____ el martes.
   6. (ser)   No pensaba que Ramón _____ tan inteligente.
   7. (conocer)   Fue una lástima que yo no _____ la ciudad.
   8. (ganar)   Fue terrible que nuestro equipo no _____ el partido.
   9. (poder)   No había nadie allí que _____ venir.
  10. (saber)   Fuimos al baile sin que mi madre lo _____.

3. Restate the following sentences, using the imperfect subjunctive.

  Es importante que Ramón venga. → **Era importante que Ramón viniera.**

   1. Quiere que ellos mientan.
   2. Sus padres no permiten que ella viva sola en un apartamento.
   3. No creo que Juan me vea.
   4. Es importante que hablemos de los problemas urgentes.
   5. ¡No es posible que tú me digas eso!
   6. ¿Es verdad que el señor García sea agente secreto?
   7. Esperan que yo tenga suerte.
   8. Dudo que me busquen.

4. Following the example, combine one item from each of the three lists to form five sentences. Make sure that each sentence makes sense.

mi padre (no) quería que   yo   decir la verdad
→ **Mi padre quería que yo dijera la verdad.**

1. mi padre (no) quería que	los trabajadores	ser descortés (descorteses)
2. los profesores (no) querían que	yo	fumar marihuana
3. los dictadores (no) querían que	Conchita	pedir reformas
4. el jefe (no) quería que	los (las) estudiantes	llevar faldas cortas
5. los políticos (no) querían que	las mujeres	decir la verdad
	los periódicos	pedir más dinero
	el pueblo	escandalizar a los parientes

Preguntas

1. ¿Eran sus padres muy estrictos cuando usted era niño? Por ejemplo, ¿era importante para ellos que usted se acostara temprano? ¿que terminara toda la comida de su plato?   2. ¿Le prohibieron sus padres que fuera al cine a ver películas violentas?   3. ¿Le permitían que organizara fiestas en su casa? 4. ¿Hacía muchas cosas sin que sus padres lo supieran? ¿Leía libros que a ellos no les gustaran? ¿Fumaba sin que lo supieran?

III. *IF*-CLAUSES

el correo

la tarjeta postal

el buzón

la estampilla

Si Martín tiene tiempo, va a ir al correo para comprar unas estampillas.
Si Martín tuviera tiempo, iría al correo (pero hoy tiene que trabajar).

Si hay un buzón aquí cerca, voy a mandar* las tarjetas.
Si hubiera un buzón aquí cerca, mandaría las tarjetas (pero no puedo encontrar un buzón).

A. When an *if*-clause expresses a situation that the speaker or writer thinks of as true or definite, or makes a simple assumption, the indicative is used.

Si llueve, Carlos no va a clase.	*If it is raining, Carlos is not going to class.*
Si llovió ayer, Carlos no fue a clase.	*If it rained yesterday, Carlos didn't go to class.*
Si Manuel va, yo voy también.	*If Manuel goes, I will go, too.*

* **Mandar** means *to mail* or *send* as well as *to command.*

B. However, when the *if*-clause expresses something that is hypothetical or contrary to fact and the main clause is in the conditional, the *if*-clause is in the imperfect subjunctive.

Luis y Mirta irían con nosotros, si estuvieran aquí.
Luis and Mirta would go with us, if they were here (but they aren't).

Si llegaran hoy, iríamos al aeropuerto.
If they were arriving today, we would go to the airport.

Si yo fuera rico, viajaría por todo el mundo.
If I were rich, I would travel all over the world.

C. The expression **como si** (*as if*) implies a hypothetical or untrue situation. It requires the imperfect subjunctive.

¡Hablas como si fueras un detective!
You are speaking as if you were a detective!

Se besaban como si estuvieran solos en el mundo.
They were kissing as if they were alone in the world.

Elena vive como si tuviera una fortuna.
Elena lives as if she had a fortune.

Ejercicios

1. Create new sentences, substituting the words in the lists for those in italics.

   a. Si *llegaran* hoy, iríamos a Toledo.
   1. volvieran   2. llamaran   3. regresaran   4. vinieran   5. contestaran

   b. Hablas como si *estuvieras triste*.
   1. fueras un experto   2. tuvieras razón   3. no quisieras ir   4. pidieras algo   5. pudieras mandar

   c. Si *Olga* quisiera, trabajaría.
   1. yo   2. tú   3. nosotros   4. Matilde y Bárbara   5. Luisa y yo

   d. Si *los vecinos* recibieran la invitación, comprarían un regalo.
   1. Marta   2. nosotros   3. los Gómez   4. tu hermano   5. yo

   e. Si lo diera por veinte pesos *nosotros* lo compraríamos.
   1. yo   2. Elsa y su amiga   3. todo el mundo   4. ustedes   5. tú

2. Complete the sentences with the appropriate form of the verbs in parentheses.

1. (comprar)   Si yo tuviera dinero, _____ un auto.
2. (dar)   Si me lo _____ por veinte pesos, lo llevaría.
3. (regresar)   Si los Gómez _____ hoy, vamos al aeropuerto.
4. (llegar)   Pero si no _____ hoy, no iríamos al aeropuerto.
5. (fumar)   Si todos _____ menos, sería mejor para todos.
6. (creer)   Si Alicia te _____, no habría problema.
7. (estar)   Si yo pudiera, _____ viajando siempre.
8. (ser)   Norma se viste como si _____ una reina (*queen*).
9. (venir)   Si ellos _____ mañana, iríamos al concierto.
10. (tener)   Juana compra ropa como si _____ una fortuna.
11. (hacer)   Si ellos tuvieran tiempo, _____ trabajos magníficos.
12. (ir)   Ella dice que si él _____ ella iría también.

3. Complete the following sentences with imagination. For example:

Si hubiera una huelga estudiantil, . . .
→ **Si hubiera una huelga estudiantil, los profesores estarían de vacaciones.**

1. Si no hubiera guerras, . . .
2. Si yo . . . , yo escandalizaría a todo el mundo.
3. Si el gobierno . . . , habría una revolución.
4. Si mis profesores . . . , les dolerían todos los músculos.
5. Si las mujeres se liberaran completamente, los hombres . . .
6. Si los países ricos dieran toda su riqueza (*wealth*) a los países pobres, . . .

Preguntas

1. Si usted tuviera mucho dinero, ¿qué compraría?   2. Si pudiera dar un millón de dólares a cualquier (*any*) causa, ¿a qué causa los daría?   3. Si estuviera en una isla desierta, ¿con quién le gustaría estar?

VENEZUELA: DIFERENCIAS ENTRE PADRES E HIJOS

Los señores López, que viven en un pueblo pequeño de Venezuela, toman café con sus vecinos.

EL VECINO: No nos han dicho nada de su viaje a Caracas. ¿Qué les pareció la capital?

SRA. LÓPEZ: ¡Horrible!

SR. LÓPEZ: Una gran desilusión.° Hicimos el viaje principalmente para que los muchachos vieran los sitios importantes: los museos, 5 la casa de Bolívar[1] . . .

SRA. LÓPEZ: Pero también vieron otras cosas sin que lo quisiéramos nosotros.

LOS VECINOS: ¿Qué cosas?

SR. LÓPEZ: Fuimos al Parque del Este[2] y vimos a novios que se besaban 10 en público como si estuvieran solos en el mundo.

EL VECINO: ¡Qué escándalo!

SR. LÓPEZ: Había muchachos de once o doce años que fumaban en la calle.

SRA. LÓPEZ: Y no vimos a ninguna joven que llevara ropa decente. 15

LA VECINA: ¡Qué falta de vergüenza!°

SR. LÓPEZ: Por eso regresamos pronto. Queríamos volver antes de que los muchachos empezaran a imitar° las malas costumbres.

En otra parte de la casa, el hijo de catorce años y la hija de dieciséis toman refrescos con sus amigos. 20

EL AMIGO: ¿Y el viaje a Caracas? ¿Qué les pareció la ciudad?

EL HIJO: ¡Fabulosa!

LA HIJA: Es un sueño. Los jóvenes llevan ropa elegante y andan° con toda libertad.

EL HIJO: Los edificios son bellos y modernos.[3] 25

LA AMIGA: ¿Vieron la Rinconada?[4]

EL HIJO: Sí, por fuera.° Yo quería que entráramos, pero mi padre dijo que no.

LA HIJA: Es una lástima que no pudiéramos pasar más tiempo en las playas.[5] Conocimos allá a un grupo de jóvenes caraqueños° 30 que nos invitaron a una fiesta.

EL HIJO: Sí, pero mamá nos prohibió que aceptáramos la invitación.

LA AMIGA: ¡Qué lástima! A mí me gustaría vivir algún día en Caracas.

EL HIJO: A mí también. Si yo pudiera vivir en esa ciudad, sería el muchacho más feliz del mundo. 35

desilusión *disappointment*   ¡Qué falta de vergüenza! *What shamelessness!*
imitar *to imitate*   andan *go about*   por fuera *from the outside*
caraqueños = de Caracas

CARACAS, VENEZUELA

Notas culturales

1. Caracas is the birthplace of **Simón Bolívar,** one of South America's greatest heroes, and the site of the Bolívar Museum, which houses his personal effects and documents. Born in 1783, Bolívar became a major figure in the movement for independence from Spain. He was a brilliant and fearless general and a greatly admired politician who dreamed of uniting the countries of South America in one nation. He died brokenhearted in 1830, having failed to realize his dream.

2. **El Parque del Este** is a large park with artificial lakes, a zoo, playgrounds, and a surrey-topped train. A great variety of orchids can be seen in its gardens, and in its excellent aviary there are specimens of many tropical birds.

3. Caracas is a city of modern and ultramodern architecture. In the last several decades the government has sponsored many low-rent apartment complexes to replace the shacks and shanties which once surrounded the city. The money for such projects comes from Venezuela's oil industry.

4. **La Rinconada** is one of the world's most luxurious racetracks, complete with escalators, an air-conditioned box for the president, and a swimming pool for the horses.

5. Several beautiful ocean beaches are less than an hour from Caracas by car via **la autopista,** one of the most modern highways in the world.

EN UNA CALLE DE CARACAS

Preguntas

1. ¿Viven los señores López en una ciudad grande o en un pueblo pequeño?
2. ¿A qué ciudad viajaron?   3. ¿Para qué hicieron el viaje?   4. ¿Qué vieron en el Parque del Este?   5. ¿Por qué regresaron pronto?   6. ¿Qué les pareció la ciudad a los muchachos? ¿Qué dicen de los jóvenes de Caracas? 7. ¿Por qué no entraron en la Rinconada?   8. ¿A quiénes conocieron en la playa?   9. ¿Aceptaron la invitación para la fiesta? ¿Por qué?   10. ¿Hay muchas diferencias de opinión entre usted y sus padres? ¿Le gustaría viajar con ellos? ¿Viven ellos en un pueblo pequeño o en una ciudad grande?

ACTIVIDADES

Entrevista

Ask a classmate the following questions, then report the information to the class.

1. Si pudieras hablar con cualquier persona del mundo, ¿con quién te gustaría hablar?
2. Si hicieras un viaje por un año y pudieras llevar tres libros, ¿llevarías tu libro de español? ¿Qué libros llevarías?
3. Si no estuvieras en clase, ¿dónde estarías?
4. Cuando eras niño(-a), ¿qué no te permitieron tus padres que hicieras?

¿Y sus padres?

Complete the following sentences.

1. Si mis padres vinieran a visitarme y pensaran quedarse un mes . . .
2. Si mis padres creyeran que yo estoy viviendo con mi novio(-a) . . .
3. Si mis padres fueran ricos . . .
4. Si mi madre fuera presidente . . .
5. Si mis padres supieran que . . .

Si yo fuera . . .

Following the examples, create ten new sentences: five with adjectives from part 1 and five with nouns from part 2.

Si yo fuera loco(-a) *(crazy)*
→ **Si yo fuera loco(-a), yo le diría a todo el mundo que soy Cristóbal Colón.**

Si yo fuera detective
→ **Si yo fuera detective, yo arrestaría a los criminales más peligrosos del mundo.**

1. Si yo fuera
   - celoso(-a)
   - loco(-a)
   - brillante
   - prudente
   - fanático(-a)
   - egoísta
   - famoso(-a)
   - idealista
   - descortés
   - deshonesto(-a)

2. Si yo fuera
   - agente secreto(-a)
   - dentista
   - ingeniero(-a)
   - abogado(-a)
   - comerciante
   - político
   - detective
   - revolucionario(-a)
   - dictador
   - torero(-a)

Situación

You are at a post office. The employee asks what he can do for you. You say you would like four stamps for the United States. He asks if you want airmail stamps (**estampillas aéreas**), and you say yes. He says that will be forty pesos. You ask where a mailbox is, so you can mail the letter and some postcards. He says he can mail them for you.

Vocabulario activo

arrestar *to arrest*
besar *to kiss*
construir *to build*
escandalizar *to shock, to scandalize*
mandar (por correo) *to mail*
publicar *to publish*
sorprender *to surprise*

el **buzón** *mailbox*
la **carrera** *career*
el **comerciante** (la **comerciante**) *business person*
el **correo** *mail; post office*
el **dependiente** (la **dependiente**) *salesperson*

el **detective** (la **detective**) *detective*
el **edificio** *building*
el **escándalo** *scandal*
la **estampilla** *stamp*
el **ingeniero** (la **ingeniera**) *engineer*
el **mecanógrafo** (la **mecanógrafa**) *typist*
la **profesión** *profession*
el **refresco** *soft drink*
el **sueño** *dream*
la **tarjeta** *card;* la **tarjeta postal** *postcard*

descortés *impolite*

ir de compras *to go shopping*

SELF-TEST III

I. Use of the Subjunctive

Cross out the words that a Spanish speaker would not be likely to say.

Es ~~mejor~~/Es cierto que yo te digo la verdad.

1. *Nos alegramos mucho/No sabíamos* que se casen.
2. *Sabe/Tiene miedo* que su equipo pierda el partido.
3. *Me sorprende/Creo* que ellos venden la casa.
4. *Dudo/Sé* que Susana vaya.
5. *Es cierto/No es cierto* que él tenga las joyas.
6. *No había nadie/Había alguien* allí que pudiera hacerlo.
7. *Supo/Esperaba* que ellos llegaron temprano.
8. El médico *creyó/no creyó* que Silvia estuviera enferma.

II. Forms of the Present Subjunctive

Complete the following sentences with the present subjunctive of the verbs in parentheses. Remember that the subjunctive is used:

A. with verbs of expectations and feelings

    1. Mamá tiene miedo que nosotros no _____ (estar) allí a las doce.
    2. Ojalá que él _____ (tener) la dirección.
    3. Esperamos que ellos no _____ (volver) tarde.
    4. Siento que Gustavo no _____ (poder) venir.

B. with verbs expressing an order, request, or plea

    5. Le prohibo que _____ (mentir).
    6. Te pido que _____ (traer) a tu hermana a la cena.

C. with verbs expressing will, desire, or preference

    7. Preferimos que él no _____ (venir).
    8. Quiero que tú _____ (conocer) a Anita.

D. with verbs of approval or permission

    9. Me gusta que ellos _____ (ganar) el partido.
    10. El médico no permite que yo _____ (fumar).

E. with verbs of necessity

    11. Necesitan que el señor Villa les _____ (hacer) un favor.

F. with verbs expressing doubt or uncertainty

    12. Dudo que José _____ (comer) bien.
    13. No estamos seguro que _____ (ser) ellos.

G. with **creer, pensar,** and **tal vez** or **quizás** in the negative or interrogative, when doubt is implied

    14. No pienso que Bárbara _____ (vivir) en Los Ángeles ahora.
    15. ¿Cree usted que nosotros _____ (tener) razón?
    16. Tal vez Eduardo _____ (conducir) su automóvil cuando vaya a Toledo, pero lo dudo.

H. with certain impersonal expressions

    17. Es una lástima que ellos _____ (trabajar) día y noche.
    18. Es necesario que nosotros _____ (acostarse) temprano.
    19. Es mejor que yo _____ (irse).

I. with **es verdad** (**cierto, seguro, claro**) in the negative or interrogative, when doubt is implied

    20. No es cierto que Elena _____ (salir) mañana.
    21. ¿Es verdad que Felipe _____ (recibir) mucho dinero de su padre?

J. with descriptions of the unknown or indefinite

    22. Busco una bicicleta que _____ (funcionar) bien y que _____ (ser) barata.
    23. No veo a ninguna dependiente que _____ (poder) atenderme.

K. with certain adverbial conjunctions

    24. El señor Juárez invita a los Hernández sin que su esposa lo _____ (saber).
    25. Vamos a cenar a las nueve a menos que ellos _____ (llegar) tarde.

III. *Por* and *Para*

Complete the following sentences with either **por** or **para**. State the reasons for your choices.

1. Siempre camino _____ la Avenida de la Independencia.
2. El señor Ramírez conduce a 70 millas _____ hora.
3. Mamá dice que los chocolates son _____ mí.
4. Me gustaría viajar _____ las montañas de Sudamérica.
5. Dígame, Hector, ¿usted se va a quedar aquí _____ dos meses?
6. Fue a la playa _____ tomar el sol.
7. ¿_____ qué estás triste?
8. Eduardo fue al mercado _____ pan.

IV. *The Future and Conditional Tenses*

A. Change the following verbs from the present to the future tense.

1. yo soy
2. él sabe
3. nosotros viajamos
4. tú haces
5. ellos traducen
6. ella va
7. nosotros pedimos
8. tú dices
9. yo me levanto
10. él puede

B. Now change these same verbs to the conditional tense.

V. *Useful Expressions*

Give the Spanish equivalent of the following expressions.

1. I want to mail a letter.   2. Where is the mailbox?   3. Give me four air-mail stamps, please.   4. What time does the train leave for Madrid?
5. Give me a round-trip ticket, please.   6. Where can one change money?
7. Do you have a room with a bath?   8. I've lost my suitcases (my passport).
9. Good-by. May all go well with you.   10. Who is it? Come in.   11. My head aches.   12. Is there a drugstore nearby?

Appendix I
Word Stress

Word Stress (Emphasis of Syllables)

1. Most Spanish words are divided into syllables after a vowel or diphthong; diphthongs are not divided. A single consonant (including *ch*, *ll*, and *rr*) between two vowels begins a new syllable.

co-mo	mu-cho	a-diós
cla-se	va-lle	ai-re
Te-re-sa	gui-ta-rra	au-to

2. Where there are two consonants between vowels, the syllable is usually divided between the consonants.

is-la	ar-tis-ta	Ca-li-for-nia
es-pa-ñol	u-ni-ver-sal	Jor-ge

3. In a combination of a strong vowel (**a**, **e**, or **o**) and a weak vowel (**i** or **u**) where the weak vowel is stressed, a written accent divides them into two syllables. (If the weak vowel is not stressed, the combination is a diphthong and is one syllable.)*

pa-ís	dí-a	fi-lo-so-fí-a

Appendix II
Answers to Self-Tests

Self-Test I

I.
1. estoy; estás   2. buscan   3. podemos   4. recuerdo   5. salgo; sales
6. crees; soy   7. debemos   8. quieren   9. tengo; tienes   10. va
11. tenemos   12. vive; está   13. digo; dice   14. duerme   15. vuelven
16. veo

II.
es, es, es, está, es, es, está, está

III.
A. 1. mi   2. tus   3. sus   4. nuestro   5. su
B. 1. esta   2. aquellos   3. este   4. esos   5. esa

---

* Note that an accent is also used with a few words to distinguish between meanings: **sí** (*yes*), **si** (*if*), **él** (*he*), **el** (*the*).

IV.

1. Sí, la llevo. 2. Sí, te puedo esperar (puedo esperarte) unos minutos.
3. Sí, les hablo. 4. Sí, se lo quiero preguntar (quiero preguntárselo).
5. Sí, te quiero. 6. Sí, se lo puedo decir (puedo decírselo). 7. Sí, se los
quiero dar (quiero dárselos). 8. Sí, nos escribe mucho. 9. Sí, me puedes
visitar (puedes visitarme) mañana. 10. Sí, se lo voy a dar. (Voy a dárselo.)

V.

1. conoce; saber 2. dice; habla 3. pido; pregunta 4. están; son

VI.

1. Mucho gusto. 2. Buenos días. 3. Gracias. 4. Por favor. 5. ¿Qué
hora es? 6. ¿Qué día es hoy? 7. Tengo hambre. 8. Buenas tardes.
9. ¿Puedo reservar un cuarto para dos en este hotel? 10. ¿Cuánto cuestan
estos zapatos? 11. Los llevo. 12. Hace calor. 13. ¿Tiene(s) calor?
14. ¿De veras? 15. ¡Cómo no! 16. ¿Me puede decir dónde está el restaurante «La Cazuela»?

Self-Test II

I.

1. Hablen lentamente. 2. Habla español. 3. No los apoye. 4. No te
vayas ahora, Rosa. 5. No seas tonto. 6. Páseme la sal. 7. Dile la verdad.
8. Llámame a las ocho. 9. Ven al partido. 10. Tráigame una cerveza.
11. Ten cuidado. 12. Espérenme.

II.

A.

1. tuvieron 2. pediste 3. vi 4. dimos 5. perdió; ganó 6. tuviste
7. fue 8. trajeron 9. salí 10. se fue 11. se divirtieron 12. quiso
13. conocieron 14. supo 15. me levanté

B.

1. tenían 5. perdía; ganaba 6. tenías 9. salía 11. se divertían
12. quería 13. conocían 14. sabía 15. me levantaba

C.

1. han tenido 3. he visto 4. hemos dado 5. ha perdido; ha ganado
6. has tenido 10. se ha ido 11. se han divertido

D.

1. b 2. a 3. c 4. c 5. a 6. c 7. b 8. b

E.

Ayer cuando yo *esperaba* el ómnibus, *vi* a mi amigo Juan. No lo *había visto*
hacía tres años y *había cambiado* mucho. Creo que ahora *es* muy rico.
Cuando lo *vi*, *llevaba* un traje elegante y unos zapatos nuevos. Yo le *dije* que
estaba muy contento de verlo. Le *pregunté* qué clase de trabajo *tenía*. Él me
contestó que no *trabajaba*, que su nueva esposa *tenía* mucho dinero. Me
dijo que *pensaba* ir a otra ciudad, porque a su esposa no le *gustaba* Lima.
Yo le *dije*, «Pero tú nunca *habías vivido* en otro sitio. ¿Quieres ir de veras?»
Me *contestó* que no, pero que *tenía* que hacerlo porque su esposa *estaba* enferma. Pobre Juan, yo *creo* que ya no *es* un hombre feliz.

III.

1. Siempre me divierto con Andrea y Tomás.   2. Él se va de aquí por última vez.   3. ¿Te lavas la cara?   4. Me levanto de la mesa.   5. Usted se llama Alberti, ¿verdad?   6. ¿Te quedas en Madrid?   7. Me acuesto a las once.   8. Se despierta temprano.

IV.

1. ¿Qué hay de nuevo?   2. Con permiso.   3. ¡Felicitaciones!   4. ¿Me puede decir cómo llegar al Hotel Internacional?   5. ¡Salud!   6. De nada (no hay de qué).   7. ¿Dónde se venden zapatos?   8. ¿A qué hora se abren las tiendas?   9. Tráigame un café, por favor.   10. ¿Qué nos recomienda?   11. La cuenta, por favor.   12. Perdón.

Self-Test III

I.

1. Nos alegramos mucho que se casen.   2. Tiene miedo que su equipo pierda el partido.   3. Creo que ellos venden la casa.   4. Dudo que Susana vaya.   5. No es cierto que él tenga las joyas.   6. No había nadie allí que pudiera hacerlo.   7. Supo que ellos llegaron temprano.   8. El médico no creyó que Silvia estuviera enferma.

II.

1. estemos   2. tenga   3. vuelvan   4. pueda   5. mienta   6. traigas   7. venga   8. conozcas   9. ganen   10. fume   11. haga   12. come   13. sean   14. viva   15. tengamos   16. conduzca   17. trabajen   18. nos acostemos   19. me vaya   20. salga   21. reciba   22. funcione; sea   23. pueda   24. sepa   25. lleguen

III.

1. por   2. por   3. para   4. por   5. por   6. para   7. por   8. por

IV.

A.

1. yo seré   2. él sabrá   3. nosotros viajaremos   4. tu harás   5. ellos traducirán   6. ella irá   7. nosotros pediremos   8. tú dirás   9. yo me levantaré   10. él podrá

B.

1. yo sería   2. él sabría   3. nosotros viajaríamos   4. tú harías   5. ellos traducirían   6. ella iría   7. nosotros pediríamos   8. tú dirías   9. yo me levantaría   10. él podría

V.

1. Quiero mandar una carta.   2. ¿Dónde está el buzón?   3. Deme cuatro estampillas aéreas, por favor.   4. ¿A qué hora sale el tren para Madrid?   5. Deme un pasaje de ida y vuelta, por favor.   6. ¿Dónde se puede cambiar dinero?   7. ¿Tiene un cuarto con baño?   8. He perdido mis maletas (mi pasaporte).   9. Adiós. Que le vaya bien.   10. ¿Quién es? Pase(n) adelante.   11. Me duele la cabeza.   12. ¿Hay una farmacia cerca?

Appendix III
The Present Perfect and Past Perfect Subjunctive

A. The present perfect subjunctive is formed with the present subjunctive of **haber** (**haya, hayas, haya, hayamos, hayáis, hayan**) plus a past participle. It is used in a dependent clause that expresses an action that happened (or was supposed to have happened) before the time indicated by the verb in the main clause. Compare the following examples.

Espero que ellos lleguen.	*I hope they arrive.*
Espero que ellos hayan llegado.	*I hope they have arrived.*
Dudo que tengas tiempo.	*I doubt that you have time.*
Dudo que hayas tenido tiempo.	*I doubt that you have had time.*
Es una lástima que no coman bien.	*It's a shame they don't eat well.*
Es una lástima que no hayan comido bien.	*It's a shame they haven't eaten well.*

B. The past perfect subjunctive is formed with the past subjunctive of **haber** (**hubiera, hubieras, hubiera, hubiéramos, hubierais, hubieran**) plus a past participle.* Compare the following examples.

Esperaba que llegaran.	*I was hoping they might arrive (were going to arrive).*
Esperaba que hubieran llegado.	*I was hoping they had arrived.*
Ella dudaba que tuvieras tiempo.	*She doubted that you had time.*
Ella dudaba que hubieras tenido tiempo.	*She doubted that you had had time.*
Fue una lástima que no comieran bien.	*It was a shame they weren't eating well.*
Fue una lástima que no hubieran comido bien.	*It was a shame they hadn't eaten well.*

---

* The **-iese** variant (**hubiese, hubieses, hubiese, hubiésemos, hubieseis, hubiesen**) is commonly used in Spain, but the **-iera** form is more frequent in Spanish America.

Ejercicios

1. Create new sentences, substituting the words in the lists for those in italics.

   a. ¿Es posible que *Lidia* haya llegado?
      1. los vecinos   2. el señor Ortiz   3. mi tía   4. tú   5. su hija

   b. Marta dudaba que *Mario* hubiera hecho eso.
      1. nosotros   2. yo   3. Julián y sus amigos   4. tú   5. Elsa

2. Restate the following sentences using the present perfect subjunctive.

   Espero que ellos coman. → **Espero que ellos hayan comido.**

      1. Es probable que Patricia venga.
      2. Dudo que salgas.
      3. Es una lástima que estudien poco.
      4. Miguel espera que lleguen a las seis.
      5. Dudamos que tu amiga escriba una carta.
      6. Es ridículo que tú pienses así.
      7. ¿Crees que Jorge pueda ir?

3. Restate the following sentences using the past perfect subjunctive.

   Esperaba que ellos comieran. → **Esperaba que ellos hubieran comido.**

      1. Fue una lástima que yo esperara tanto.
      2. Mario se alegraba de que ellos llegaran a tiempo.
      3. ¿Podías creer que él te lo dijera?
      4. Él dudaba que el profesor tuviera paciencia.
      5. Fue una lástima que no durmieran bien.
      6. El médico esperaba que Ana estuviera mejor.
      7. Fue una lástima que ella les diera ese cuadro.

Appendix IV
Verb Charts
Irregular, Orthographic, and Stem-Changing Verbs

(The numbers refer to verbs conjugated in the charts on pages 340–349.)

acostar(se) o>ue
  (*see* contar)
almorzar o>ue; z>c[1]
  (*see* contar)
andar (1)
atender e>ie
  (*see* perder)
buscar c>qu[2]
cerrar e>ie
  (*see* pensar)
comenzar e>ie; z>c[1]
  (*see* pensar)
conducir (2) c>zc, j
conocer (3) c>zc
construir y[3]
contar (4) o>ue
costar o>ue
  (*see* contar)
creer (5)
dar (6)
decir (7)
defender e>ie
  (*see* perder)
despertar e>ie
  (*see* pensar)

divertirse e>ie, i
  (*see* sentir)
doler o>ue
  (*see* volver)
dormir (8) o>ue, u
empezar e>ie, z>c[1]
  (*see* pensar)
encontrar o>ue
  (*see* contar)
entender e>ie
  (*see* perder)
estar (9)
haber (10)
hacer (11)
ir (12)
jugar (13)
leer i>y[4]
llegar g>gu[5]
llover o>ue
  (*see* volver)
mantener
  (*see* tener)
mentir e>ie, i
  (*see* sentir)

morir o>ue, u
  (*see* dormir)
obtener
  (*see* tener)
oír (14)
pagar g>gu[5]
parecer c>zc
  (*see* conocer)
pedir (15) e>i
pensar (16) e>ie
perder (17) e>ie
poder (18)
poner (19)
preferir e>ie, i
  (*see* sentir)
probar o>ue
  (*see* contar)
provocar c>qu[2]
querer (20)
recordar o>ue
  (*see* contar)
repetir e>i
  (*see* pedir)
resolver o>ue
  (*see* volver)

saber (21)
salir (22)
seguir e>i; gu>g[6]
  (*see* pedir)
sentar(se) e>ie
  (*see* pensar)
sentir(se) (23) e>ie, i
ser (24)
servir e>i
  (*see* pedir)
tener (25)
tocar c>qu[2]
traducir c>zc, j
  (*see* conducir)
traer (26)
valer (27)
venir (28)
ver (29)
vestir(se) e>i
  (*see* pedir)
volver (30) o>ue

[1] In verbs ending in -zar, the z changes to c before an e: **almorcé, comencé, empecé.**

[2] In verbs ending in -car, the c changes to qu before an e: **busqué, provoqué, toqué.**

[3] In **construir**, a y is inserted before any ending that does not begin with i: **construyo**, etc. An i changes to y between two vowels: **construyó.**

[4] In **leer**, i changes to y between two vowels: **leyó, leyeron.**

[5] In verbs ending in -gar, the g changes to gu before an e: **llegué, pagué.**

[6] In verbs ending in -guir, the gu changes to g before a and o: **sigo, siga.**

Regular Verbs

Simple tenses

INFINITIVE	INDICATIVE				
	Present	*Imperfect*	*Preterite*	*Future*	*Conditional*
hablar	hablo	hablaba	hablé	hablaré	hablaría
	hablas	hablabas	hablaste	hablarás	hablarías
	habla	hablaba	habló	hablará	hablaría
	hablamos	hablábamos	hablamos	hablaremos	hablaríamos
	habláis	hablabais	hablasteis	hablaréis	hablaríais
	hablan	hablaban	hablaron	hablarán	hablarían
comer	como	comía	comí	comeré	comería
	comes	comías	comiste	comerás	comerías
	come	comía	comió	comerá	comería
	comemos	comíamos	comimos	comeremos	comeríamos
	coméis	comíais	comisteis	comeréis	comeríais
	comen	comían	comieron	comerán	comerían
vivir	vivo	vivía	viví	viviré	viviría
	vives	vivías	viviste	vivirás	vivirías
	vive	vivía	vivió	vivirá	viviría
	vivimos	vivíamos	vivimos	viviremos	viviríamos
	vivís	vivíais	vivisteis	viviréis	viviríais
	viven	vivían	vivieron	vivirán	vivirían

Perfect tenses

PAST PARTICIPLE	INDICATIVE			
	Present perfect	*Past perfect*	*Future perfect*	*Conditional perfect*
hablado	he hablado	había hablado	habré hablado	habría hablado
	has hablado	habías hablado	habrás hablado	habrías hablado
	ha hablado	había hablado	habrá hablado	habría hablado
	hemos hablado	habíamos hablado	habremos hablado	habríamos hablado
	habéis hablado	habíais hablado	habréis hablado	habríais hablado
	han hablado	habían hablado	habrán hablado	habrían hablado
comido	he comido	había comido	habré comido	habría comido
	has comido	habías comido	habrás comido	habrías comido
	ha comido	había comido	habrá comido	habría comido
	hemos comido	habíamos comido	habremos comido	habríamos comido
	habéis comido	habíais comido	habréis comido	habríais comido
	han comido	habían comido	habrán comido	habrían comido

Simple tenses

SUBJUNCTIVE		COMMANDS
Present	*Imperfect*	
hable	hablara (-se)	—
hables	hablaras (-ses)	habla (no hables)
hable	hablara (-se)	hable
hablemos	habláramos (-semos)	hablemos
habléis	hablarais (-seis)	hablad (no habléis)
hablen	hablaran (-sen)	hablen
coma	comiera (-se)	—
comas	comieras (-ses)	come (no comas)
coma	comiera (-se)	coma
comamos	comiéramos (-semos)	comamos
comáis	comierais (-seis)	comed (no comáis)
coman	comieran (-sen)	coman
viva	viviera (-se)	—
vivas	vivieras (-ses)	vive (no vivas)
viva	viviera (-se)	viva
vivamos	viviéramos (-semos)	vivamos
viváis	vivierais (-seis)	vivid (no viváis)
vivan	vivieran (-sen)	vivan

Perfect tenses

SUBJUNCTIVE	
Present perfect	*Past perfect*
haya hablado	hubiera (-se) hablado
hayas hablado	hubieras (-ses) hablado
haya hablado	hubiera (-se) hablado
hayamos hablado	hubiéramos (-semos) hablado
hayáis hablado	hubierais (-seis) hablado
hayan hablado	hubieran (-sen) hablado
haya comido	hubiera (-se) comido
hayas comido	hubieras (-ses) comido
haya comido	hubiera (-se) comido
hayamos comido	hubiéramos (-semos) comido
hayáis comido	hubierais (-seis) comido
hayan comido	hubieran (-sen) comido

Perfect tenses

PAST PARTICIPLE	INDICATIVE			
	Present perfect	*Past perfect*	*Future perfect*	*Conditional perfect*
vivido	he vivido	había vivido	habré vivido	habría vivido
	has vivido	habías vivido	habrás vivido	habrías vivido
	ha vivido	había vivido	habrá vivido	habría vivido
	hemos vivido	habíamos vivido	habremos vivido	habríamos vivido
	habéis vivido	habíais vivido	habréis vivido	habríais vivido
	han vivido	habían vivido	habrán vivido	habrían vivido

Progressive tenses

PRESENT PARTICIPLE	INDICATIVE		PRESENT PARTICIPLE
	Present	*Past*	*Present*
hablando	estoy hablando	estaba hablando	comiendo	estoy comiendo
	estás hablando	estabas hablando		estás comiendo
	está hablando	estaba hablando		está comiendo
	estamos hablando	estábamos hablando		estamos comiendo
	estáis hablando	estabais hablando		estáis comiendo
	están hablando	estaban hablando		están comiendo

Irregular Verbs

INFINITIVE	INDICATIVE				
	Present	*Imperfect*	*Preterite*	*Future*	*Conditional*
1. andar	ando	andaba	anduve	andaré	andaría
	andas	andabas	anduviste	andarás	andarías
	anda	andaba	anduvo	andará	andaría
	andamos	andábamos	anduvimos	andaremos	andaríamos
	andáis	andabais	anduvisteis	andaréis	andaríais
	andan	andaban	anduvieron	andarán	andarían
2. conducir	conduzco	conducía	conduje	conduciré	conduciría
	conduces	conducías	condujiste	conducirás	conducirías
	conduce	conducía	condujo	conducirá	conduciría
	conducimos	conducíamos	condujimos	conduciremos	conduciríamos
	conducís	conducíais	condujisteis	conduciréis	conduciríais
	conducen	conducían	condujeron	conducirán	conducirían

Perfect tenses

SUBJUNCTIVE	
Present perfect	*Past perfect*
haya vivido	hubiera (-se) vivido
hayas vivido	hubieras (-ses) vivido
haya vivido	hubiera (-se) vivido
hayamos vivido	hubiéramos (-semos) vivido
hayáis vivido	hubierais (-seis) vivido
hayan vivido	hubieran (-sen) vivido

Progressive tenses

	PRESENT PARTICIPLE	INDICATIVE	
Past		*Present*	*Past*
estaba comiendo	viviendo	estoy viviendo	estaba viviendo
estabas comiendo		estás viviendo	estabas viviendo
estaba comiendo		está viviendo	estaba viviendo
estábamos comiendo		estamos viviendo	estábamos viviendo
estábais comiendo		estáis viviendo	estábais viviendo
estaban comiendo		están viviendo	estaban viviendo

SUBJUNCTIVE		COMMANDS	PARTICIPLES	
Present	*Imperfect*		*Present*	*Past*
ande	anduviera (-se)	—	andando	andado
andes	anduvieras (-ses)	anda (no andes)		
ande	anduviera (-se)	ande		
andemos	anduviéramos (-semos)	andemos		
andéis	anduvierais (-seis)	andad (no andéis)		
anden	anduvieran (-sen)	anden		
conduzca	condujera (-se)	—	conduciendo	conducido
conduzcas	condujeras (-ses)	conduce (no conduzcas)		
conduzca	condujera (-se)	conduzca		
conduzcamos	condujéramos (-semos)	conduzcamos		
conduzcáis	condujerais (-seis)	conducid (no conduzcáis)		
conduzcan	condujeran (-sen)	conduzcan		

INFINITIVE	INDICATIVE				
	Present	*Imperfect*	*Preterite*	*Future*	*Conditional*
3. conocer	conozco	conocía	conocí	conoceré	conocería
	conoces	conocías	conociste	conocerás	conocerías
	conoce	conocía	conoció	conocerá	conocería
	conocemos	conocíamos	conocimos	conoceremos	conoceríamos
	conocéis	conocíais	conocisteis	conoceréis	conoceríais
	conocen	conocían	conocieron	conocerán	conocerían
4. contar	cuento	contaba	conté	contaré	contaría
	cuentas	contabas	contaste	contarás	contarías
	cuenta	contaba	contó	contará	contaría
	contamos	contábamos	contamos	contaremos	contaríamos
	contáis	contabais	contasteis	contaréis	contaríais
	cuentan	contaban	contaron	contarán	contarían
5. creer	creo	creía	creí	creeré	creería
	crees	creías	creíste	creerás	creerías
	cree	creía	creyó	creerá	creería
	creemos	creíamos	creímos	creeremos	creeríamos
	creéis	creíais	creísteis	creeréis	creeríais
	creen	creían	creyeron	creerán	creerían
6. dar	doy	daba	di	daré	daría
	das	dabas	diste	darás	darías
	da	daba	dio	dará	daría
	damos	dábamos	dimos	daremos	daríamos
	dais	dabais	disteis	daréis	daríais
	dan	daban	dieron	darán	darían
7. decir	digo	decía	dije	diré	diría
	dices	decías	dijiste	dirás	dirías
	dice	decía	dijo	dirá	diría
	decimos	decíamos	dijimos	diremos	diríamos
	decís	decíais	dijisteis	diréis	diríais
	dicen	decían	dijeron	dirán	dirían
8. dormir	duermo	dormía	dormí	dormiré	dormiría
	duermes	dormías	dormiste	dormirás	dormirías
	duerme	dormía	durmió	dormirá	dormiría
	dormimos	dormíamos	dormimos	dormiremos	dormiríamos
	dormís	dormíais	dormisteis	dormiréis	dormiríais
	duermen	dormían	durmieron	dormirán	dormirían
9. estar	estoy	estaba	estuve	estaré	estaría
	estás	estabas	estuviste	estarás	estarías
	está	estaba	estuvo	estará	estaría
	estamos	estábamos	estuvimos	estaremos	estaríamos
	estáis	estabais	estuvisteis	estaréis	estaríais
	están	estaban	estuvieron	estarán	estarían

SUBJUNCTIVE		COMMANDS	PARTICIPLES	
Present	*Imperfect*		*Present*	*Past*
conozca	conociera (-se)	—	conociendo	conocido
conozcas	conocieras (-ses)	conoce (no conozcas)		
conozca	conociera (-se)	conozca		
conozcamos	conociéramos (-semos)	conozcamos		
conozcáis	conocierais (-seis)	conoced (no conozcáis)		
conozcan	conocieran (-sen)	conozcan		
cuente	contara (-se)	—	contando	contado
cuentes	contaras (-ses)	cuenta (no cuentes)		
cuente	contara (-se)	cuente		
contemos	contáramos (-semos)	contemos		
contéis	contarais (-seis)	contad (no contéis)		
cuenten	contaran (-sen)	cuenten		
crea	creyera (-se)	—	creyendo	creído
creas	creyeras (-ses)	cree (no creas)		
crea	creyera (-se)	crea		
creamos	creyéramos (-semos)	creamos		
creáis	creyerais (-seis)	creed (no creáis)		
crean	creyeran (-sen)	crean		
dé	diera (-se)	—	dando	dado
des	dieras (-ses)	da (no des)		
dé	diera (-se)	dé		
demos	diéramos (-semos)	demos		
deis	dierais (-seis)	dad (no deis)		
den	dieran (-sen)	den		
diga	dijera (-se)	—	diciendo	dicho
digas	dijeras (-ses)	di (no digas)		
diga	dijera (-se)	diga		
digamos	dijéramos (-semos)	digamos		
digáis	dijerais (-seis)	decid (no digáis)		
digan	dijeran (-sen)	digan		
duerma	durmiera (-se)	—	durmiendo	dormido
duermas	durmieras (-ses)	duerme (no duermas)		
duerma	durmiera (-se)	duerma		
durmamos	durmiéramos (-semos)	durmamos		
durmáis	durmierais (-seis)	dormid (no durmáis)		
duerman	durmieran (-sen)	duerman		
esté	estuviera (-se)	—	estando	estado
estés	estuvieras (-ses)	está (no estés)		
esté	estuviera (-se)	esté		
estemos	estuviéramos (-semos)	estemos		
estéis	estuvierais (-seis)	estad (no estéis)		
estén	estuvieran (-sen)	estén		

INFINITIVE	INDICATIVE				
	Present	Imperfect	Preterite	Future	Conditional
10. haber	he	había	hube	habré	habría
	has	habías	hubiste	habrás	habrías
	ha	había	hubo	habrá	habría
	hemos	habíamos	hubimos	habremos	habríamos
	habéis	habíais	hubisteis	habréis	habríais
	han	habían	hubieron	habrán	habrían
11. hacer	hago	hacía	hice	haré	haría
	haces	hacías	hiciste	harás	harías
	hace	hacía	hizo	hará	haría
	hacemos	hacíamos	hicimos	haremos	haríamos
	hacéis	hacíais	hicisteis	haréis	haríais
	hacen	hacían	hicieron	harán	harían
12. ir	voy	iba	fui	iré	iría
	vas	ibas	fuiste	irás	irías
	va	iba	fue	irá	iría
	vamos	íbamos	fuimos	iremos	iríamos
	vais	ibais	fuisteis	iréis	iríais
	van	iban	fueron	irán	irían
13. jugar	juego	jugaba	jugué	jugaré	jugaría
	juegas	jugabas	jugaste	jugarás	jugarías
	juega	jugaba	jugó	jugará	jugaría
	jugamos	jugábamos	jugamos	jugaremos	jugaríamos
	jugáis	jugabais	jugasteis	jugaréis	jugaríais
	juegan	jugaban	jugaron	jugarán	jugarían
14. oír	oigo	oía	oí	oiré	oiría
	oyes	oías	oíste	oirás	oirías
	oye	oía	oyó	oirá	oiría
	oímos	oíamos	oímos	oiremos	oiríamos
	oís	oíais	oísteis	oiréis	oiríais
	oyen	oían	oyeron	oirán	oirían
15. pedir	pido	pedía	pedí	pediré	pediría
	pides	pedías	pediste	pedirás	pedirías
	pide	pedía	pidió	pedirá	pediría
	pedimos	pedíamos	pedimos	pediremos	pediríamos
	pedís	pedíais	pedisteis	pediréis	pediríais
	piden	pedían	pidieron	pedirán	pedirían
16. pensar	pienso	pensaba	pensé	pensaré	pensaría
	piensas	pensabas	pensaste	pensarás	pensarías
	piensa	pensaba	pensó	pensará	pensaría
	pensamos	pensábamos	pensamos	pensaremos	pensaríamos
	pensáis	pensabais	pensasteis	pensaréis	pensaríais
	piensan	pensaban	pensaron	pensarán	pensarían

Subjunctive		Commands	Participles	
Present	Imperfect		Present	Past
haya	hubiera (-se)	—	habiendo	habido
hayas	hubieras (-ses)	he (no hayas)		
haya	hubiera (-se)	haya		
hayamos	hubiéramos (-semos)	hayamos		
hayáis	hubierais (-seis)	habed (no hayáis)		
hayan	hubieran (-sen)	hayan		
haga	hiciera (-se)	—	haciendo	hecho
hagas	hicieras (-ses)	haz (no hagas)		
haga	hiciera (-se)	haga		
hagamos	hiciéramos (-semos)	hagamos		
hagáis	hicierais (-seis)	háced (no hagáis)		
hagan	hicieran (-sen)	hagan		
vaya	fuera (-se)	—	yendo	ido
vayas	fueras (-ses)	ve (no vayas)		
vaya	fuera (-se)	vaya		
vayamos	fuéramos (-semos)	vayamos		
vayáis	fuerais (-seis)	id (no vayáis)		
vayan	fueran (-sen)	vayan		
juegue	jugara (-se)	—	jugando	jugado
juegues	jugaras (-ses)	juega (no juegues)		
juegue	jugara (-se)	juegue		
juguemos	jugáramos (-semos)	juguemos		
juguéis	jugarais (-seis)	jugad (no juguéis)		
jueguen	jugaran (-sen)	jueguen		
oiga	oyera (-se)	—	oyendo	oído
oigas	oyeras (-ses)	oye (no oigas)		
oiga	oyera (-se)	oiga		
oigamos	oyéramos (-semos)	oigamos		
oigáis	oyerais (-seis)	oíd (no oigáis)		
oigan	oyeran (-sen)	oigan		
pida	pidiera (-se)	—	pidiendo	pedido
pidas	pidieras (-ses)	pide (no pidas)		
pida	pidiera (-se)	pida		
pidamos	pidiéramos (-semos)	pidamos		
pidáis	pidierais (-seis)	pedid (no pidáis)		
pidan	pidieran (-sen)	pidan		
piense	pensara (-se)	—	pensando	pensado
pienses	pensaras (-ses)	piensa (no pienses)		
piense	pensara (-se)	piense		
pensemos	pensáramos (-semos)	pensemos		
penséis	pensarais (-seis)	pensad (no penséis)		
piensen	pensaran (-sen)	piensen		

Infinitive	Indicative				
	Present	*Imperfect*	*Preterite*	*Future*	*Conditional*
17. perder	pierdo	perdía	perdí	perderé	perdería
	pierdes	perdías	perdiste	perderás	perderías
	pierde	perdía	perdió	perderá	perdería
	perdemos	perdíamos	perdimos	perderemos	perderíamos
	perdéis	perdíais	perdisteis	perderéis	perderíais
	pierden	perdían	perdieron	perderán	perderían
18. poder	puedo	podía	pude	podré	podría
	puedes	podías	pudiste	podrás	podrías
	puede	podía	pudo	podrá	podría
	podemos	podíamos	pudimos	podremos	podríamos
	podéis	podíais	pudisteis	podréis	podríais
	pueden	podían	pudieron	podrán	podrían
19. poner	pongo	ponía	puse	pondré	pondría
	pones	ponías	pusiste	pondrás	pondrías
	pone	ponía	puso	pondrá	pondría
	ponemos	poníamos	pusimos	pondremos	pondríamos
	ponéis	poníais	pusisteis	pondréis	pondríais
	ponen	ponían	pusieron	pondrán	pondrían
20. querer	quiero	quería	quise	querré	querría
	quieres	querías	quisiste	querrás	querrías
	quiere	quería	quiso	querrá	querría
	queremos	queríamos	quisimos	querremos	querríamos
	queréis	queríais	quisisteis	querréis	querríais
	quieren	querían	quisieron	querrán	querrían
21. saber	sé	sabía	supe	sabré	sabría
	sabes	sabías	supiste	sabrás	sabrías
	sabe	sabía	supo	sabrá	sabría
	sabemos	sabíamos	supimos	sabremos	sabríamos
	sabéis	sabíais	supisteis	sabréis	sabríais
	saben	sabían	supieron	sabrán	sabrían
22. salir	salgo	salía	salí	saldré	saldría
	sales	salías	saliste	saldrás	saldrías
	sale	salía	salió	saldrá	saldría
	salimos	salíamos	salimos	saldremos	saldríamos
	salís	salíais	salisteis	saldréis	saldríais
	salen	salían	salieron	saldrán	saldrían
23. sentir	siento	sentía	sentí	sentiré	sentiría
	sientes	sentías	sentiste	sentirás	sentirías
	siente	sentía	sintió	sentirá	sentiría
	sentimos	sentíamos	sentimos	sentiremos	sentiríamos
	sentís	sentíais	sentisteis	sentiréis	sentiríais
	sienten	sentían	sintieron	sentirán	sentirían

SUBJUNCTIVE		COMMANDS	PARTICIPLES	
Present	*Imperfect*		*Present*	*Past*
pierda	perdiera (-se)	—	perdiendo	perdido
pierdas	perdieras (-ses)	pierde (no pierdas)		
pierda	perdiera (-se)	pierda		
perdamos	perdiéramos (-semos)	perdamos		
perdáis	perdierais (-seis)	perded (no perdáis)		
pierdan	perdieran (-sen)	pierdan		
pueda	pudiera (-se)		pudiendo	podido
puedas	pudieras (-ses)			
pueda	pudiera (-se)			
podamos	pudiéramos (-semos)			
podáis	pudierais (-seis)			
puedan	pudieran (-sen)			
ponga	pusiera (-se)	—	poniendo	puesto
pongas	pusieras (-ses)	pon (no pongas)		
ponga	pusiera (-se)	ponga		
pongamos	pusiéramos (-semos)	pongamos		
pongáis	pusierais (-seis)	poned (no pongáis)		
pongan	pusieran (-sen)	pongan		
quiera	quisiera (-se)	—	queriendo	querido
quieras	quisieras (-ses)	quiere (no quieras)		
quiera	quisiera (-se)	quiera		
queramos	quisiéramos (-semos)	queramos		
queráis	quisierais (-seis)	quered (no queráis)		
quieran	quisieran (-sen)	quieran		
sepa	supiera (-se)	—	sabiendo	sabido
sepas	supieras (-ses)	sabe (no sepas)		
sepa	supiera (-se)	sepa		
sepamos	supiéramos (-semos)	sepamos		
sepáis	supierais (-seis)	sabed (no sepáis)		
sepan	supieran (-sen)	sepan		
salga	saliera (-se)	—	saliendo	salido
salgas	salieras (-ses)	sal (no salgas)		
salga	saliera (-se)	salga		
salgamos	saliéramos (-semos)	salgamos		
salgáis	salierais (-seis)	salid (no salgáis)		
salgan	salieran (-sen)	salgan		
sienta	sintiera (-se)	—	sintiendo	sentido
sientas	sintieras (-ses)	siente (no sientas)		
sienta	sintiera (-se)	sienta		
sintamos	sintiéramos (-semos)	sintamos		
sintáis	sintierais (-seis)	sentid (no sintáis)		
sientan	sintieran (-sen)	sientan		

INFINITIVE	INDICATIVE				
	Present	*Imperfect*	*Preterite*	*Future*	*Conditional*
24. ser	soy	era	fui	seré	sería
	eres	eras	fuiste	serás	serías
	es	era	fue	será	sería
	somos	éramos	fuimos	seremos	seríamos
	sois	erais	fuisteis	seréis	seríais
	son	eran	fueron	serán	serían
25. tener	tengo	tenía	tuve	tendré	tendría
	tienes	tenías	tuviste	tendrás	tendrías
	tiene	tenía	tuvo	tendrá	tendría
	tenemos	teníamos	tuvimos	tendremos	tendríamos
	tenéis	teníais	tuvisteis	tendréis	tendríais
	tienen	tenían	tuvieron	tendrán	tendrían
26. traer	traigo	traía	traje	traeré	traería
	traes	traías	trajiste	traerás	traerías
	trae	traía	trajo	traerá	traería
	traemos	traíamos	trajimos	traeremos	traeríamos
	traéis	traíais	trajisteis	traeréis	traeríais
	traen	traían	trajeron	traerán	traerían
27. valer	valgo	valía	valí	valdré	valdría
	vales	valías	valiste	valdrás	valdrías
	vale	valía	valió	valdrá	valdría
	valemos	valíamos	valimos	valdremos	valdríamos
	valéis	valíais	valisteis	valdréis	valdríais
	valen	valían	valieron	valdrán	valdrían
28. venir	vengo	venía	vine	vendré	vendría
	vienes	venías	viniste	vendrás	vendrías
	viene	venía	vino	vendrá	vendría
	venimos	veníamos	vinimos	vendremos	vendríamos
	venís	veníais	vinisteis	vendréis	vendríais
	vienen	venían	vinieron	vendrán	vendrían
29. ver	veo	veía	vi	veré	vería
	ves	veías	viste	verás	verías
	ve	veía	vio	verá	vería
	vemos	veíamos	vimos	veremos	veríamos
	veis	veíais	visteis	veréis	veríais
	ven	veían	vieron	verán	verían
30. volver	vuelvo	volvía	volví	volveré	volvería
	vuelves	volvías	volviste	volverás	volverías
	vuelve	volvía	volvió	volverá	volvería
	volvemos	volvíamos	volvimos	volveremos	volveríamos
	volvéis	volvíais	volvisteis	volveréis	volveríais
	vuelven	volvían	volvieron	volverán	volverían

SUBJUNCTIVE		COMMANDS	PARTICIPLES	
Present	Imperfect		Present	Past
sea	fuera (-se)	—	siendo	sido
seas	fueras (-ses)	sé (no seas)		
sea	fuera (-se)	sea		
seamos	fuéramos (-semos)	seamos		
seáis	fuerais (-seis)	sed (no seáis)		
sean	fueran (-sen)	sean		
tenga	tuviera (-se)	—	teniendo	tenido
tengas	tuvieras (-ses)	ten (no tengas)		
tenga	tuviera (-se)	tenga		
tengamos	tuviéramos (-semos)	tengamos		
tengáis	tuvierais (-seis)	tened (no tengáis)		
tengan	tuvieran (-sen)	tengan		
traiga	trajera (-se)	—	trayendo	traído
traigas	trajeras (-ses)	trae (no traigas)		
traiga	trajera (-se)	traiga		
traigamos	trajéramos (-semos)	traigamos		
traigáis	trajerais (-seis)	traed (no traigáis)		
traigan	trajeran (-sen)	traigan		
valga	valiera (-se)	—	valiendo	valido
valgas	valieras (-ses)	val (no valgas)		
valga	valiera (-se)	valga		
valgamos	valiéramos (-semos)	valgamos		
valgáis	valierais (-seis)	valed (no valgáis)		
valgan	valieran (-sen)	valgan		
venga	viniera (-se)	—	viniendo	venido
vengas	vinieras (-ses)	ven (no vengas)		
venga	viniera (-se)	venga		
vengamos	viniéramos (-semos)	vengamos		
vengáis	vinierais (-seis)	venid (no vengáis)		
vengan	vinieran (-sen)	vengan		
vea	viera (-se)	—	viendo	visto
veas	vieras (-ses)	ve (no veas)		
vea	viera (-se)	vea		
veamos	viéramos (-semos)	veamos		
veáis	vierais (-seis)	ved (no veáis)		
vean	vieran (-sen)	vean		
vuelva	volviera (-se)	—	volviendo	vuelto
vuelvas	volvieras (-ses)	vuelve (no vuelvas)		
vuelva	volviera (-se)	vuelva		
volvamos	volviéramos (-semos)	volvamos		
volváis	volvierais (-seis)	volved (no volváis)		
vuelvan	volvieran (-sen)	vuelvan		

Appendix V
Spanish-English Vocabulary

This vocabulary includes contextual meanings of all words and idiomatic expressions used in the book except most proper nouns and most conjugated verb forms. The Spanish style of alphabetization is followed, with **ch** occurring after **c**, **ll** after **l**, and **ñ** after **n**. Stem-changing verbs are indicated by (**ie**), (**ue**) or (**i**) following the infinitive. A (**zc**) after an infinitive indicates this irregularity in the **yo** form of the present tense (**conozco**).

The following abbreviations are used:

abbr. abbreviation
adj. adjective
adv. adverb
coll. colloquial
conj. conjunction
contr. contraction
dim. diminutive
dir. obj. direct object of a verb
f. feminine noun; feminine form
fam. familiar (the familiar *you:* **tú** or **vosotros**)
fut. future tense
imperf. imperfect tense
indir. obj. indirect object of a verb
inf. infinitive
interj. interjection
m. masculine noun; masculine form
n. noun
obj. of prep. object of a preposition

obj. pron. object pronoun (pronoun used as the object of a verb)
pers. person
pl. plural
p. part. past participle of a verb
prep. preposition
pres. present tense
pron. pronoun
refl. pron. reflexive pronoun (pronoun used reflexively with a verb)
rel. pron. relative pronoun
sing. singular
subj. subject
subj. pron. subject pronoun (pronoun used as the subject of a verb)
subjunc. subjunctive form of a verb

A

a to; at; for; from; at a distance of; **a casa** home; **a la** (+ time expression) per; **a menos que** unless; **a eso de** at around (time of day); **a tiempo** on time; **a veces** at times, sometimes; **A ver.** Let's see.

abandonar to abandon
abierto open
el **abogado** lawyer
el **aborto** abortion
el **abrigo** overcoat; **Ponte el abrigo.** Put on your coat.
abril April
abrir to open
absolutamente absolutely
absoluto absolute
abstracto abstract

la **abuela** grandmother
el **abuelo** grandfather; *pl.* grandparents
aburrido bored; boring
A.C. (antes de Cristo) B.C.
acá here
acabar to finish, end; **acabar de** (+ *inf.*) to have just (done something)
el **accidente** accident
la **acción** action

el **aceite** oil; **mirar el aceite** to check the oil
aceptar to accept
acerca de about, concerning
acostar (ue) to put to bed; **acostarse** to go to bed
acostumbrarse (a) to get used (to), become accustomed (to)
la **actividad** activity
activo active
el **acto** act
el **actor** actor
la **actriz** actress
actual of the present
actualmente presently
el **acueducto** aqueduct
el **acuerdo** agreement; **De acuerdo.** Agreed, Okay; **de acuerdo con** in agreement with; **estar de acuerdo (con)** to agree (with)
adelante ahead, forward; **pasar adelante** to come in (to another's home)
además besides, moreover; **además de** in addition to
adicto addicted
adiós good-by
la **adivinanza** riddle
la **administración** administration
admirable admirable
el **admirador** (la **admiradora**) admirer
admirar to admire
adonde (to) where, wherever
¿adónde? (to) where?
adornar to adorn, decorate
el **adulto** (la **adulta**) adult
aéreo *adj.* air; **correo aéreo** air mail; **estampilla aérea** air-mail stamp

el **aeropuerto** airport
la **afiliación** affiliation
afirmar to affirm
afortunadamente fortunately
África Africa
africano African
la **agencia** agency; **agencia de viajes** travel agency
el, la **agente** agent; **agente de viajes** travel agent; **agente secreto** secret agent
agosto August
agradable pleasant
la **agricultura** agriculture
el **agua** *f.* water
ahora now; **ahora mismo** right now; **por ahora** for now
el **aire** air; look, appearance
al *contr. of* **a** + **el**; **al** + *inf.* on, upon . . . -ing; **al** (+ time expression) per; **¡Al contrario!** On the contrary!
Alá Allah
el **alcázar** Moorish palace or castle
la **alcoba** bedroom
alegrarse (de) to be glad, happy (to)
la **alegría** joy, happiness
alemán German
alerta: estar alerta to be alert
algo something, anything; **¿Algo más?** Anything else?
alguien someone
algún, alguno some, any; some sort of; *pl.* some, a few; some people; **alguna vez** ever, at some time
el **alimento** food (generally *pl.*)
el **alma** *f.* soul, spirit

almorzar (ue) to have lunch
el **almuerzo** lunch (the main meal in most Hispanic countries)
el **alquiler** rent
alrededor de around
el **altar** altar
la **altitud** altitude
alto high; tall; upper; loud; **clase alta** upper class; **en voz alta** out loud
allá there
allí there
amable kind, nice
el **amanecer** dawn, daybreak
el, la **amante** lover; mistress
amar to love
amarillo yellow
ambicioso ambitious
América *f.* America (North and South America); la **América Central** Central America; la **América del Sur** South America; la **América Latina** Latin America
americano American; **mexicano-americano** Mexican-American
el **amigo** (la **amiga**) friend
la **amistad** friendship
el **amor** love
Andalucía Andalusia: the southernmost province of Spain
andaluz Andalusian
andar to walk; to go about; to run, work
la **anestesia** anesthesia
el **ángel** angel
anglosajón Anglo-Saxon
el **ángulo** angle
el **animal** animal
anoche last night
el **anochecer** nightfall

el **antepasado** ancestor
anterior former; previous;
   anterior a before; **muy
   anterior a** much earlier
   than
antes before; first; **antes
   de** before; **antes (de)
   que** before
antiguo old, ancient
la **antropología**
   anthropology
el **antropólogo** (la
   antropóloga)
   anthropologist
anualmente yearly
el **anuncio**
   advertisement,
   commercial
el **año** year; **Año Nuevo**
   New Year's; **el año que
   viene** next year; **tener
   . . . años** to be . . . years
   old; **todos los años**
   every year
el **apartamento** apartment
aparte apart, separate
el **apellido** surname, last
   name
apoyar to support
el **apoyo** support
aprender (a) to learn (to)
aproximadamente
   approximately
aquel, aquella *adj.* that;
   aquél, aquélla *pron.*
   that (one)
aquello *pron.* that
aquellos, aquellas *adj.*
   those; **aquéllos,
   aquéllas** *pron.* those
aquí here; **por aquí** this
   way, over here, around
   here
árabe Arab; Arabic
Aragón Aragon: a
   province in northern
   Spain
araucano Araucanian
el **árbol** tree
el **arco** arch

el **arete** earring
argentino Argentine,
   Argentinean
el **arma** *f.* arm, weapon
armado: fuerzas armadas
   armed forces
el **armario** closet
la **arquitectura**
   architecture
arrestar to arrest
arriba: ¡Arriba las manos!
   Hands up!
la **arrogancia** arrogance
el **arroz** rice
el **arte** (*pl.* las **artes**) art;
   bellas artes fine arts;
   obra de arte work of art
el **artículo** article
el, la **artista** artist
artístico artistic
el **asesinato** murder
así thus, so, in this way,
   like that; **Así es.** That's
   right. That's the way it
   is; **Así es** (+ *n.*) That's
   . . . ; **así que** so
asiático Asian, Asiatic
asistir (a) to attend
el **aspecto** aspect;
   appearance
la **aspirina** aspirin
la **astronomía** astronomy
astuto astute, cunning
atender (ie) to take care
   of, wait on
**atlántico: Océano
   Atlántico** Atlantic
   Ocean
atrapar to catch, trap
aumentar to gain (weight)
aún even, still
aunque although, even
   though
auténtico authentic,
   genuine
el **auto** auto; **en auto** by car
el **autobús** bus; **en
   autobús** by bus
el **automóvil** automobile
el **autor** (la **autora**) author

avanzar to advance
la **avenida** avenue
la **aventura** adventure
el **avión** airplane; **en
   avión** by plane
¡Ay! Oh!
ayer yesterday
la **ayuda** help
ayudar (a) to help (to),
   assist
la **azafata** airline
   stewardess
azteca Aztec
Aztlán southwestern
   U.S., real and spiritual
   home of many
   Mexican-Americans
azul blue

B

bailar to dance
el **bailarín** (la **bailarina**)
   dancer
el **baile** dance
bajar (de) to get off
bajo *adj.* low; short;
   prep. under; **cayó bajo**
   fell to
el **balcón** balcony
el **ballet** ballet
el **banco** bench
el **bandido** bandit
bañarse to take a bath
el **baño** bath; bathroom;
   cuarto de baño
   bathroom
la **barbaridad** barbarism;
   ¡Qué barbaridad! Good
   Lord!
el **barrio** neighborhood,
   district, community
la **base** base
básicamente basically
básico basic
el **básquetbol** basketball
el, la **basquetbolista**
   basketball player
bastante *adj.* enough;
   quite a bit; *adv.* rather,
   quite

la **basura** garbage, trash;
el **canasto de basura**
wastebasket
la **batería** battery
beber to drink
la **bebida** drink, beverage
el **béisbol** baseball
la **belleza** beauty
bello beautiful; **bellísimo**
very beautiful
besar to kiss
la **biblioteca** library
la **bicicleta** bicycle; **en
bicicleta** by bicycle
el **bien** good
bien well, fine, all right,
okay; good; **¡Qué bien!**
Great!
la **bienvenida** welcome;
dar la bienvenida to
welcome
bienvenido *adj.* welcome
el **biftec** steak
el **bikini** bikini
bilingüe bilingual
la **biología** biology
blanco white; Caucasian
la **blusa** blouse
la **boca** mouth
el **boleto** ticket
boliviano Bolivian
el **bolso** purse
bonito pretty
la **bota** leather wine bag
bravo grand, valiant;
fiesta brava
bullfighting; **toro bravo**
fighting bull
el **brazo** arm
breve brief, short
brillante brilliant, bright;
brillantísimo very
bright
el **broche** brooch
el **bruto** (la **bruta**) brute;
ignoramus
buen, bueno good, kind;
well, okay, all right;
Buenas noches. Good
evening. Good night.;

Buenas tardes. Good
afternoon. Good
evening.; **Buenos días.**
Good morning. Good
day.; **¡Buen viaje!** Have
a good trip!; **Muy
buenas.** Good
afternoon. Good
evening.; **¡Qué bueno!**
Great! How nice!
buscar to look (for)
el **buzón** mailbox

C

la **cabeza** head; el **dolor
de cabeza** headache
cada each, every
caer to fall; **cayó bajo** fell
to
el **café** coffee; café; **café
con leche** coffee with
hot milk
la **cafetería** cafeteria
el **calendario** calendar
calentarse (ie) to warm
oneself, warm up
la **calma** calm; **Calma.**
Compose yourself.
calmarse to calm oneself;
¡Cálmate! Calm down!
Relax!
el **calor** heat, warmth;
hacer calor to be hot
(weather); **¡Qué calor!**
It sure is hot!; **tener
calor** to be (feel) hot
la **calle** street
la **cama** bed; el
coche-cama Pullman
(sleeping car)
la **cámara** camera
el **camarón** shrimp
cambiar to change; to
exchange
el **cambio** change; **en
cambio** on the other
hand
caminar to walk
el **camino** road, way; **el
camino de** the road to;

por este camino on this
street
la **camisa** shirt
la **campaña** campaign
el **campo** country,
countryside
Canadá Canada
el **canasto** basket; **canasto
de basura** wastebasket
la **canción** song
el **candidato** (la
candidata) candidate
cansado tired
el, la **cantante** singer
cantar to sing
la **capital** capital
el **capitalista** capitalist
el **capitán** captain
el **capítulo** chapter
el **capó** hood (auto)
capturar to capture
la **cara** face
el **carácter** character
la **característica**
characteristic
característico
characteristic
¡Caramba! Wow!
caraqueño from Caracas
el **(Mar) Caribe**
Caribbean (Sea)
el **cariño** affection
cariñoso loving, tender
la **carne** meat
la **carnicería** butcher
shop, meat market
caro expensive
la **carrera** race; career
la **carta** letter; playing
card
cartaginés Carthaginian
la **casa** house, home; **a
casa** home; **en casa** at
home; **en casa de** at
(someone's) house
casarse (con) to marry,
get married (to)
casi almost
el **caso** case; **en caso (de)
que** in case

Castilla Castile: a province in central Spain

la casualidad coincidence, chance; **por casualidad** by coincidence

el catalán (la **catalana**) Catalan (language or person from Spanish province of **Cataluña**)

Cataluña Catalonia: the northeasternmost province of Spain

la catedral cathedral

católico Catholic

catorce fourteen

la causa cause; **a causa de** because of

causar to cause

el caviar caviar

la cazuela stew

la cebolla onion

la celebración celebration

celebrar to celebrate; **celebrarse** to be celebrated; to take place

celoso jealous

céltico Celtic

la cena dinner

cenar to dine, have dinner

el centavo cent

central central, main; la **América Central** Central America

el centro center; downtown

Centroamérica Central America

cerca near, nearby; **cerca de** near, close to

la ceremonia ceremony

cerrado closed

cerrar (ie) to close

la cervecería brewery; beer bar

la cerveza beer

César: Julio César Julius Caesar

el cielo sky, heaven

cien, ciento one hundred; **por ciento** percent

la ciencia science

el científico (la **científica**) scientist

cierto true, right, correct; (a) certain

el cigarrillo cigarette

el cigarro cigar

cinco five

cincuenta fifty

el cine movies; movie theater

la cinta tape

la cita date, appointment

la ciudad city

el ciudadano (la **ciudadana**) citizen

la civilización civilization

civilizado civilized

claro clear; **Claro.** Of course.; **Claro que . . .** Of course . . .

la clase class; kind; **clase alta** upper class; **clase media** middle class; **de primera clase** first-class, first-rate; (**de**) **toda clase** (of) every kind

clásico classical

el clima climate

el club club

la coca coke (Coca-cola)

la cocina kitchen

el coctel cocktail

el coche car

el coche-cama Pullman (sleeping car)

la coincidencia coincidence

la colección collection

colectivo collective

colombiano Columbian

Colón Columbus

la colonia colony

la colonización colonization

el colonizador (la **colonizadora**) colonist

el color color

colosal colossal

la columna column

la comadre godmother of one's child

la combinación combination

el comedor dining room

comer to eat

comercial commercial

el, la comerciante business person

el comercio business

la comida food; meal; dinner

como *adv.* as; like, such as; how; *conj.* since, as long as; **cómo** how (to); **como si** as if; **tan . . . como** as . . . as; **tanto . . . como** as much . . . as

¿cómo? (**¡cómo!**) how? (how!); what? what did you say? what is it?; **¿Cómo es (son) . . . ?** What is (are) . . . like?; **¡Cómo no!** Of course!; **¿Cómo se llama usted?** What is your name?

el compadre godfather of one's child

el compañero (la **compañera**) companion

la compañía company

el compartimiento compartment

la compasión compassion

completamente completely

completo complete

la composición composition

el compositor composer

comprar to buy

compras: ir de compras to go shopping

comprender to
understand
común common, usual,
ordinary; en común in
common
la comunicación
communication
la comunidad community
el comunismo
communism
el, la comunista
communist; adj.
communist
con with; con cuidado
carefully; con el
nombre de by the
name of
el concepto concept
el concierto concert
la condición condition;
circumstance
el cóndor condor
conducir (zc) to drive
el conductor (la
conductora) driver;
conductor
la conferencia
conference; lecture
la confusión confusion
conmigo with me
conocer (zc) to know, be
acquainted with; to
meet, get acquainted
with
conocido known,
well-known; más
conocido better known
el conocimiento
(generally pl.)
discovery, knowledge
la conquista conquest
el conquistador
conqueror, Spanish
conquistador
conquistar to conquer
la consecuencia
consequence
el consejo advice, piece
of advice; los consejos
advice

conservar to conserve
considerar to consider
la constitución
constitution
la construcción
construction
construido built,
constructed
construir to build,
construct
el consuelo consolation;
joy, comfort
el contacto contact
la contaminación
pollution
contaminado polluted
contar (ue) to tell, relate
contento happy, content
contestar to answer
contigo with you (fam.
sing.)
el continente continent
la continuación
continuation
contra against
la contradicción
contradiction
contrario: ¡Al contrario!
On the contrary!
el contraste contrast
la contribución
contribution
el control: control de la
natalidad birth control
controlar to control
la conversación
conversation
conversar to converse,
chat
la copa: tomar una copa
to have a drink
el corazón heart; de todo
corazón
wholeheartedly
correctamente correctly
correcto right, correct
el correo mail; post
office; correo aéreo air
mail
correr to run

corresponder a to
correspond to
la corrida (de toros)
bullfight; bullfighting
corriente ordinary,
regular
la corrupción corruption
cortés polite
corto short, brief
la cosa thing
cosmopolita
cosmopolitan
la costa coast
costar (ue) to cost
la costumbre custom,
habit; es costumbre it's
the custom
crear to create
creer to believe, think;
Creo que sí. I think so;
¡Ya lo creo! Yes,
indeed!
el crimen (pl. los
crímenes) crime
el, la criminal criminal
criollo Creole (born in
the Americas of
European ancestry)
la crisis crisis
el cristianismo
Christianity
cristiano Christian
Cristo Christ
criticar to criticize
crítico critical
el crucigrama crossword
puzzle
la cruz cross
el cuaderno notebook
la cuadra city block
el cuadro picture, painting
¿cuál? ¿cuáles? which?
which one(s)? what?
la cualidad quality,
characteristic
cualquier, cualquiera any
cuando when, whenever
¿cuándo? when?
cuanto: unos cuantos a
few

¿cuánto? how much?; **¿A cuánto están . . . ?** How much are . . . ?; **¿(por) cuánto tiempo?** how long?

¿cuántos? how many? **¿Cuántos años tiene . . . ?** How old is . . . ?

cuarenta forty

el **cuarto** room; quarter; *adj.* fourth; quarter; **las seis y cuarto** 6:15

cuatro four

cuatrocientos four hundred

cubano Cuban

cubierto (de) covered (with, by)

cubrir to cover

la **cuenta** check

el **cuento** story

el **cuerpo** body

la **cuestión** question, issue

el **cuestionario** questionnaire

el **cuidado** care; **con cuidado** carefully; **¡Cuidado (con . . .)!** Look out (for . . .)!; **tener cuidado (con)** to be careful (of, about)

la **culpa** fault, blame

la **cultura** culture

el **cumpleaños** birthday

curioso curious

el **curso** course; **curso de inglés** English class

CH

el **cha-cha-chá** cha-cha-cha: a dance of Cuban origin

la **champaña** champagne

la **chica** girl

chicano chicano, Mexican-American

el **chico** boy, guy; *pl.* kids

chileno Chilean

chino Chinese

el **chiste** joke

chistoso funny; **¡Qué chistoso!** How funny!

el **chocolate** chocolate

la **churrería** shop or stand selling *churros*, coffee and hot chocolate

el **churro** doughnut-like pastry

D

dar to give

D.C. (después de Cristo) A.D.

de of; from; about; in (after a superlative); by; made of; as; with; **De nada.** You're welcome; **de veras** really; **más de** more than (before a number)

deber must, have to, ought to, should; to be supposed to

débil weak

decente decent, decent-looking

decidir to decide

decir (i) to say, tell; **¿Cómo se dice . . . ?** How does one say . . . ?; **¡No me digas!** You don't say!; **querer decir** to mean

declarar to declare

la **decoración** decoration

decorar to decorate

defender (ie) to defend

dejar to leave, to let, allow; **dejar de** to stop, cease; **dejar tranquilo** to leave alone

del *contr. of* **de + el**

delicado delicate

demás: todo lo demás everything else

demasiado too, too much; *pl.* too many

la **democracia** democracy

el, la **demócrata** Democrat; *adj.* Democratic

democrático democratic

demográfico: la explosión demográfica population explosion

el **demonio** demon, devil

denso dense, thick

el, la **dentista** dentist

dentro de in, within, inside (of)

depender de to depend on

el, la **dependiente** salesperson

el **deporte** sport; **practicar un deporte** to go in for a sport

la **derecha** right; **a la derecha** to (on) the right

el **derecho** right; privilege; *adj.* straight

desayunar to have (for) breakfast

el **desayuno** breakfast

descansar to rest

el, la **descendiente** descendant

el, la **desconforme** nonconformist

el **desconocido (la desconocida)** stranger

descortés discourteous, impolite

describir to describe

descubrir to discover

desde from; since; **¿desde cuándo?** how long? since when?; **desde hace (hacía)** for; **desde hace años** for years; **desde . . . hasta** from . . . to

desear to wish (for), want, desire

el **desempleo** unemployment

deshonesto dishonest

el **desierto** desert; *adj.* desert

el **desodorante** deodorant

despacio slowly

despertarse (ie) to wake up

despreciar to look down on, scorn

después afterwards, then, later; **después de** after; **después (de) que** after; **poco después** a short time after(wards)

destruir to destroy

el, la **detective** detective

detrás de behind

la **deuda** debt

devoto devout

el **día** day; **al día** per day; **Buenos días.** Good morning. Good day.; **de día** by day; **día de fiesta** holiday; **Día de Gracias** Thanksgiving; **Día del Año Nuevo** New Year's Day; **Día de los Reyes** Epiphany (Jan. 6); **día de semana** weekday; **hoy día** nowadays; **todos los días** every day

el **diablo** devil

el **diálogo** dialogue

diario daily

el **diccionario** dictionary

diciembre December

el **dictador** (la **dictadora**) dictator

la **dictadura** dictatorship

diecinueve nineteen

dieciocho eighteen

dieciséis sixteen

diecisiete seventeen

diez ten

la **diferencia** difference

diferente (a) different (from)

difícil hard, difficult

la **dimensión** dimension

el **dinero** money

el **dios** god; **Dios** God; **¡Dios mío!** My goodness! Good grief!

la **dirección** direction; address

directo direct

la **disciplina** discipline

la **discriminación** discrimination

la **discusión** discussion

discutir to discuss, debate

distinto different

el **distrito** district

diverso diverse

divertirse (ie) to have a good time, enjoy oneself

divorciarse to get divorced

el **divorcio** divorce

doblar to turn

doble double

doce twelve

la **docena** dozen

el **doctor** (la **doctora**) doctor

el **dólar** dollar

doler (ue) to ache, pain, hurt

el **dolor** pain, ache; suffering; sorrow; **dolor de cabeza** headache; **dolor de estómago** stomachache

dominador dominating

domingo Sunday

don, doña titles of respect or affection used before a first name

donde where, wherever

¿dónde? where?

dormido asleep

dormir (ue) to sleep; **dormir la siesta** to take a nap after lunch

dos two

doscientos two hundred

el **drama** drama

dramático dramatic

la **droga** drug

la **duda** doubt

dudar to doubt

el **dueño** (la **dueña**) owner, master (mistress)

dulce sweet; (of water) fresh

durante during; for

durar to last

duro hard, harsh; **huevos duros** hard-boiled eggs

E

e and (replaces y before words beginning with **i** or **hi**)

la **ecología** ecology

el **ecólogo** (la **ecóloga**) ecologist

la **economía** economy; economics

económico economic

la **edad** age; **¿Qué edad tiene . . . ?** How old is . . . ?

el **edificio** building

la **educación** education; upbringing

el **egoísmo** selfishness

egoísta selfish

el **ejemplo** example; **por ejemplo** for example

el **ejercicio** exercise

el the (*m. sing.*); **el de** that of; **el que** the one that

él *subj.* he; *obj. of prep.* him, it; **de él** (of) his

la **elección** election

la **elegancia** elegance

elegante elegant; stylish

el **elemento** element

eliminar to eliminate

ella *subj.* she; *obj. of prep.* her, it; **de ella** her, (of) hers

ellos, ellas *subj.* they; *obj. of prep.* them; **de**

ellos (ellas) their, (of) theirs

embargo: sin embargo however

emocionante exciting

el **emperador** emperor

empezar (ie) (a) to start (to), begin (to)

el **empleado (la empleada)** employee

el **empleo** employment; job

en in; into; on; at; **en casa** at home; **en punto** on the dot; **en realidad** in reality, actually; **en seguida** at once; **en serio** seriously; **en vez de** instead of; **pensar en** to think about

el **encierro** running before the bulls (San Fermín festival in Pamplona, Spain)

encontrar (ue) to find; to meet; **encontrarse (con)** to meet, come across

la **enchilada** enchilada

el **enemigo** enemy

la **energía** energy

enero January

enfermo ill

enfrente (de) in front (of), opposite; **de enfrente** across the hall

enorme enormous

la **ensalada** salad

enseñar to teach; to show

el **entendedor (la entendedora)** understanding person

entender (ie) to understand

entero entire

entonces then; in that case

la **entrada** admission ticket

entrar (a) (en) to enter, go in

entre between; among

la **entrevista** interview

la **época** period, era, epoch, time

el **equipo** team; **equipo femenino** women's team

el **equivalente** equivalent

el **error** error, mistake

escandalizar to shock, scandalize

el **escándalo** scandal, disgrace

la **escena** scene

escosés Scotch, Scottish

escribir to write

el **escritor (la escritora)** writer

escuchar to listen (to)

la **escuela** school

la **escultura** sculpture

ese, esa *adj.* that; **ése, ésa** *pron.* that (one)

esencial essential

eso *pron.* that; **a eso de** at around (time of day); **por eso** that's why, for that reason

esos, esas *adj.* those; **ésos, ésas** *pron.* those

el **espacio** space

los **espaguetis** spaghetti

España Spain

español Spanish; Spaniard

especial special

especialmente especially

el **espectáculo** spectacle, pageant, show

el **espectador (la espectadora)** spectator

esperar to wait (for); to hope; to expect

la **espina** thorn

el **espíritu** spirit

espiritual spiritual

espléndido splendid

la **esposa** wife

el **esposo** husband; *pl.* husband and wife

el **esquí** skiing

esquiar to ski

establecer (zc) to establish; to plant

la **estación** season

estacionar to park

el **estadio** stadium

el **estado** state; los **Estados Unidos** the United States

la **estampilla** postage stamp; **estampilla aérea** air-mail stamp

la **estancia** Argentine or Uruguayan cattle ranch

estar to be (in a certain place, condition or position); to be in (at home, in the office, etc.)

la **estatua** statue

este, esta *adj.* this; **éste, ésta** *pron.* this (one)

el **este** east

el **estilo** style, fashion; **al estilo de** in the style of

esto *pron.* this

el **estómago** stomach; el **dolor de estómago** stomachache

estos, estas *adj.* these; **éstos, éstas** *pron.* these

estrecho narrow

el **estrecho: Estrecho de Gibraltar** Strait of Gibraltar

la **estrella** star

estricto strict

la **estructura** structure

el, la **estudiante** student

estudiantil *adj.* student

estudiar to study; **estudiar para** to study to be

el **estudio** study

la **estufa** stove

estupendo wonderful, great

estúpido stupid

etcétera et cetera

eterno eternal
Europa Europe
europeo European
la evaluación evaluation
eventualmente
    eventually
evidente evident
evitar to avoid
exactamente exactly
exacto exact; Exacto.
    That's right. Exactly.
exagerar to exaggerate
el examen (pl. los
    exámenes)
    examination, test
excelente excellent
la excepción exception
excepto except
la exhibición exhibition
el exilado (la exilada)
    exile (person)
existir to exist
el éxito success
exótico exotic
la expensa expense; a
    expensas de at the
    expense of
la experiencia experience
el experto (la experta)
    expert
la explicación
    explanation
explicar to explain
el explorador explorer
la explosión: explosión
    demográfica population
    explosion
la explotación
    exploitation
la expresión expression
expresionista
    expressionistic
el expreso express (train)
externo external
el extranjero (la
    extranjera) foreigner
extraño strange
extraordinariamente
    extraordinarily
extremo extreme

F

fabuloso fabulous
fácil easy
el factor factor
la falda skirt
falso false
la falta lack; ¡Qué falta de
    vergüenza! What
    shamelessness!
la familia family
famoso famous
fanático fanatical
fantástico fantastic
la farmacia drugstore,
    pharmacy
fascinante fascinating
fascinar to fascinate
el fascista fascist; adj.
    fascist
el favor favor; Hágame el
    favor de . . . Please . . . ;
    por favor please
favorito favorite
febrero February
la fecha date; day
¡Felicitaciones!
    Congratulations!
feliz happy
femenino: el equipo
    femenino women's
    team
fenicio Phoenician
el fenómeno
    phenomenon
¡Fenómeno!
    Phenomenal! Great!
la festividad festivity;
    holiday
la fiebre fever
fiel faithful
la fiesta feast; party;
    holiday; día de fiesta
    holiday; fiesta brava
    bullfighting; fiesta
    popular country
    gathering, general
    holiday
la figura figure
la filosofía philosophy

el filósofo (la filósofa)
    philosopher
el fin end; al fin finally;
    fin de semana
    weekend; por fin
    finally; poner fin a to
    put an end to
finalmente finally
la física physics
físico physical
flamenco flamenco (said
    of Andalusian gypsy
    music, song, and dance)
la flor flower
el folklore folklore
folklórico folk, folkloric
la forma form
la formación formation
la formalidad formality
formidable superb
el formulario form,
    application form
la fortuna fortune
la foto photo
la fotografía photograph
francamente frankly
francés French;
    Frenchman
Francia France
la frecuencia frequency;
    con frecuencia
    frequently
frecuente frequent
frecuentemente
    frequently
fresco fresh; cool; hacer
    fresco to be cool
    (weather)
el frijol bean
el frío cold; hacer frío to
    be cold (weather);
    tener frío to be (feel)
    cold
frito fried
la fruta fruit; pl. fruit
la frutería fruit store
fuera: fuera de outside;
    por fuera from the
    outside
fuerte strong

la **fuerza** *pl.* forces;
fuerzas armadas armed
forces
fumar to smoke
funcionar to function,
work, run
el **funeral** funeral
furtivamente furtively
el **fútbol** soccer; **fútbol
americano** football
el, la **futbolista** soccer
player
el **futuro** future; *adj.*
future

G

la **gana: tener ganas de** to
feel like, want
el **ganador** (la **ganadora**)
winner
ganar to earn; to win; to
gain; **ganar el pan** to
earn a living
el **garaje** garage
la **gasolina** gasoline
la **gasolinera** filling
station
el **gato** cat
el **gaucho** gaucho: a
herdsman of the
pampas, Argentine
cowboy
el **gazpacho** gazpacho: a
cold, spicy vegetable
soup from the Spanish
province of Andalusia
la **generación** generation
el **general** general; *adj.*
general, usual; **en
general (por lo general)**
in general, generally
generalmente generally
la **gente** people
la **geografía** geography
geográfico geographic
la **geología** geology
la **geometría** geometry
el **gigante** giant
el **gitano** (la **gitana**) gypsy

el **glaciar** glacier
la **gloria** glory
el **gobierno** government
el **gol** goal (scored in a
sport)
el **golfo** gulf
gracias thanks, thank you;
dar las gracias to thank;
Día de Gracias
Thanksgiving; **gracias a**
thanks to; **Muchas
gracias.** Thank you
very much.
gran, grande big, large,
great
gratis free, gratis
grave grave, serious
Grecia Greece
griego Greek
el **gringo** (la **gringa**)
nickname given to
foreigners, especially
Americans (generally
pejorative)
gris gray
el **grupo** group, bunch
el **guacamole** guacamole:
a spicy Mexican sauce
or dip made from
crushed avocados
el **guante** glove
guapo good-looking
guatemalteco Guatemalan
la **guerra** war
el, la **guía** guide
la **guitarra** guitar
gustar to please, be
pleasing; **me gusta más**
I like best
el **gusto** pleasure,
delight; **Mucho gusto.**
Glad to meet you.

H

haber to have (auxiliary
verb to form compound
tenses); *see also* **había,
habido, habrá, hay,
haya, hubo**

había (frequent past
tense of **hay**) there was
(were)
habido *p. part. of* **haber:
ha habido** there has
(have) been
el, la **habitante** inhabitant
hablar to speak, talk
habrá (*fut. of* **hay**) there
will be; **¿habrá?** could
there be?
hace (with a verb in the
past tense) ago; **hace
dos años** two years ago;
**¿Cuánto tiempo hace
(hacía) que** . . . (+ *pres.
or imperf.*)? How long
has (had) . . . *been
-ing*?; **hace . . . que** (+
pres.) something *has
been -ing* for . . .
(length of time)
hacer to make; to do;
hacer buen tiempo to
be nice weather; **hacer
calor** to be hot
(weather); **hacer el
favor de** to do the favor
of; **hacer el papel de** to
take the role of; **hacer
frío** to be cold
(weather); **¿Qué
tiempo hace?** How's
the weather?; **hacer sol**
to be sunny; **hacer un
viaje** to take a trip;
hacer viento to be windy
hacia toward
hacía: hacía . . . que (+
imperf.) something *had
been -ing* for . . .
(length of time)
la **hacienda** farm, estate
el **hambre** hunger; **tener
hambre** to be hungry
la **hamburguesa**
hamburger
hasta until; as far as;
desde . . . hasta from

. . . to; **hasta cierto
punto** up to a point;
Hasta luego. See you
later. So long.; **hasta
que** until
hay (a form of the verb
haber) there is (are);
hay que one must, it is
necessary to; **No hay
de qué.** You're welcome.
haya *pres. subjunc. of*
hay: prohibe que haya
forbids that there be
el **hecho: hecho que** an
event that
el **helado** ice cream,
ice-cream cone
la **hermana** sister
el **hermano** brother; *pl.*
brother(s) and sister(s)
hermoso beautiful
el **héroe** hero
la **hija** daughter
el **hijo** son; *pl.* children,
son(s) and daughter(s)
hispánico Hispanic
hispano Hispanic
(person)
Hispanoamérica Spanish
America
hispanoamericano
Spanish-American
la **historia** history; story
histórico historic,
historical
la **hoja** leaf
¡Hola! Hello! Hi!
holandés Dutch
el **hombre** man;
¡Hombre! Wow! Hey!
el **honor** honor; **en honor
de** in honor of
honrar to honor
la **hora** hour; time; **a estas
horas** at this hour; **altas
horas** very late; **¿A qué
hora?** At what time?;
hora de time to; **¿Qué
hora es?** What time is it?

el **horror: ¡Qué horror!**
How awful!
el **hospital** hospital
el **hotel** hotel
hoy today; **hoy día**
nowadays, presently
hubo *third-person pret.
of* **haber**
la **huelga** strike
el **hueso** bone
el **huevo** egg
la **humanidad** mankind,
humanity
humano human; **ser
humano** human being
el **humor** humor

I

**ibérico: Península
Ibérica** Iberian
Peninsula
ibero Iberian (original
settlers of the Iberian
Peninsula)
la **ida: ida y vuelta**
round-trip
la **idea** idea
el **ideal** ideal; *adj.* ideal
el **idealismo** idealism
el, la **idealista** idealist;
adj. idealistic
la **identidad** identity
el **ídolo** idol
la **iglesia** church
ignorante ignorant
igual the same
la **igualdad** equality
ilegal illegal
la **ilusión** illusion
la **imaginación**
imagination
imaginario imaginary
imaginarse to imagine
imitar to imitate
el **impacto** impact
el **imperio** empire;
Imperio Romano
Roman Empire
el **impermeable** raincoat

la **importancia**
importance
importante important
importar to matter, be
important; **¿le importa
. . . ?** do you care about
. . . ?; **no (me) importa**
it doesn't matter, I
don't care
imposible impossible
la **impresión** impression
impresionante
impressive
impresionar to impress
el **impuesto** tax
inca Inca (the people);
Inca Inca (emperor)
increíble incredible
la **independencia**
independence
independiente
independent
indígena indigenous,
native
el **indio** (la **india**) Indian;
adj. Indian
industrializado
industrialized
infeliz unhappy,
miserable
infiel unfaithful
el **infierno** hell
infinitamente infinitely
infinito infinite
la **influencia** influence
la **información**
information
la **informalidad**
informality
el **informe** report
la **ingeniería** engineering
el **ingeniero** (la
ingeniera) engineer
Inglaterra England
inglés English;
Englishman
la **injusticia: ¡Qué
injusticia!** How unfair!
inmediato immediate

el, la **inmigrante**
  immigrant
innecesario unnecessary
inocente innocent
inofensivo harmless
insensato senseless
insistir (en) to insist (on)
la **insolencia** insolence
la **inspiración** inspiration
la **instrucción** instruction;
  sin instrucción
  uneducated
el **instrumento**
  instrument
intelectual intellectual
inteligente smart,
  intelligent
el **intercambio** exchange
el **interés** interest
interesante interesting
interesar to interest
el **interior** interior; *adj.*
  inner
internacional
  international
interrumpir to interrupt
la **interrupción**
  interruption
la **intervención**
  intervention
la **intimidad** intimacy,
  closeness
íntimo intimate, close
invadir to invade
inventar to invent
el **invierno** winter
la **invitación** invitation
invitar to invite
ir to go; **ir a** + *inf.* to be
  going to + *inf.*; **irse** to
  go (away), leave; **ir y
  venir** coming and
  going; **Que le vaya
  bien.** May all go well
  with you.; **Vamos.** Let's
  go.; **Vamos a** + *inf.*
  Let's . . . ; **No vayamos.**
  Let's not go.; **No
  vayamos a** + *inf.* Let's
  not . . .

Irlanda Ireland
irlandés Irish
la **ironía** irony
irónicamente ironically
la **isla** island
Italia Italy
italiano Italian
el **itinerario** timetable
la **izquierda** left; **a la
  izquierda** to (on) the
  left

J

el **jaguar** jaguar
el **jai alai** jai alai (Basque
  sport)
jamás never, (not) ever
el **jamón** ham
el **Japón** Japan
japonés Japanese
el **jardín** garden
el **jefe** chief; boss
el **jerez** sherry
Jesucristo Jesus Christ
Jesús Jesus; **¡Jesús!** Gee
  whiz! Golly!
el, la **joven** young man,
  young lady; *pl.* young
  people; *adj.* young
la **joya** jewel; *pl.* jewelry
la **joyería** jewelry store
judío Jewish; Jew
el **juego** game
jueves Thursday
el **jugador** (la **jugadora**)
  player
jugar (ue) (a) to play (a
  game)
el **jugo** juice
julio July
junio June
juntos together; close
la **justicia** justice

K

el **kilo** kilo, kilogram (2.2
  pounds)
el **kilómetro** kilometer (a
  little over six-tenths of
  a mile)

L

la the (*f. sing.*); *dir. obj.*
  her, it, you (**Ud.**); **la de**
  that of; **la que** the one
  that
el **laboratorio** laboratory
el **lado** side; **al lado de**
  beside, next to
el **lago** lake
la **langosta** lobster
el **lápiz** pencil
largo long
las the (*f. pl.*); *dir. obj.*
  them, you (**Uds.**); **las
  de** those of; **las que** the
  ones (those) that
la **lástima** misfortune;
  pity; **¡Qué lástima!**
  What a shame!
el **latín** Latin (language);
  latín vulgar vernacular
  or spoken Latin
el **latino** (la **latina**) Latin
  (person); *adj.* Latin
latinoamericano Latin
  American
lavar to wash; **lavarse** to
  wash (oneself), get
  washed
le *indir. obj.* (to, for,
  from) him, her, it, you
  (**Ud.**)
la **lección** lesson
la **leche** milk; el **café con
  leche** coffee prepared
  with hot milk
la **lechería** dairy (store)
la **lechuga** lettuce
leer to read
la **legumbre** vegetable
lejos far, far away; **lejos
  de** far from
la **lengua** language
lento slow
les *indir. obj.* (to, for,
  from) them, you (**Uds.**)
el **letrero** sign
levantarse to get up,
  stand up

la **ley** law
la **leyenda** legend
la **liberación** liberation
liberar to liberate
la **libertad** liberty,
   freedom
la **libra** pound
libre free
la **librería** bookstore
el **libro** book
el **líder** leader
limitarse a to limit onself,
   be limited to
limpio clean
lindo pretty, beautiful;
   nice
listo ready
literalmente literally
la **literatura** literature
el **litro** liter (a little more
   than a quart)
lo *dir. obj.* him, it, you
   (**Ud.**); the (neuter); **lo**
   antes posible as soon as
   possible; **lo cierto** what
   is certain; **lo cual**
   which; **lo maravilloso**
   de the wonderful thing
   about; **lo más** + *adv.* +
   posible as . . . as
   possible; **lo más . . .**
   que (+ expression of
   possibility) as . . . as; **lo**
   mismo the same
   (thing); **lo que** what,
   that which; **por lo tanto**
   therefore; **todo lo que**
   everything that
los the (*m. pl.*); *dir. obj.*
   them, you (**Uds.**); **los**
   de those of; **los que** the
   ones (those) that
la **lucha** struggle, fight
luchar (por, contra) to
   fight (for, against)
luego then; **Hasta luego.**
   See you later. So long.
el **lugar** place; **en lugar**
   de instead of
la **luna** moon

lunes Monday
la **luz** light

LL

llamar to call; **llamar por**
   teléfono to phone;
   llamarse to be called,
   named; **¿Cómo se**
   llama . . . ? What is
   . . .'s name?; **me llamo**
   my name is
la **llave** key
llegar (a) to arrive (in),
   get to, reach; **aquí**
   llegan here come;
   llegar a ser to become
llenar to fill
lleno de full of
llevar to carry, bear; to
   take; to lead; to wear
llover (ue) to rain
la **lluvia** rain

M

la **madera** wood
la **madre** mother;
   Madre-Tierra Mother
   Earth (Indian deity)
el **maestro (la maestra)**
   teacher; master
magnífico wonderful,
   magnificent
el **maíz** corn
mal *adv.* badly, poorly
el **mal** evil
mal, malo *adj.* bad,
   naughty
la **maleta** suitcase
la **mamá** mom, mother
mandar to order; to
   command; to send
la **manera** way, manner,
   fashion; **de manera**
   diferente in a different
   way; **de ninguna**
   manera in no way, not
   at all; **de otra manera**
   differently; **de una**
   manera . . . in a . . . way

el **mango** mango
la **mano** hand; **¡Arriba las**
   manos! Hands up!;
   Dame la mano. Give
   me your hand.; **en (a)**
   manos de in (into) the
   hands of
mantener to keep,
   maintain
la **mantequilla** butter
la **manzana** apple
la **mañana** morning; *adv.*
   tomorrow; **de la**
   mañana A.M.; **mañana**
   temprano early
   tomorrow morning; **por**
   la mañana in the
   morning
la **máquina** machine
el, la **mar: Mar Caribe**
   Caribbean Sea
la **maravilla** marvel,
   wonder
maravilloso wonderful,
   marvelous; **lo**
   maravilloso de the
   wonderful thing about
el **marido** husband
la **marihuana** marihuana
el **marisco** shellfish
martes Tuesday
marzo March
más *adv.* more, any more;
   most; *prep.* plus; **¿algo**
   más? anything else?,
   más conocido better
   known; **más de** (+
   number) more than;
   más o menos more or
   less; **más . . . que** more
   . . . than; **más vale** it is
   better; **me gusta más** I
   like best; **¡Qué idea**
   más ridícula! What a
   ridiculous idea!
la **masa** mass (volume)
la **máscara** mask
matar to kill
las **matemáticas**
   mathematics

el **matemático**
mathematician
maya Maya; Mayan
mayo May
mayor older, oldest;
greater, greatest; **la
mayor parte** the major
part
la **mayoría** majority
me (to, for, from) me,
myself
el **mecánico** (la **mecánica**)
mechanic
el **mecanógrafo** (la
mecanógrafa) typist
la **media** stocking
la **medicina** medicine
el **médico** (la **médica**)
doctor, physician
el **medio** middle; *adj.*
middle; half; **clase
media** middle class; **en
medio de** in the middle
of; **las doce y media**
12:30; **media hora** a
half hour
el **mediodía** noon;
midday break; **al
mediodía** at noon; for
the midday meal
el **Mediterráneo**
Mediterranean Sea
mejor better, best
mejorar to improve
melancólico melancholy
el **melón** melon
el, la **menor** minor; *adj.*
younger, youngest
menos less, least; **a
menos que** unless; **más
o menos** more or less;
menos de (+ number)
less than; **menos . . .
que** less . . . than; **por
lo menos** at least
mentir (ie) to lie
la **mentira** lie
el **mercado** market,
marketplace

la **merienda** afternoon
snack
la **mermelada** jam,
marmalade
el **mes** month
la **mesa** table
la **meseta** mesa, plateau
mestizo of mixed race
mexicano Mexican;
mexicano-americano
Mexican-American
México Mexico; Mexico
City
la **mezcla** mixture, mixing
la **mezquita** mosque
mi, mis my
mí *obj. of prep.* me,
myself
el **miedo** fear; **tener
miedo (de)** to be afraid
(of, to)
el **miembro** member
mientras (que) while;
whereas
miércoles Wednesday
mil one thousand; **miles**
thousands
el **militar** military man,
soldier; *adj.* military
la **milla** mile
el **millón** million; **un
millón de . . .** a million
. . .
el **millonario** millionaire
la **mina** mine
la **minoría** minority
el **minuto** minute
mío(s), mía(s) *adj.* my,
(of) mine; **el mío (la
mía, los míos, las mías)**
pron. mine; **¡Dios mío!**
My goodness!
mirar to look (at), watch;
mirar el aceite to check
the oil
la **misa** mass (church)
la **misión** mission
mismo same; very, just,
right; **ahora mismo**

right now; **al mismo
tiempo** at the same
time; **allí mismo** right
there; **lo mismo (que)**
the same (thing) (as);
por eso mismo that's
just it
el **misterio** mystery
misterioso mysterious
místico mystical
moderno modern
modesto modest
el **modo** nature, way
molestar to bother, annoy
el **momento** moment
monótono monotonous
la **montaña** mountain
montañoso mountainous
moreno dark-haired,
brunette
morir (ue) to die; **morirse
(de)** to die, be dying (of)
el **moro** Moor
mostrar (ue) to show
la **motocicleta**
motorcycle; **en
motocicleta** by
motorcycle
el **motor** motor, engine
el **movimiento** movement
el **mozo** waiter
la **muchacha** girl
el **muchacho** boy; *pl.*
children, boy(s) and
girl(s)
muchísimo very much;
pl. very many
mucho *adj.* much, a lot
of; very; too much; *pl.*
many; *adv.* very much;
Mucho gusto. Glad to
meet you.; **mucho que
hacer** a lot to do;
mucho tiempo a long
time
mudarse to move (change
residence)
mueble: los muebles
furniture

la **muerte** death
el **muerto** (la **muerta**)
    dead person, corpse;
    adj. dead
la **mujer** woman; wife;
    nombre de mujer
    woman's name
mulato mulatto (of
    African and Caucasian
    blood)
mundial *adj.* world,
    worldwide
el **mundo** world; **Nuevo**
    Mundo New World
    (America); **todo el**
    mundo everyone; the
    whole world
el **muro** wall
el **músculo** muscle
el **museo** museum
la **música** music; **música**
    folklórica folk music; la
    casa de música music
    store
el **músico** (la **música**)
    musician
muy very

N

nacer to be born
nacido born
la **nación** nation
nacional national
nada nothing, not
    anything; **de nada**
    you're welcome; **por**
    nada del mundo (not)
    for anything in the
    world
nadie no one, nobody,
    not anyone
la **naranja** orange
la **nariz** nose
la **natalidad: el control de**
    la natalidad birth
    control
la **naturaleza** nature
naturalmente naturally

Navarra Navarre: a
    province in northern
    Spain
el **navegante** navigator
la **Navidad** Christmas; *pl.*
    Christmas holidays
necesario necessary
la **necesidad** necessity
necesitar to need
el **negocio** business; **viaje**
    de negocios business
    trip
negro black; Negro
el **neoyorquino** (la
    neoyorquina) New
    Yorker
nervioso (por) nervous
    (about)
nevado snow-covered
ni nor, or; **ni . . . ni**
    neither . . . nor
la **niebla** fog
la **nieve** snow
ningún, ninguno none,
    not any, no, not one,
    neither (of them); **de**
    ninguna manera in no
    way, not at all
la **niña** girl, child
el **niño** boy, child; *pl.*
    children, kids
no no, not; **¿no?** right?
    true?
el **noble** noble
la **noche** night, evening;
    de la noche P.M. (at
    night); **de noche** at
    night; **esta noche**
    tonight, this evening;
    por la noche at night,
    in the evening; **todas**
    las noches every night
el **nombre** name; **a (en)**
    nombre de in the name
    of; **nombre de mujer**
    woman's name
el **noreste** northeast
el **noroeste** northwest
el **norte** north

Norteamérica North
    America
norteamericano North
    American; American
    (U.S.)
nos (to, for, from) us,
    ourselves
nosotros, nosotras *subj.*
    pron. we; *obj. of prep.*
    us, ourselves
la **nota** note; grade
notar to notice
la **noticia** (piece of) news;
    pl. news
novecientos nine
    hundred
la **novela** novel
noventa ninety
la **novia** girlfriend;
    fiancée
noviembre November
el **novio** boyfriend;
    suitor; fiancé; *pl.*
    sweethearts
la **nube** cloud
nubloso cloudy
nuestro *adj.* our, of ours
nueve nine
nuevo new; el **Año**
    Nuevo New Year's; el
    Nuevo Mundo New
    World (America); **¿Qué**
    hay de nuevo? What's
    new?
el **número** number
numeroso numerous
nunca never, not ever
la **nutrición** nutrition

O

o or; **o . . . o** either . . . or
obediente obedient
el **objeto** object; **objeto**
    de arte art object
obligado (a) obligated (to)
obligatorio required
la **obra** work; body of
    work; **obra de arte**
    work of art

la **ocasión** occasion
occidental Western
el **océano** ocean; **Océano Atlántico** Atlantic Ocean
octubre October
ocupado busy
ocupar to take, occupy
ochenta eighty
ocho eight
ochocientos eight hundred
el **oeste** west
ofender to offend, be offensive
oficial official
la **oficina** office
oír to hear
ojalá que I hope that . . .
el **ojo** eye
olvidar to forget; **olvidarse (de)** to forget (about)
el **ómnibus** bus; **en ómnibus** by bus
once eleven
la **ópera** opera
la **operación** operation
la **opinión** opinion; **según su opinión** in your opinion
la **oportunidad** opportunity, chance
la **opresión** oppression
optimista optimistic
el **orden** order; **a sus órdenes** at your service
la **oreja** ear
la **organización** organization
organizar to organize
el **orgullo** pride
orgulloso proud
el **origen** origin
la **originalidad** originality
el **oro** gold
la **orquesta** orchestra
os (to, for, from) you, yourselves (*fam. pl.*)
oscuro dark

el **otoño** autumn
otro other, another; **otra vez** again

P

la **paciencia** patience
el **padre** father; priest; *pl.* parents
la **paella** paella: a Spanish dish of seafood and saffroned rice
el **paganismo** paganism
pagano pagan
pagar to pay
la **página** page
el **país** country
el **pájaro** bird
la **palabra** word
el **palacio** palace
el **pan** bread; **pan tostado** toast
la **panadería** bakery
panameño Panamanian
el **pantalón: los pantalones** pants
la **papa** potato
el **papá** dad, father; *pl.* parents
el **papel** paper; role; **hacer el papel de** to take the role of
el **par** pair
para for; in order to; by (a certain time); **estudiar para** to study to be; **para que** so that; **¿para qué?** why? for what purpose?; **para siempre** forever
paraguayo Paraguayan
pardo brown
parecer (zc) to seem, appear, look like; **¿Qué le(s) parece si . . . ?** How about (doing something)?
el, la **pariente** relative
el **parque** park; **parque zoológico** zoo

la **parte** part; portion, section; **¿De parte de quién?** Who is calling?; **en parte** partly; **gran parte** a great part; **la mayor parte** the major part; **por otra parte** on the other hand; **por (a, en) todas partes** everywhere
participar (en) to participate (in)
particular special, particular
el **partido** game, match; political party
el **pasado** past; *adj.* past, last; **el verano pasado** last summer
el **pasaje** ticket
el **pasajero (la pasajera)** passenger
el **pasaporte** passport
pasar to pass, get by; to spend (time); to happen; **pasar (adelante)** to come in (to one's home); **pasar por** to drop by; to pass by; **¿Qué le pasa a . . . ?** What's the matter with . . . ?; **¿Qué pasa?** What's wrong? What's going on?
la **Pascua** Easter
el **paseo** walk; ride
el **paso** step; religious float carried during Holy Week processions
el **pastel** pie
la **patata** potato
el **patio** patio
patriótico patriotic
patrón *adj.* patron
la **paz** peace
pedir (i) to ask (for), request, order (in a restaurant); **pedir perdón** to beg one's pardon

la **pelea** fight
la **película** film, movie
el **peligro** danger
peligroso dangerous
el **pelo** hair
la **peluquería** beauty salon; barber shop
la **pena: valer la pena** to be worth the trouble
penetrante penetrating, effective
la **península** peninsula; **Península Ibérica** Iberian Peninsula
pensar (ie) to think; to plan, intend, think of, about (followed by *inf.*); **pensar de** to think of, about (an opinion); **pensar en** to think about, concerning (followed by *n.* or *pron.*)
peor worse, worst
pequeño little, small
la **percusión** percussion
perder (ie) to lose; to miss; **perder el tiempo** to waste (one's) time; **perderse** to get lost
perdido lost
el **perdón** pardon; **¡Perdón!** Excuse me!
perdonar to pardon, forgive; **¡Perdone!** Excuse me!
perezoso lazy
perfecto perfect, fine
el **periódico** newspaper
el **permiso: Con permiso.** Excuse me.
permitir to permit, allow
pero but
la **persona** person
la **personalidad** personality
la **perspectiva** perspective, outlook
peruano Peruvian
el **pescado** fish (as a food)

pescar to fish; **ir a pescar** to go fishing
la **peseta** monetary unit of Spain
pesimista pessimistic
el **peso** monetary unit of several Latin American countries
el **pez** fish (live)
el **pie** foot; **a pie** on foot
la **piedra** stone, rock
la **piel** skin
la **pierna** leg
el **pimiento** pepper
pintar to paint
el **pintor** (la **pintora**) painter
la **pintura** painting
la **piña** pineapple
la **pipa** pipe
piramidal pyramidal
la **pirámide** pyramid
los **Pirineos** the Pyrenees (mountain range)
la **plata** silver
la **plataforma** platform
el **plátano** banana
el **plato** dish, plate
la **playa** beach
la **plaza** plaza, square
el **plomero** plumber
la **población** population
pobre poor; **los pobres** the poor (people)
la **pobreza** poverty
poco little (in amount); *pl.* few; **poco a poco** little by little; **poco después** a short time after(ward); **poquísimo** very little; **un poco** a little (bit)
poder (ue) to be able, can, may; **puede ser** that (it) may be; **se puede** one can
el **poder** power
poderoso powerful
el **poema** poem
la **poesía** poetry

el **poeta** poet
el **policía** policeman
la **policía** police; policewoman
la **política** politics; policy; politician (*f.*)
el **político** politician (*m.*); *adj.* political
el **pollo** chicken
el **poncho** poncho
poner to put, place; **ponerse** to get, become; to put on (clothing)
por for; because of, on account of; for the sake of; by; per; along; through; throughout; around (in the vicinity of); in; during; in place of; in exchange for; **por aquí** this way, over here, around here; **por casualidad** by coincidence; **por ciento** percent; **por ejemplo** for example; **por eso** that's why, for that reason; **por favor** please; **por fin** finally; **por la mañana** in the morning; **por la noche** in the evening, at night; **por la tarde** in the afternoon, evening; **por lo general** generally; **por lo menos** at least; **por lo tanto** therefore; **por nada del mundo** (not) for anything in the world; **por otra parte** on the other hand; **por supuesto** of course; **por teléfono** on the telephone; **por televisión (radio)** on TV (radio); **por todas partes** everywhere
¿por qué? why?

porque because
portugués Portuguese
la **posada** lodging;
  Mexican Christmas
  celebration
la **posesión** possession;
  tomar posesión de to
  take possession of
posible possible
posiblemente possibly
postal: la tarjeta postal
  postcard
el **postre** dessert
practicar to practice; to
  go in for (a sport)
práctico practical
el **precio** price; **¿A qué**
  precio? What's the
  price?; **¿Qué precio**
  tiene . . . ? What's the
  price of . . . ?
precioso precious; lovely;
  darling
precisamente precisely
preciso precise
precolombino
  pre-Columbian
preferible preferable
preferir (ie) to prefer
la **pregunta** question
preguntar to ask
preliminar preliminary
preocuparse (de) to worry
  (about)
preparar to prepare
la **presencia** presence
presentar to present,
  show; to introduce
el **presente** present
  (time); *adj.* present
presidencial presidential
el **presidente** president
la **primavera** spring
primer, primero first; **de**
  primera clase
  first-class, first-rate
el **primo (la prima)** cousin
principal main, principal
principalmente
  principally

el **principio** beginning
la **prisa: tener prisa** to be
  in a hurry
privado private
probar (ue) to try out; to
  try, taste
el **problema** problem
la **procesión** procession
proclamado proclaimed
el **producto** product
la **profesión** profession
el **profesor (la profesora)**
  teacher, professor
profundo deep, profound
el **programa** program
el **progreso** progress
prohibir to prohibit,
  forbid
la **promesa** promise
prometer to promise
pronto soon; fast;
  quickly; **lo más pronto**
  posible as soon as
  possible; **prontísimo**
  very soon; **tan pronto**
  como as soon as
propio own
próspero prosperous
el, la **protestante**
  Protestant
protestar to protest
la **provincia** province
provocar to provoke
próximo next, coming
prudente prudent
la **psicología** psychology
psicológico psychological
publicar to publish
la **publicidad** publicity
el **público** public;
  spectators; *adj.* public;
  en público in public
el **pueblo** people; village,
  town
el **puente** bridge
la **puerta** door
puertorriqueño Puerto
  Rican
pues *interj.* well . . . ;
  conj. for, because

el **puesto** job, position
el **pulso** pulse
la **punctualidad**
  punctuality
el **punto** point, dot; **en**
  punto on the dot,
  exactly
puro pure

Q

que *rel. pron.* that,
  which, who, whom;
  adv. than; **el (la, los,**
  las) que which,
  who(m), the one(s) that,
  those who; **lo que**
  what, that which
¿qué? what?, which?;
  ¿para qué? why?, for
  what purpose?; **¿por**
  qué? why?; **¿Qué hay**
  de nuevo? What's new?
¡qué . . . ! What (a) . . . !
  How . . . !; **¡Qué idea**
  más ridícula! What a
  ridiculous idea!; **¡Qué**
  va! Oh, come on!
quedar to remain, be left;
  to fit; **quedarse** to stay,
  remain
querer (ie) to want, wish;
  to love; **querer decir** to
  mean
querido dear; **seres**
  queridos loved ones
el **queso** cheese
quien, quienes who,
  whom; the one who,
  those who
¿quién? who?, whom?;
  ¿de quién? whose?
la **química** chemistry
quince fifteen
quinientos five hundred
quitar to take away;
  quitarse to take off
  (clothing)
quizás maybe, perhaps

R

el **radiador** radiator

el, la **radio** radio

el **rancho** ranch

rápidamente quickly, rapidly

rápido *adj.* rapid, fast; *adv.* fast, quickly

raro rare

el **rascacielos** skyscraper

el **rato** short time; **hace un rato** a while ago

la **raza** race; people of Spanish or Indian origin; el **Día de la Raza** Columbus Day

la **razón** reason; **tener razón** to be right

razonable reasonable

la **reacción** reaction

real royal; el **Real Madrid** Spanish soccer team

la **realidad** reality; **en realidad** in reality, actually

el **realismo** realism

realista realistic

realmente really, actually

el, la **rebelde** rebel

la **rebelión** rebellion

el, la **recepcionista** desk clerk; receptionist

recibir to receive

reciente recent

recientemente recently

la **Reconquista** Reconquest (of Moorish Spain by the Christians)

recordar (ue) to remember

reducir to reduce

refinado refined

el **refrán** proverb, saying

el **refresco** soft drink

el **refrigerador** refrigerator

el **regalo** gift, present

la **región** region

regresar to return, go (come) back

el **reino** kingdom

la **relación** relation, relationship

relativamente relatively

la **religión** religion

religioso religious

el **reloj** clock; watch

remoto remote

repetir (i) to repeat; **Repita(n), por favor.** Please repeat.

la **representación** representation; portrayal

representar to represent; to portray, show

la **república** republic; la **República Dominicana** Dominican Republic

republicano Republican

la **reputación** reputation

resentir (ie) to resent

reservar to reserve

la **resistencia** resistance

resolver (ue) to solve, resolve

respectivamente respectively

el **respeto** respect

responsable responsible

la **respuesta** answer

el **restaurante** restaurant

el **resto** rest, remainder

resuelto solved, resolved

la **reunión** meeting, gathering, get-together

reunirse (a) to meet, gather (to); **reunirse con** to get together with

la **revista** magazine

la **revolución** revolution

el **revolucionario** (la **revolucionaria**) revolutionary; *adj.* revolutionary

el **rey** king; *pl.* king and queen; **Día de los**

Reyes Epiphany (Jan. 6); **Reyes Católicos** Catholic Monarchs (Ferdinand and Isabella)

rico rich; delicious

ridículo ridiculous

el **río** river

el **robo** theft, robbery

el **rock** rock music; *adj.* rock

rojo red

romano Roman

romántico romantic

la **ropa** clothes, clothing; **ropa vieja** a Caribbean dish

la **rosa** rose

el **rosbif** roast beef

rubio blond

el **ruido** noise

la **ruina** ruin

la **rutina** routine

S

sábado Saturday

saber to know; to find out; **saber + *inf.*** to know how to

el **sabio** (la **sabia**) learned person, scholar

sabroso delicious

la **sal** salt

la **sala** large room; living room

salado salty

el **salario** salary

salir (de) to leave, go out, come out; **salir con** to go out with; **salir para** to leave for; **Todo va a salir bien.** Everything will turn out fine.

la **salud** health; **¡Salud!** To your health! Cheers! Gesundheit!

el, la **salvaje** savage

san (shortened form of **santo**) saint

el **sándwich** sandwich
la **sangre** blood; heritage
sangría wine and fruit punch
sangriento bloody
sano healthy
el **santo** (la **santa**) saint; saint's day; *adj.* holy; **santo patrón** (**santa patrona**) patron saint; la **Semana Santa** Holy Week
satisfactorio satisfactory
se *indir. obj.* (to, for, from) him, her, it, you (**Ud., Uds.**), them; *refl. pron.* (to, for, from) himself, herself, itself, yourself (**Ud.**), themselves, yourselves (**Uds.**)
sé *first person sing. pres. of* **saber**; *second person sing. imperative of* **ser**
la **sección** section
el **secreto** secret; *adj.* secret
la **sed: tener sed** to be thirsty
sefardí Sephardic
seguida: en seguida right away, at once
seguir (i) to follow; to continue, keep on, still be; **seguir cursos** to take courses
según according to; **según su opinión** in your opinion
segundo second
seguro sure, certain
seis six
seiscientos six hundred
la **selva** jungle
la **semana** week; el **día de semana** weekday; el **fin de semana** weekend; la **semana que viene** next week, this coming week; la **Semana Santa** Holy Week
el **semestre** semester
sencillo simple, easy
sensato sensible, wise
la **sensualidad** lust
sentado seated, sitting
sentarse (ie) to sit down
sentir (ie) to feel; to be sorry; **sentirse** to feel
el **señor** (*abbr.* **Sr.**) man, gentleman; sir; mister, Mr.
la **señora** (*abbr.* **Sra.**) lady; wife, ma'am; Mrs.
los **señores** (*abbr.* **Sres.**) Mr. & Mrs.; ladies and gentlemen
la **señorita** (*abbr.* **Srta.**) young lady; miss; Miss
la **separación** separation
separado separate; separated
separar to separate
septiembre September
ser to be (someone or something; description or characteristics); **¿Cómo es (son)... ?** What is (are)... like?; **Es que...** That's because... ; **llegar (pasar) a ser** to become; **ser de** to be from (somewhere); to be (someone's); **¿De dónde será?** I wonder where she's from.; **El libro es de Felipe.** The book is Phillip's.
sereno calm, serene
la **serie** series
serio serious; **en serio** seriously
el **servicio** service
servir (i) to serve; **¿En qué puedo servirle?** What can I do for you?
sesenta sixty
setecientos seven hundred
setenta seventy
severo severe
el **sexo** sex
si if; **como si** as if
sí yes
siempre always; **para siempre** forever
la **sierra** mountain range
la **siesta** siesta: midday break for lunch and rest; **dormir la siesta** to take a nap after lunch
siete seven
el **siglo** century
el **significado** meaning, significance
significar to signify, mean
siguiente following
silencioso silent
la **silla** chair
simbólico symbolic
simbolizar to symbolize
el **símbolo** symbol
simpático nice
simplemente simply
simultáneamente simultaneously
sin without; **sin embargo** however; **sin que** without
la **sinagoga** synagogue
la **sinceridad** sincerity
el **sindicato: sindicato laboral** labor union
sino but, but rather
el, la **sirviente** servant
el **sistema** system
el **sitio** place, site, location
la **situación** situation
situado situated, located
situar to place, locate
sobre on, about, concerning; on, upon; over; **sobre todo** especially
el, la **socialista** socialist; *adj.* socialist

la **sociedad** society
la **sociología** sociology
el **sociólogo** sociologist
el **sofá** sofa, couch
el **sol** sun; **hacer sol** to be sunny
solamente only
sólido solid
solo alone; single
sólo only, just
soltero single, unmarried
la **solución** solution
el **sombrero** hat
la **sopa** soup
sorprender to surprise
la **sorpresa** surprise
su, sus his, her, its, their, your (**Ud., Uds.**)
el **subjuntivo** subjunctive
el **suburbio** suburb
el **sucesor** (la **sucesora**) successor
sucio dirty
Sudamérica South America
el **suelo** floor
el **sueño** dream; **tener sueño** to be sleepy
la **suerte** luck; **tener suerte** to be lucky
el **suéter** sweater
suficiente enough, sufficient
el **sufrimiento** suffering
superior higher
el **supermercado** supermarket
la **superstición** superstition
supersticioso superstitious
supremo supreme
supuesto: por supuesto of course
el **sur** south; **al sur de** south of; **la América del Sur** South America
el **suroeste** southwest
el **surrealismo** surrealism
el, la **surrealista** surrealist

T

el **taco** taco
tal such (a); **¿Qué tal?** How are you? How are things going?; **tal vez** perhaps
el **Talgo** deluxe Spanish train
el **tamal** (*pl.* los **tamales**) tamale
también also, too
tampoco neither, (not) either; **Tampoco.** Not that either.
tan so; such; **tan . . . como** as . . . as
el **tango** tango: popular music and dance of Argentina and Uruguay
el **tanque** tank
tanto so much, as much; *pl.* so many, as many; **por lo tanto** therefore; **tanto como** as much as; as well as; *pl.* as many as; **tanto(s) . . . como** as much (many) . . . as; both . . . and
tarde *adv.* late; **más tarde** later; **tardísimo** very late
la **tarde** afternoon; **Buenas tardes.** Good afternoon. Good evening; **de la tarde** P.M. (afternoon or early evening); **por la tarde** in the afternoon
la **tarjeta** card; **tarjeta postal** postcard
la **taza** cup
te *obj. pron.* (to, for, from) you, yourself (*fam. sing.*)
el **té** tea
el **teatro** theater
la **tecnología** technology
el **techo** roof
el **teléfono** telephone; **hablar por teléfono** to talk on the phone; **llamar por teléfono** to phone
el **telescopio** telescope
la **televisión** television; **por (en la) televisión** on television
el **televisor** television set
el **tema** subject, theme
la **temperatura** temperature
el **templo** temple
temporalmente temporarily
temprano early; **mañana temprano** early tomorrow morning
tener to have; **¿Qué tiene . . . ?** What's wrong with . . .?; **tener . . . años** to be . . . years old; **tener calor** to be (feel) hot; **tener cuidado (con)** to be careful (of, about); **tener frío** to be (feel) cold; **tener ganas de** to feel like, want to; **tener miedo** to be afraid; **tener prisa** to be in a hurry; **tener que** to have to, must; **tener razón** to be right; **tener sed** to be thirsty; **tener sueño** to be sleepy
el **tenis** tennis
el, la **tenista** tennis player
la **tensión** tension
la **teoría** theory
tercer, tercero third
la **terminación** end, termination
terminar to end, finish
el **territorio** territory
el **terrorismo** terrorism
el, la **terrorista** terrorist
el **texto** text
ti *obj. of prep.* you, yourself
la **tía** aunt

el **tiempo** time; weather; **al mismo tiempo** at the same time; **a tiempo** on time; **con el tiempo** in time, eventually; **hace buen tiempo** it's nice weather; **mucho tiempo** a long time; **perder el tiempo** to waste (one's) time; **¿(por) cuánto tiempo?** how long?; **¿Qué tiempo hace?** How's the weather?

la **tienda** store, shop
la **tierra** earth, land; **Madre-Tierra** Mother Earth (Indian deity)
la **tina** bathtub
tinto: vino tinto red wine
el **tío** uncle; *pl.* aunt(s) and uncle(s)
típico typical; traditional
el **tipo** type, kind; guy
tocar to touch; to play (music or musical instrument)
todavía still, yet; **todavía no** not yet
todo *adj.* all, entire, whole; complete; every; *m. n.* everything; **a (en, por) todas partes** everywhere; **sobre todo** especially; **todo el mundo** everyone; the whole world; **todo lo demás** everything else
todos *adj.* all, every; *n.* all, everyone; **todos los días** every day
tomar to take; to drink; to have (a meal); **Toma.** Take it.
el **tomate** tomato
el **tono** tone
la **tontería** nonsense
tonto silly, foolish

el **torero** (la **torera**) bullfighter
el **toro** bull; **corrida de toros** bullfight; **toro bravo** fighting bull
la **torre** tower
la **torta** cake
la **tortilla** in Spain, omelette; in Mexico, tortilla (flat, pancake-shaped cornbread)
tostado: el pan tostado toast
totalmente totally
el **trabajador** (la **trabajadora**) worker; *adj.* hard-working
trabajar to work
el **trabajo** work, job
la **tradición** tradition
tradicional traditional
traducir (zc) to translate
el **traductor** (la **traductora**) translator
traer to bring
el **tráfico** traffic
el **traje** suit
el **tranquilizante** tranquilizer
tranquilo quiet
trasladar to transfer
tratar to treat; **tratar de** to try to
trece thirteen
treinta thirty
el **tren** train; **en tren** by train
tres three
trescientos three hundred
la **tribu** tribe
el **trimestre** quarter (in a school year)
triste sad
la **tristeza** sadness
el **triunfo** triumph
tu, tus your
tú *subj. pron.* you (*fam. sing.*)

la **tumba** grave, tomb
el, la **turista** tourist

U

u or (replaces **o** before a word beginning with *o* or *ho*)
¡uf! ugh!
último last, latest, most recent
único unique; only one
unido: los Estados Unidos United States
la **unión** union
unir to unite
la **universidad** university
universitario *adj.* university
el **universo** universe
uno (un), una one; a, an
unos, unas some, a few, several; **unos** + *a number* about
urbano urban
urgente urgent, pressing
usar to use; **se usan** are used
usted (*abbr.* **Ud., Vd.**) you (formal); *pl.* **ustedes** (*abbr.* **Uds., Vds.**) you (fam. & formal); **de usted (ustedes)** your, (of) yours
utilizar to use, utilize
la **uva** grape

V

las **vacaciones** vacation; **(estar) de vacaciones** (to be) on vacation; **ir de vacaciones** to go for a vacation
valer to be worth; **más vale** it is better; **valer la pena** to be worth the trouble, be worthwhile

el **valor** value, worth, merit

¡Vamos! Come on, now!

vanidoso vain, conceited

variado varied

variar to vary

la **variedad** variety

varios several

vasco Basque

el **vaso** glass (drinking)

las **veces:** *pl. of* la **vez**

el **vecino** (la **vecina**) neighbor

el **vegetariano** (la **vegetariana**) vegetarian

veinte twenty

el **vendedor** (la **vendedora**) vendor, salesperson

vender to sell

Venecia Venice

venezolano Venezuelan

la **venganza** revenge

venir to come; **ir y venir** coming and going; **la semana que viene** next week, this coming week; **Ven acá.** Come here.

la **ventana** window

ver to see; **A ver.** Let's see; **verse** to be seen; **Ya veremos.** We'll see.

el **verano** summer

veras: de veras really

la **verdad** truth; **¿verdad?** right? isn't that so? really?

verdadero real, true

verde green

la **vergüenza** shame; **no tener vergüenza** to be shameless; **¡Qué falta de vergüenza!** What shamelessness!

el **vestido** dress

vestir (i) (de) to dress (as); **vestirse (de)** to dress (as); to get dressed

la **vez** (*pl.* **veces**) time, occasion; **a la vez** at a time; **a veces** at times; **alguna vez** ever, at some time; sometimes; **en vez de** instead of; **muchas veces** often; **otra vez** again, once more; **por primera vez** for the first time; **tal vez** perhaps

viajar to travel

el **viaje** trip, journey; **¡Buen viaje!** Have a good trip!; **hacer un viaje** to take a trip; **viaje de negocios** business trip

el **viajero** (la **viajera**) traveler

vibrante vibrant

la **victoria** victory

la **vida** life; **llevar una vida . . .** to lead a . . . life

viejo old; *n.* old person

el **viento** wind; **hacer viento** to be windy

viernes Friday

el **vino** wine

Viña del Mar coastal resort town in Chile

la **violencia** violence

violento violent

violeta violet

el, la **violinista** violinist

la **virgen** virgin

el **visigodo** (la **visigoda**) Visigoth

la **visión** vision

el, la **visitante** visitor

visitar to visit

la **vista** view

la **viuda** widow

el **viudo** widower

vivir to live; **¡Viva . . . !** Hooray for . . . ! Long live . . . !

vivo alive; bright

el **vocabulario** vocabulary

el **vólibol** volleyball

volver (ue) to return

vosotros, vosotras *subj. pron.* you (*fam. pl.*); *obj. of prep.* you, yourselves

votar to vote

la **voz** voice; **en voz alta** out loud

la **vuelta: ida y vuelta** round trip

vuestro *adj.* your

vulgar common; vulgar; vernacular

Y

y and

ya already; now; **ya no** no longer; **ya que** since; **Ya veremos.** We'll see.

yanqui Yankee, American

yo I

Z

la **zanahoria** carrot

la **zapatería** shoe store

el **zapato** shoe

GRAMMATICAL INDEX

MAPAS

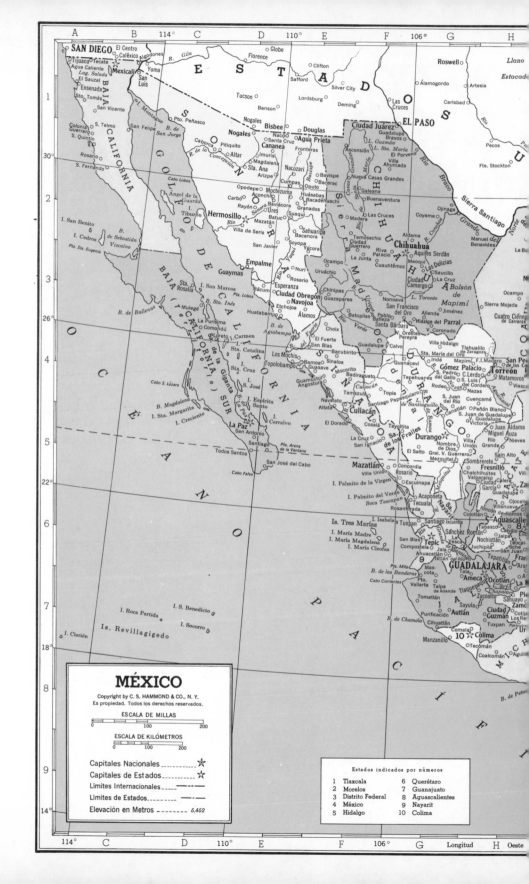

MÉXICO

Copyright by C. S. HAMMOND & CO., N. Y.
Es propiedad. Todos los derechos reservados.

ESCALA DE MILLAS
0   100   200

ESCALA DE KILÓMETROS
0   100   200

Capitales Nacionales _____ ★
Capitales de Estados _____ ☆
Límites Internacionales _____
Límites de Estados _____
Elevación en Metros _____ 5,452

Estados indicados por números

1	Tlaxcala	6	Querétaro
2	Morelos	7	Guanajuato
3	Distrito Federal	8	Aguascalientes
4	México	9	Nayarit
5	Hidalgo	10	Colima

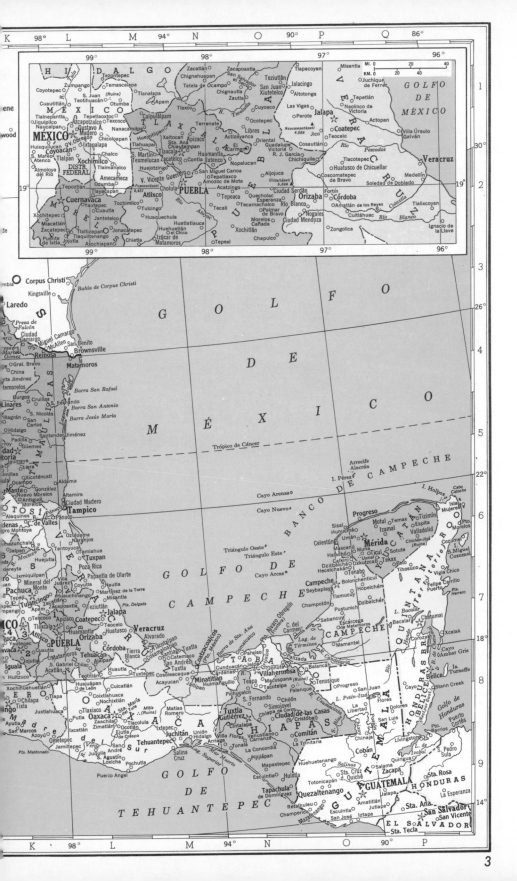

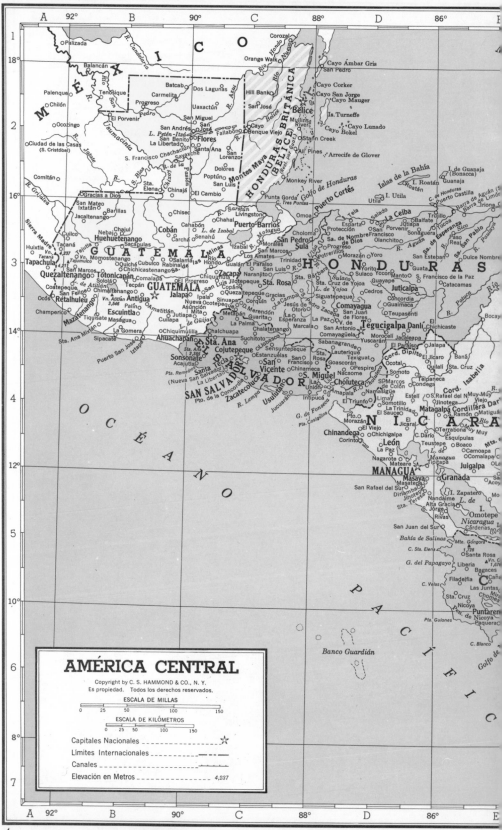

AMÉRICA CENTRAL

Copyright by C. S. HAMMOND & CO., N. Y.
Es propiedad.   Todos los derechos reservados.

ESCALA DE MILLAS

| 0 | 25 | 50 | 100 | 150 |

ESCALA DE KILÓMETROS

| 0 | 25 | 50 | 100 | 150 |

Capitales Nacionales _ _ _ _ _ _ _ _ _ _ _ _ _ ☆

Límites Internacionales _ _ _ _ _ _ _ _ _ _ _

Canales _

Elevación en Metros _ _ _ _ _ _ _ _ _ _ _ _ 4,237

4

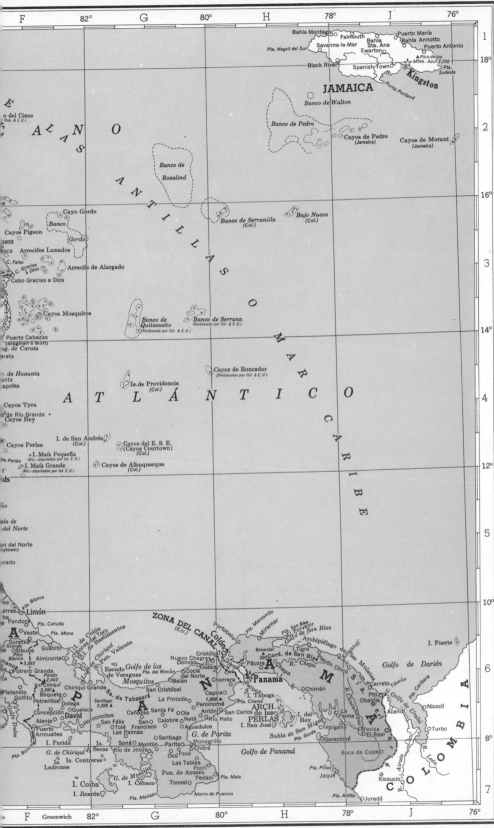

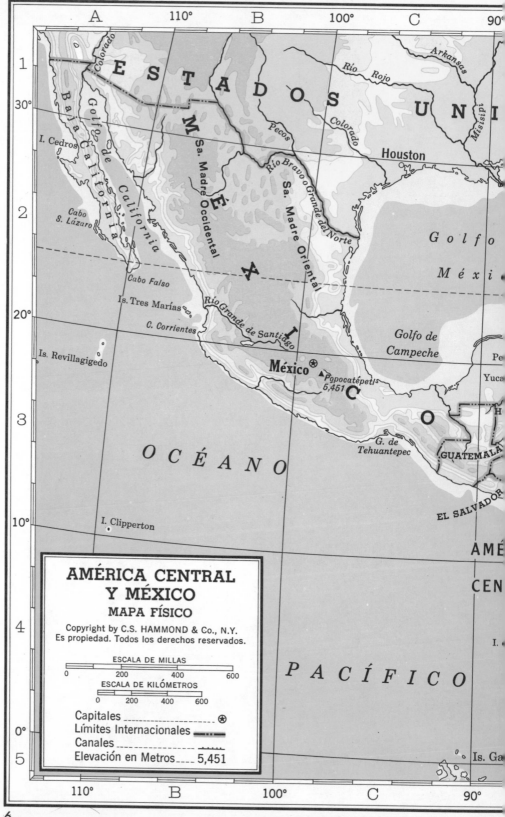

AMÉRICA CENTRAL Y MÉXICO
MAPA FÍSICO

Copyright by C.S. HAMMOND & Co., N.Y.
Es propiedad. Todos los derechos reservados.

ESCALA DE MILLAS

| 0 | 200 | 400 | 600 |

ESCALA DE KILÓMETROS

| 0 | 200 | 400 | 600 |

Capitales _____ ⊛
Límites Internacionales ▬▬▬▬
Canales _____ _____
Elevación en Metros _____ 5,451

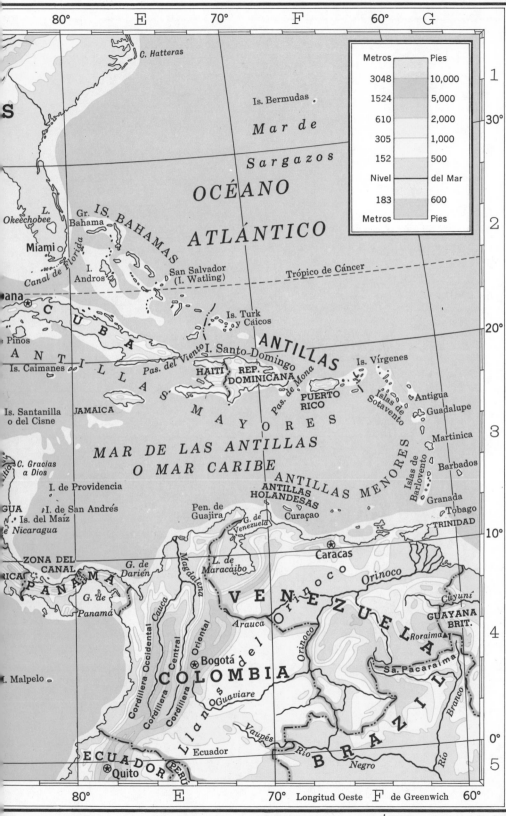

S

C. Hatteras

Is. Bermudas

Mar de

Sargazos

OCÉANO

ATLÁNTICO

L. Okeechobee

Gr. Bahama

IS. BAHAMAS

Miami

San Salvador
(I. Watling)

Trópico de Cáncer

Canal de Florida

I. Andros

ana

C

CUBA

Is. Turk
y Cáicos

Pinos

A

N

T

I

L

L

A

ANTILLAS

I. Santo-Domingo

Is. Vírgenes

Is. Caimanes

Pas. del Viento

HAITÍ

REP.
DOMINICANA

PUERTO
RICO

Islas de
Sotavento

Antigua

Pas. de Mona

MAYORES

Guadalupe

Is. Santanilla
o del Cisne

JAMAICA

Martinica

C. Gracias
a Dios

MAR DE LAS ANTILLAS

O MAR CARIBE

ANTILLAS MENORES

Islas de
Barlovento

Barbados

I. de Providencia

ANTILLAS
HOLANDESAS

Granada

GUA

I. de San Andrés

Tobago

Is. del Maíz

Pen. de
Guajira

Curaçao

TRINIDAD

Nicaragua

G. de
Venezuela

ZONA DEL
CANAL

RICA

PANAMÁ

G. de
Darién

Magdalena

L. de
Maracaibo

Caracas

Orinoco

Orinoco

G. de
Panamá

V E N E Z U E L A

Cuyuní

Arauca

GUAYANA
BRIT.

M. Malpelo

Cordillera Occidental

Cordillera Central

Cordillera Oriental

Bogotá

Orinoco

Roraima

Sa. Pacaraima

COLOMBIA

Llanos del

Guaviare

Branco

ECUADOR

PERÚ

Ecuador

Vaupés

Río

Negro

Río

B R A Z I L

Quito

Nivel del Mar

Metros	Pies
3048	10,000
1524	5,000
610	2,000
305	1,000
152	500
Nivel	del Mar
183	600
Metros	Pies

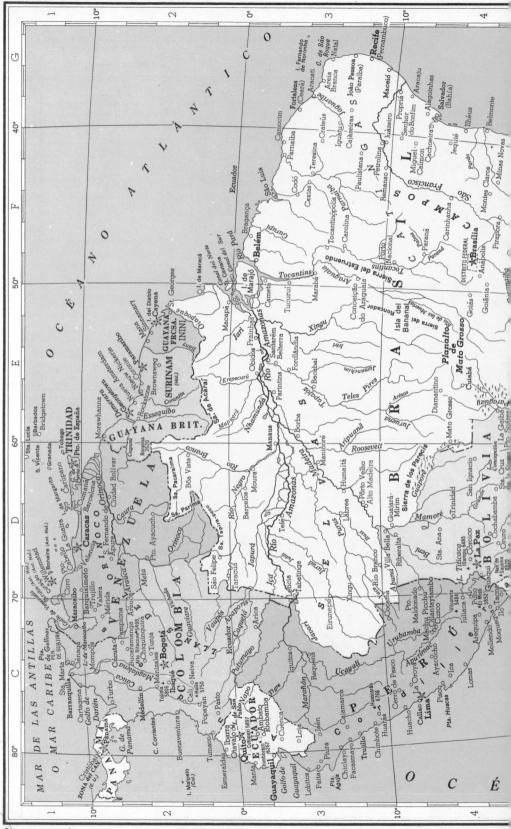

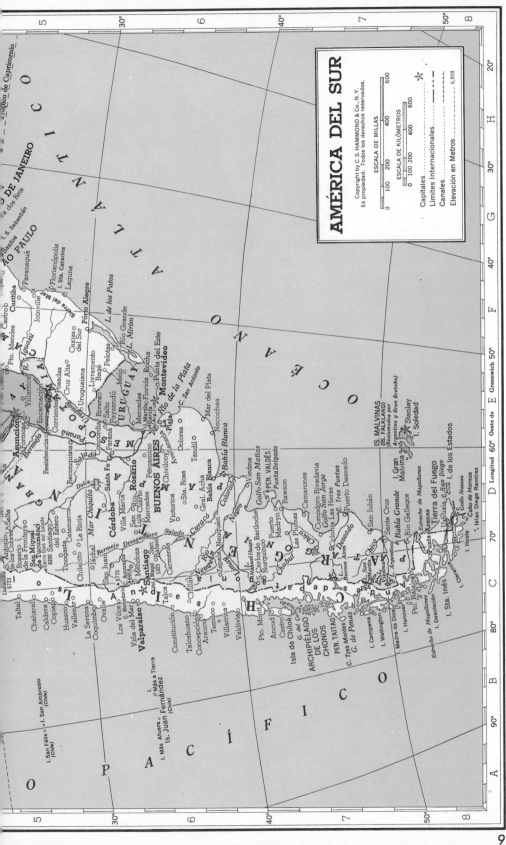

AMÉRICA DEL SUR

Copyright by C. S. HAMMOND & Co., N. Y.
Es propiedad. Todos los derechos reservados.

ESCALA DE MILLAS
0   100   200   400   600

ESCALA DE KILÓMETROS
0 100 200   400   600

Capitales ....
Límites Internacionales.....................
Canales ....
Elevación en Metros 6,959

O C É A N O   A T L Á N T I C O

O C É A N O   P A C Í F I C O

Trópico de Capricornio

DE JANEIRO
a dos Reis

SÃO PAULO
I. S. Sebastián
Santos

Pto. Mendes
Curitiba
Castro
R. Iguazú
Joinville
I. Sta. Catarina
Florianópolis
Laguna
Paranaguá
Serra del Mar

L. de los Patos
Caxias
del Sur
Pôrto Alegre
Rio Grande
L. Mirim
Pelotas
Bagé
Livramento

URUGUAY
Melo
L. Merín
Rocha
Punta del Este
Punta del Este
Maldonado
Montevideo
Río de la Plata
C. San Antonio
Mar del Plata

GRAN CHACO
Asunción
Formosa
Villarrica
Encarnación
Posadas
Corrientes
Resistencia
Bermejo
Reconquista
Paraguay
Paraná

PARAGUAY

Salta
S. Antonio
de los Cobres
Rosario
San Miguel
de Tucumán
Santiago
del Estero
Cerro Ojos del Salado
6100
Catamarca
La Rioja
Chilecito
Córdoba
Mar Chiquita
Santa Fe
Paraná
Uruguayana
Mercedes
Marfins
Florida
Salto
Paysandú
Concordia
Mercedes

BUENOS AIRES
Rosario
Pergamino
San Nicolás
Avellaneda
La Plata
Dolores
Tandil
Mar del Plata
Necochea
Bahía Blanca

Llullaillaco
6723
Taltal
Chañaral
Caldera
Copiapó
Huasco
Vallenar
La Serena
Coquimbo
Ovalle
Los Vilos
Viña del Mar
Valparaíso

Tinogasta
Cerro del Salado
del Estero
San Juan
Mendoza
Aconcagua
6970
San
Luis
San
Rafael
Mercedes
Río Cuarto
Gral. Acha
Carmensa
Chillán
Talca
Constitución
Talcahuano
Concepción
Arauco
Temuco
Villarrica
Valdivia

Bahía Blanca
Bahía Blanca
Victorica
Sta. Rosa
Chivilcoy
Colorado
Curacó
Negro
Viedma
Golfo San Matías
PEN. VALDÉS
Punta Delgada
Rawson
Camarones
Comodoro Rivadavia
Golfo San Jorge
C. Tres Puntas
Colonia Las Heras
Puerto Deseado
San Julián
Santa Cruz
Río Gallegos
Bahía Grande
Punta Arenas
Estrecho de Magallanes

Mar
Chiquita
Dulce
Salado
Neuquén
S. Carlos de Bariloche
Puerto
Madryn
Chubut
Las Plumas
Chico
Río
Deseado
Buenos Aires
San
Martín
I. Argentino
Pto. Natales

I. San Félix
(Chile)
I. San Ambrosio
(Chile)
Más Afuera
I. Más a Tierra
Is. Juan Fernández
(Chile)

ARCHIPIÉLAGO
DE LOS
CHONOS
PEN. TAITAO
G. de Penas
C. Tres Montes
Pto. Montt
Ancud
Castro
Isla de Chiloé
G. del Corco.
I. Campana
I. Wellington
Madre de Dios
I. Hanover
I. Inés
I. Santa Inés
I. Desolación

Tierra del Fuego
Ushuaia
C. San Diego
I. de los Estados
Cabo de Hornos
Golfo Nassau
I. Hoste
Islas Diego Ramírez

IS. MALVINAS
(IS. FALKLAND)
(Reclamadas por
Argentina y Gran Bretaña)
I. Gran
Malvina
I. Soledad
Stanley

50°
40°
30°
20°
90°   80°   70°   60°   Longitud   Oeste de   E   Greenwich   50°   40°   30°   20°
A   B   C   D   F   G   H

5   6   7   8
30° 40° 50°

9

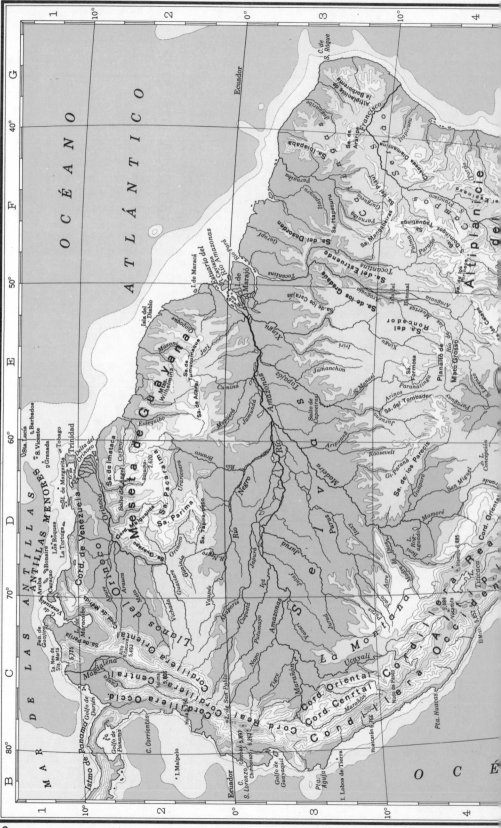

AMÉRICA DEL SUR
MAPA FÍSICO

Copyright by C. S. HAMMOND & CO. N. Y.
Es propiedad. Todos los derechos reservados.

ESCALA DE MILLAS

ESCALA DE KILÓMETROS

Elevación en Metros --------- 6.959

Metros		Pies
	5000	16400
	4000	13120
	3000	9840
	2000	6560
	1000	3280
	500	1640
	200	656
	Nivel del Mar	
	200	656
	3000	9840
Metros		Pies

Trópico de Capricornio

OCÉANO ATLÁNTICO

OCÉANO PACÍFICO

I. S. Sebastián
I. Sta. Catarina
Sa. Geral
Sierra Geral
Paranapiacaba
O Tenente
Serra Grande
Tibagí
Jacuí
Grande
Iguazú
Catatas del Iguazú
Paraná
Central
Chaco Austral
Bermejo
Salado
Sierras Pampeanas
Sa. de Famatina
Cerro Ojos del Salado
Cerro Mercedario 6,770
Cerro Aconcagua 6,959
Cerro Tupungato 6,800
Vol. Maipo 5,323
Puna de Atacama
Desierto de
Cordillera de los Andes
Mesopotamia
Paraná
Uruguay
Río de la Plata
C. S. Antonio
Cuchilla
Sa. de Sta. Ana
L. Mangueira
Mirim
Iberá
Bermejo
Dulce
Salado
Sa. del Tercero
R. Cuarto
Córdoba
Mar Chiquita
Pampa Húmeda
Sa. de la Ventana
Bahía Blanca
Pampa Seca
Colorado
Río Negro
G. San Matías
Pen. Valdés
G. Dos Bahías
G. San Jorge
C. Tres Puntas
Neuquén
Río Chubut
Chubut
Deseado
L. Nahuel Huapí
L. Buenos Aires
L. Viedma
Patagonia
Santa Cruz
Gallegos
Isla de Chiloé
ARCH. de los CHONOS
Pen. Taitao
G. de Peñas
I. Wellington
I. Madre de Dios
I. Hanover
ARCHIPIÉLAGO REINA ADELAIDA
Estr. de Magallanes
I. Sta. Inés
I. Desolación
Tierra del Fuego
Estr. de Magallanes
Bahía Grande
I. Gran Malvina
I. Soledad
IS. MALVINAS
I. Dawson
C. S. Diego
I. de los Estados
I. Navarino
Hoste
C. de Hornos
I. Is. Diego Ramírez

PACÍFICO

I. San Félix
I. San Ambrosio
IS. JUAN FERNÁNDEZ
I. Más a Tierra
I. Más Afuera

A   B   C   D Longitud 60° Oeste de E Greenwich 50°   F   G   H

5   30°   6   40°   7   50°   8

20°   30°   40°   50°

90°   80°   70°

11

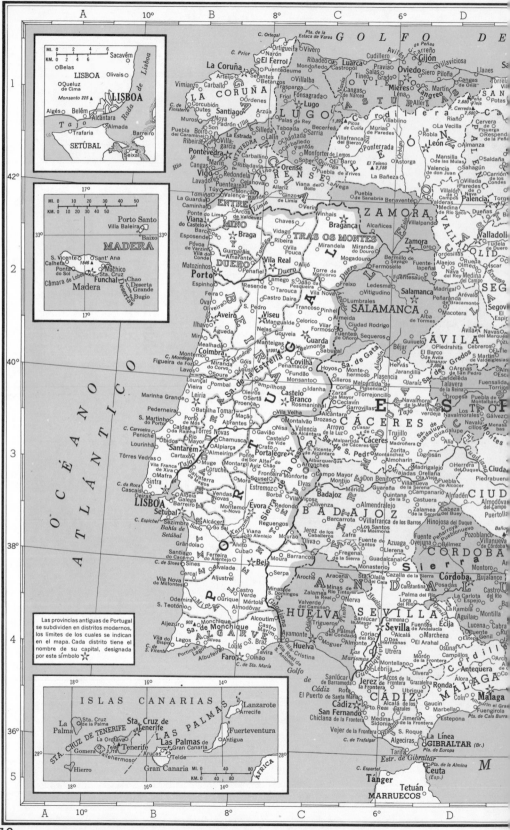

This is a map of the Iberian Peninsula (Spain and Portugal) with insets showing Lisboa, Madera (Madeira), and the Islas Canarias.

Inset — Lisboa area:
MI. 0 2 4 6
KM. 0 2 4 6
Sacavém
LISBOA
Belas
Olivais
Queluz de Cima
Monsanto 225 ▲
LISBOA
Algés · Belém
Alcántara · Almada
Trafaria
Tajo
Rada de Lisboa
Barreiro
Seixal
SETÚBAL

Inset — Madera:
17°
MI. 0 10 20 30 40 50
KM. 0 10 20 30 40 50
Porto Santo
Villa Baleira
33°
Baixo
MADERA
S. Vicente · Sant' Ana
Calheta · 1846 ▲
Ponta do Sol · Machico
Câmara de Lobos · Funchal · Chao
Madera · Deserta Grande
Desertas · Bugio
33°
17°

Inset — Islas Canarias:
18° 16° 14°
ISLAS CANARIAS
La Palma · Sta. Cruz de la Palma
Lanzarote · Arrecife
STA. CRUZ DE TENERIFE
Sta. Cruz de Tenerife
La Orotava
LAS PALMAS
Fuerteventura
Antigua
Gomera · Teide 3,716 ▲ Tenerife
Valle Hermoso
Hierro
Arucas · Las Palmas de Gran Canaria
Telde
Gran Canaria
28°
MI. 0 40 80
KM. 0 40 80
ÁFRICA
18° 16° 14°

Legend box:
Las provincias antiguas de Portugal se subdividen en distritos modernos, los límites de los cuales se indican en el mapa. Cada distrito tiene el nombre de su capital, designada por este símbolo ✪

Grid references: A 10°, B 8°, C 6°, D (top and bottom); 1, 42°, 2, 40°, 3, 38°, 4, 36°, 5 (left and right)

OCÉANO ATLÁNTICO

GOLFO DE

Major labels on main map: LA CORUÑA, LUGO, LEÓN, OVIEDO, ASTURIAS, ZAMORA, VALLADOLID, SALAMANCA, ÁVILA, SEGOVIA, PONTEVEDRA, ORENSE, ENTRE MIÑO E DUERO, TRAS OS MONTES, GALLICIA, PORTO, DUERO, BEIRA, ESTREMADURA, LISBOA, ALEMTEJO, ALGARVE, CÁCERES, BADAJOZ, CIUDAD, CÓRDOBA, SEVILLA, HUELVA, CÁDIZ, MÁLAGA, ANDALUCÍA, GIBRALTAR (Br.), Ceuta (Esp.), Tánger, Tetuán, MARRUECOS

12

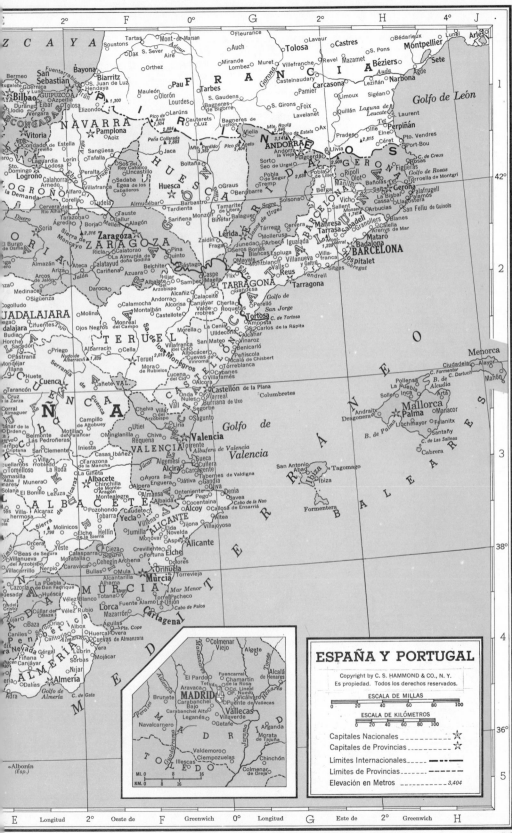

ESPAÑA Y PORTUGAL

Copyright by C. S. HAMMOND & CO., N. Y.
Es propiedad. Todos los derechos reservados.

ESCALA DE MILLAS

ESCALA DE KILÓMETROS

Capitales Nacionales _ _ _ _ _ _ _ _ ⭐
Capitales de Provincias _ _ _ _ _ _ ☆
Límites Internacionales _ _ _ _ _ _ ▬ ▬ ▬
Límites de Provincias _ _ _ _ _ _ _ _ - - -
Elevación en Metros _ _ _ _ _ _ _ _ 3,404

MADRID

13

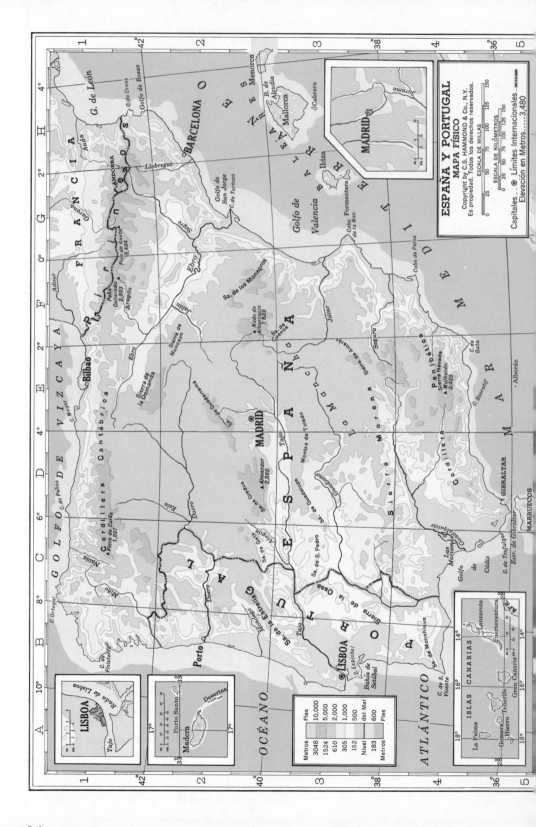

ESPAÑA Y PORTUGAL
MAPA FÍSICO

Copyright by C.S. HAMMOND & Co., N.Y.
Es propiedad. Todos los derechos reservados.

ESCALA DE KILÓMETROS
0   25   50   75   100   125   150

ESCALA DE MILLAS
0   25   50   75   100   125   150

Capitales .. ⊛   Límites Internacionales .....
Elevación en Metros.....3,480

Metros	Pies
3048	10,000
1524	5,000
610	2,000
305	1,000
152	500
Nivel del Mar	
183	600
Metros	Pies

14

ÍNDICE

ÍNDICE